Serge Gainsbourg
over the rainbow

Préface de
Brigitte Bardot

Avant-propos de
Pierre Delanoë *et* **Alain Souchon**

Avec le concours photographique de
Francis Vernhet
et de
Jean-Louis Rancurel

Façade de l'hôtel particulier
de Serge Gainsbourg
5 bis, rue de Verneuil, Paris

ALAIN WODRASCKA

Serge Gainsbourg

over the rainbow

Éditions Didier CARPENTIER

Préface

Difficile de décrire en peu de mots la personnalité si étonnante de cet homme aux mille facettes que fut Serge Gainsbourg.

On n'arrête pas d'écrire sur lui, de parler de lui, de lui rendre des hommages mérités mais finalement personne n'a vraiment cerné la profondeur et la multiplicité de ce caractère si fort et si fragile, si tendre et si impertinent voire insolent, si vulnérable, si timide dans ses agressivités qui ont défrayé la chronique.

J'ai eu la chance extraordinaire de rencontrer un homme différent des autres, qui a mis son génie, son talent, sa disponibilité, sa tendresse, sa douceur, son admiration, au service de l'amour que nous avons partagé pendant peu de temps, hélas, mais qui fut une passion dévorante qui nous brûla. Cette force qui nous unissait fut très créative.

Un matin, il me réveilla et me dit : « Je t'ai écrit cette nuit la plus belle preuve d'amour du monde ». C'était *Je t'aime moi non plus*. D'une impudeur grandiose. À notre image !

Après l'avoir enregistrée avec lui, en nous tenant la main, je ne pus malheureusement pas la sortir car étant mariée à l'époque, le scandale aurait été abominable. Ce fut donc Jane Birkin qui en hérita, et c'est tant mieux, car je l'aime beaucoup.

Il composa pour moi la fameuse *Harley Davidson* devenue un classique, bien que je n'aie jamais su conduire une moto, mais on s'en foutait, on s'amusait. Et puis *Bonnie and Clyde*, superbe chanson qui est classée elle aussi dans les « inoubliables » ; il y eut *Comic Strip* et plein d'autres moins connues. Après notre séparation, il m'écrivit, dans la détresse, un vibrant hommage *Initials B.B.* qui reste, pour moi, la plus belle déclaration d'amour qu'un homme m'ait jamais faite.

Serge portait en lui, comme tous les Russes, la magnificence d'un prince, une classe innée, un mépris total pour la médiocrité, une extase de l'esthétisme, la recherche du sublime, une certaine quête de la perfection. Il ne se contentait jamais d'à peu près.

Déçu par la vie, épuisé par ses multiples échecs amoureux, cet absolutiste bascula du jour au lendemain dans ce qu'il appela « Gainsbarre ». Son talent de compositeur, son génie de musicien s'en allèrent vers de troubles et négatives compositions qui reflétèrent ses états d'esprits en déroute mais n'en furent pas moins des succès planétaires.

L'alcool, la détresse morale, la solitude de son âme se répercutèrent aussi sur son physique. Incapable d'assumer le meilleur, il se laissa porter vers le pire. C'était un « jusqu'au boutiste » sans concession. C'est le pire qu'il choisit et eut raison de lui, malgré la naissance du petit Lulu, arrivé peut-être trop tard et qui ne retint plus son envie de se détruire.

(Malgré son désespoir, il m'avait envoyé un chèque de 200 000 Francs pour ma Fondation en 1989. Merci.)

Son suicide fut lent et quotidien, il laissa le temps faire son œuvre maléfique sur un organisme déjà très éprouvé, ne tenant plus aucun compte des dangers, des risques que toutes ses extravagances pouvaient engendrer.

Il est mort, seul, le 2 mars 1991 après un défi à la mort qui dura longtemps. On le retrouva, ce matin-là, dans son bel hôtel particulier de la rue de Verneuil, au milieu de ses objets, de ses meubles, de son joli univers sur lequel il régnait avec une furieuse maniaquerie, ne laissant personne déplacer le moindre bibelot. Je pense qu'il règne toujours sur son univers car pour le moment tout est resté en place. Jane Birkin et leur fille Charlotte veulent en faire un musée, mais le temps passe et seuls les tags sur le mur extérieur témoignent du souvenir éternel de ceux qui comme nous tous le consacrent comme « Immortel ».

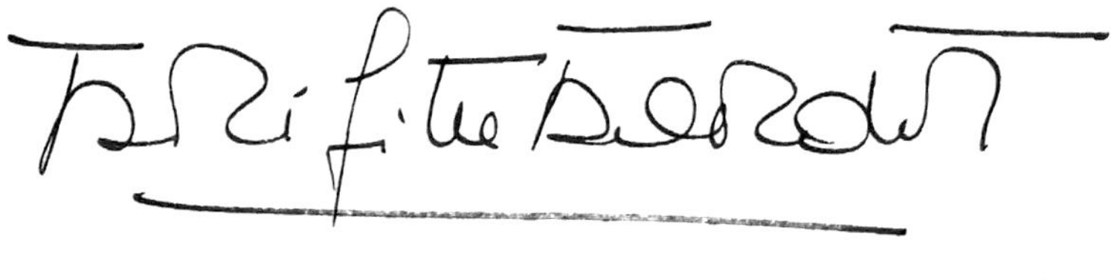

Brigitte Bardot
La Madrague
Juillet 2006

Avant-propos

Avec Aznavour, Bécaud, Brassens, Brel, il fait partie des génies de la chanson.

Dès la première il sut s'imposer surtout grâce à Hugues Aufray
et à la chanson *Le poinçonneur des Lilas*.
Il n'a jamais relâché sa pression depuis.
Gainsbourg est un original, qui dispose d'une plume alerte, poétique et incisive.

Il a de l'esprit, il est incorruptible.

Je l'ai connu à ses débuts, il était « fan » de Bécaud et je le rencontrais souvent
dans les coulisses de l'Olympia, en train d'admirer son idole.

J'aurais bien regretté de ne pas faire sa connaissance.

Pierre Delanoé

Avant-propos

« Serge Gainsbourg a cherché dans les phrases à tiroir,
les mots-clés, les doubles sens, dans le précieux ou le sordide,
la musique et l'adolescence, à calmer la grande douleur
de Huysmans et de Baudelaire. »

Alain Souchon

Instants d'années

2 avril 1928 : Lucien – juste après Liliane, sa sœur jumelle et Jacqueline née en 1927 –, naît à Paris, de Olia (née Besman) et de Joseph Ginsburg, Juifs russes émigrés. Son père est pianiste de bar.

1930/38 : Inscrit au groupe scolaire Blanche, Lucien apprend le piano classique grâce aux cours quotidiens dispensés par son père. Notre brillant élève rencontre la chanteuse Fréhel en 1938.

1940/43 : Il poursuit ses études secondaires à Paris et apprend la peinture à l'académie Montmartre où il porte l'étoile jaune. En 1943, pour fuir la barbarie nazie, la famille quitte Paris pour Limoges : Lucien est placé au collège Saint-Léonard-de-Noblat.

1944/47 : À la Libération, il retourne à l'académie Montmartre et est scolarisé au lycée Condorcet. Renvoyé en classe de première, il s'inscrit en architecture aux Beaux-Arts.

1948/52 : Après son service militaire, il enchaîne divers métiers, dont ceux de professeur de dessin et d'animateur musical à la Maison des Réfugiés israélites de Champsfleur. Le 3 novembre 1951, il épouse Élisabeth Levitsky.

1953/56 : Il devient pianiste de bar sous le pseudonyme de Franck Coda. Ayant obtenu son examen d'entrée à la Sacem, en juillet 1954, il dépose ses premières chansons – dont « Les amours perdues » et « Défense d'afficher » – sous le nom de Julien Grix. Il se produit chez Madame Arthur et au Touquet.

1956/58 : Il décroche un contrat de pianiste et guitariste au Milord l'Arsouille où il accompagne Michèle Arnaud. Là, il découvre Boris Vian qui déterminera sa vocation future. Il divorce le 9 octobre 1957. « Serge Gainsbourg » donne ses premiers tours de chant sur la scène du Milord. Remarqué par Denis Bourgeois, producteur chez Philips, il enregistre en 1958 son premier 25 cm *Du Chant à la une*, lauréat du prix de l'académie Charles Cros et contenant notamment « Le poinçonneur des Lilas ».

1959 : Sous la tutelle de Jacques Canetti, Serge se produit dans le spectacle *Opus 109* aux Trois Baudets avant d'enchaîner sur une tournée avec notamment Raymond Devos et Jacques Brel. Juliette Gréco interprète ses chansons. Après la sortie de son second 25 cm, il se produit, du 14 octobre au 2 novembre, au Théâtre de l'Étoile, en première partie de Colette Renard. Il tient son premier rôle au cinéma, aux côtés de Brigitte Bardot, dans *Voulez-vous danser avec moi ?* de Michel Boisrond.

1960/63 : En 1960, il obtient son premier succès discographique en tant qu'interprète avec « L'eau à la bouche » – BO du film de Doniol-Valcroze. Puis il enregistre deux 25 cm : *L'étonnant Serge Gainsbourg* (1961) – contenant la fameuse « Chanson de Prévert », l'album : *N° 4*, puis un 45 tours où figure « La javanaise » – popularisée par Gréco. Il se produit en vedette, en octobre 1963, au Théâtre des Capucines.

1964/65 : Le 7 janvier 1964, il épouse en secondes noces, Françoise Pancrazi, qui lui donnera deux enfants : Natacha, née le 8 août, puis Paul, qui verra le jour au printemps 1968. Il enregistre – avec les musiciens de jazz Michel Gaudry et Elek Bacsik – son premier album 30 cm, *Gainsbourg confidentiel*, où figure « Chez les yéyés », suivi de *Gainsbourg percussions* couronné par le succès de « Couleur café ». Il se produit au Théâtre 140 de Bruxelles, en février 1964, puis au Théâtre de l'Est Parisien, du 22 au 27 décembre, en première partie de Barbara. En 1965, face à son insuccès scénique, il abandonne sa tournée avec la « longue dame brune » et cesse de se donner en spectacle. Ayant « retourné sa veste doublée de vison », il compose alors des chansons pour France Gall, dont « Poupée de cire, poupée de son », grand prix du concours de l'Eurovision, le 21 mars. En tailleur pour dames très prisé, il écrira par la suite une centaine de succès interprétés notamment par Pétula Clark, Régine (« Les p'tits papiers »), Valérie Lagrange, Mireille Darc, Françoise Hardy ou Brigitte Bardot…

1966/67 : Il divorce pour la seconde fois durant l'été 1966. Il tourne plusieurs films en tant qu'acteur (dont *Le Jardinier d'Argenteuil*, aux côtés de Jean Gabin et *Ce sacré grand-père* avec Michel Simon), compose de nombreuses BO et signe la musique de *Anna*, une comédie musicale contemporaine diffusée à la télévision en janvier 1967 avec Anna Karina (« Sous le soleil exactement »). Il écrit des chansons pour BB dont la beauté le fascine, notamment « Bonnie and Clyde », « Harley Davidson » et « Je t'aime moi non plus » qu'elle refusera de rendre publique.

1968/69 : Il fait paraître l'album *Initials B.B.*, alternant des titres interprétés par B.B. et S.G. En mai 1968, sur le tournage de *Slogan* de Pierre Grimblat, il fait la rencontre déterminante de Jane Birkin, sa nouvelle égérie, avec

qui il partagera douze ans d'amour-passion. En janvier 1969, paraît l'album *Jane Birkin et Serge Gainsbourg* où figure une nouvelle version de « Je t'aime moi non plus » accueillie par un succès planétaire et des réactions scandalisées. Les deux amants tournent au Népal *Les chemins de Kathmandou* d'André Cayatte, puis s'installent rue de Verneuil.

1971 : Jane lui inspire l'album concept *Melody Nelson*, couronné par un grand succès d'estime. Le 22 avril, Joseph Ginsburg s'éteint, peu de temps avant la naissance de sa petite-fille Charlotte, le 21 juillet.

1973 : Il compose le premier album de Jane : *Di Doo Dah*. Le 15 mars, il est victime d'un infarctus du myocarde, dû à ses excès de tabac et d'alcool. Il fait paraître un nouvel opus, *Vu de l'extérieur*, contenant notamment « Je suis venu te dire que je m'en vais ».

1975 : En février, il publie *Rock Around The Bunker*, un album qui lui permet de régler ses comptes avec son enfance persécutée par les Nazis, puis le 45 tours « L'ami Caouette » qui devient le tube de l'été.

1976 : Serge réalise son premier film, *Je t'aime moi non plus*, mettant en scène Jane Birkin dans une ambiance sulfureuse, puis fait paraître l'album-concept, *L'homme à tête de chou*, un chef-d'œuvre érotico-poétique gravé dans les annales du disque.

1977/78 : Il écrit des chansons, notamment pour Zizi Jeanmaire et Alain Chamfort (*Rock'n'rose*), puis compose pour Jane Birkin l'album *Ex fan des sixties* accueilli par un franc succès. La chanson « Sea Sex and Sun » figurera parmi les tubes de l'année 1978.

1979 : Après avoir écrit pour le groupe Bijou, qui l'accueille à ses concerts, il fait paraître *Aux armes et cætera*, un album reggae grâce auquel il conquiert le jeune public. À l'orée d'une gloire renaissante, il renoue avec la scène en donnant une série de concerts au Palace, du 22 au 31 décembre.

1980 : Scandalisés par sa version de « La Marseillaise », d'anciens paras troublent violemment son concert de Strasbourg : il chante l'hymne national *a cappella*… Il publie, *Evguénie Sokolov*, un récit pamphlétaire et scabreux. Sur le tournage de *Je vous aime* de Claude Berri, il rencontre Catherine Deneuve pour qui il réalise un album. Départ de Jane et naissance de « Gainsbarre », personnage provocateur qui déchaînera de nombreux scandales télévisés.

1981 : Il fait paraître *Mauvaises nouvelles des étoiles*, son second album jamaïcain, et rencontre Bambou, sa dernière égérie amoureuse.

1982/83 : Il compose deux albums, l'un pour Jane Birkin – *Baby Alone In Babylone* – et l'autre pour Isabelle Adjani. Il tourne au Gabon, *Équateur*, son second film en tant que réalisateur.

1984/85 : Il publie, *Love On The Beat*, un album made in New Jersey produit par Billy Rush contenant « Lemon Incest », un duo sulfureux chanté avec Charlotte. Il reçoit le Grand prix national de la chanson et le titre d'Officier des Arts et Lettres. Sa mère décède le 16 mars 1985. Il donne, à partir du 19 septembre et pour cinq semaines, une série de concerts triomphaux sur la scène du Casino de Paris, suivis d'une tournée.

1986 : Son fils, Lucien, naît le 5 janvier. Il se produit au Printemps de Bourges, en avril, et réalise le film : *Charlotte For Ever* dont il partage l'affiche avec sa fille pour qui il compose bientôt un album.

1987/88 : Après la sortie de *Lost Song*, un album conçu pour Jane Birkin, il publie son ultime opus : *You're Under Arrest* – produit par Billy Rush. Il fête ses 60 ans sur la scène du Zénith, à partir du 22 mars 1988, et poursuit une tournée de trente dates.

1989 : Après la sortie de *Made In China*, un album composé pour Bambou, il est opéré, le 11 avril, d'un cancer du foie. À partir du 20 juin, il tourne *Stan The Flasher*, son dernier film en tant que réalisateur. En septembre, paraît une intégrale de ses chansons regroupant 207 titres.

1990 : Le 2 février, il est honoré par l'ensemble de la profession lors des Victoires de la Musique. Il écrit « White and Black Blues » pour Joëlle Ursull, chanson classée à la seconde place au concours de l'Eurovision. Il signe les paroles de *Variations sur le même t'aime*, un album destiné à Vanessa Paradis. Puis compose pour Jane Birkin, l'opus, *Amours des feintes*, sa dernière création particulièrement soignée. Exténué, il s'octroie des séjours de repos, à Saint-Père-sous-Vézelay (Yonne), en août et en décembre.

1991 : En janvier, il s'envole pour la Barbade avec Charlotte. Le 2 mars, il s'éteint des suites d'un arrêt cardiaque. Ses obsèques ont lieu le 6 mars au cimetière Montparnasse où, en guise d'oraison funèbre, Catherine Deneuve lit le texte de « Fuir le bonheur de peur qu'il ne se sauve ». L'enregistrement d'un nouvel album, *Moi m'aime Bwana*, était prévu pour mars à La Nouvelle-Orléans…

Le p'tit Lulu...

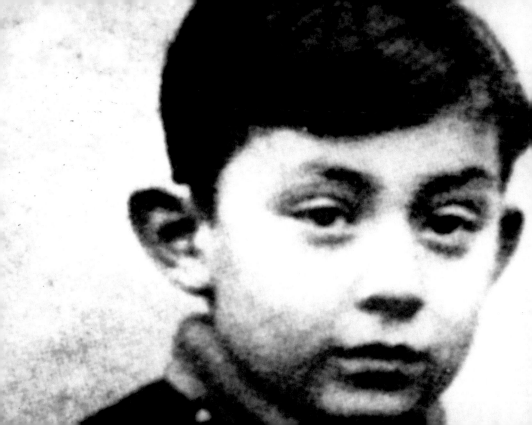

1928 - 1944

Lucien Ginsburg naît le 2 avril 1928 à l'Hôtel-Dieu de Paris, sur l'île de la Cité, à 4h55 du matin. Horaire prédestiné pour un homme qui aimera se frotter au soleil artificiel des nuits blanches, noyées d'alcool, où il puisera les couleurs de son inspiration…

"J'ai un Mickey Maousse
Une paire de pamplemousses
En avant toutes et tous
Je pousse...",
chante Gainsbourg
en allusion au personnage
de Disney créé l'année
de sa naissance

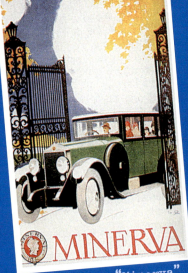
La spacieuse "Minerva"

Apparition de la TSF

Publicité de la police nationale

Le 31 août, création à Berlin
de L'Opéra de Quat'sous de Bertolt Brecht

1928 - 1944

Ses parents, Joseph et Olia – née Besman – se sont unis par les liens du mariage, en 1918, à la synagogue de Saint-Petersbourg. « *Mes parents, russes, émigrés (…), ont choisi la France parce que depuis la révolution, c'était un modèle de liberté. Mes parents étaient bloqués par l'armée Wrangel (général russe blanc, aidé par la France), qui reculait devant l'armée rouge. Ils n'allaient tout de même pas se faire enrôler par Wrangel et ils se sont tirés.* »[1]

Anti-communistes convaincus, ils décident donc de fuir la dictature rouge qui menace la Russie. Pour ce faire, munis de faux papiers fabriqués à Istanbul, ils embarquent en 1921 sur un navire qui les conduit à Marseille.

Ce couple est scellé par l'amour de la musique – Chopin, Borodine, Moussorgski, Scarlatti, Liszt ou Bach – : Joseph joue du piano et Olia chante. Attirés par les charmes d'une ville, patrie de l'art et berceau du siècle des Lumières, ils émigrent jusqu'à Paris où ils finissent par s'établir. Là, se conformant aux us et coutumes de la vie à la française, ils se reconstruiront sans difficulté et élèveront leurs enfants « honnêtement ».

Olia fut frappée par le drame de la disparition de Marcel, son petit garçon de seize mois – mort probablement d'une pneumonie –, que la naissance de Jacqueline, en 1927, ne parvient guère à dissiper. « *Elle ne voulait plus d'enfant. Et puis, elle se trouve enceinte… Alors elle va voir un mec – à l'époque c'était extrêmement prohibé et dangereux – dans un quartier glauque, Pigalle ou Barbès. Elle entre et voit une cuvette en émail, rouillée, cerclée de mauve, une cuvette à l'ancienne. Elle a eu peur, elle est partie. Ensuite, le toubib entend battre deux cœurs et lui dit « vous avez des jumeaux ». Elle se dit "chic", je vais avoir deux p'tits gars. Le premier à sortir, c'est ma sœur. Alors elle s'est mise à pleurer en disant "je vais avoir deux filles" et qui arrive ? Lulu (rires)… Alors là, évidemment, j'étais le chouchou de ma maman…* »[2]

Donc, Lucien Ginsburg vient au monde, juste après Liliane, sa sœur jumelle. Plus tard, afin d'effacer son passé de petit émigré russe – et juif de surcroît – dont, à l'école, on déforme immanquablement le nom souvent avec mépris : « Jinsburg, Jinsberg… », il se paiera le luxe de franciser son patronyme en y ajoutant deux voyelles : Gainsbourg.

1. *Le Matin*, 14 juillet 1982.
2. *Les Inrockuptibles*, 1988.

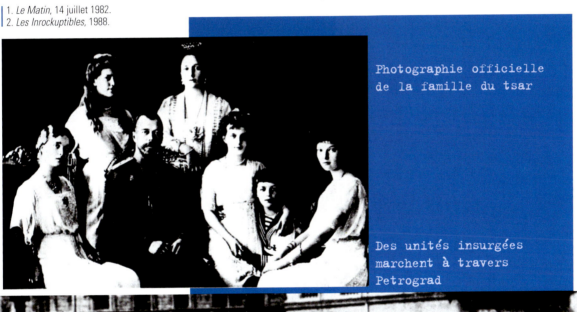

Photographie officielle de la famille du tsar

Des unités insurgées marchent à travers Petrograd

La Révolution de 1917

1928 - 1944

Avec sa sœur jumelle Liliane

Lucien, 6 ans, à l'école communale

Le p'tit lulu avec ses sœurs Jacqueline et Liliane

La famille

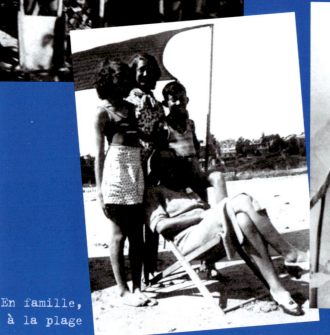
En famille, à la plage

Sa maman Olia et Liliane

1928 - 1944

Lucien évolue dans un milieu atypique, au sein duquel la rigueur pédagogique et la richesse culturelle tranchent avec les modestes revenus du foyer, que l'on peut qualifier de « petite bourgeoisie artistique ». La musique, qui en unit chaque membre, baigne la demeure de la famille : « *J'avais à peine quelques jours quand la musique m'a pénétré le corps pour la première fois… Après, ça ne s'est plus jamais arrêté jusqu'à ce que je quitte l'appartement de mes parents.* »

Joseph, grand amateur de classique, arpège sur le piano du salon des pièces de Chopin, Scarlatti, Stravinsky – ainsi que des morceaux de Gershwin et Cole Porter. Pourtant, pour nourrir sa famille, il doit jouer de la musique légère dans les boîtes enfumées de Pigalle…

Ce modeste pianiste de bar, frustré de ne pas avoir mené une carrière de virtuose, semble projeter sur son fils unique ses rêves de gloire avortée. D'où sa sévérité à l'égard de Lucien qui, dès l'âge de 5-6 ans, se voit contraint d'étudier avec acharnement, grâce à la méthode rose, les œuvres des grands compositeurs classiques ; cette initiation assidue à la « grande musique » est sans doute suscitée par la crainte que son fils ne tombe, comme lui, dans le piège de la « variété ». « Rhapsody In Blue » de Gershwin, morceau plus moderne, est l'une des premières compositions que Gainsbourg se souviendra d'avoir su jouer au piano dans son intégralité. En bon garçon, Lucien suit avec application les enseignements de son père, même s'il préfère la peinture. La peinture, seconde passion de Joseph qu'il pratiqua sérieusement… jusqu'à ce qu'on lui vole l'une des ses toiles au cours d'un voyage à bord du Transsibérien.

Au long de sa carrière, Serge Gainsbourg se fera un devoir de ressusciter, à sa façon, ces velléités artistiques enfouies au plus profond de l'inconscient collectif familial.

Sur le plan éducatif, son père ne lui pardonne résolument aucune « fausse note » : « *Ma mère n'a jamais porté la main sur moi, jamais. Par contre, elle laissait mon père me corriger. Elle le laissait un temps et puis elle arrivait à mon secours. Il prenait sa ceinture et c'était dur…* » Souffrances d'enfance qui forgeront sa rigueur d'esthète ascétique mais graveront sur son visage une expression de gravité que les années de guerre encore creuseront.

Le petit Lucien, poli et timide, est également un enfant plein d'humour qui, fort de son atavisme slave, détient la faculté particulière de passer du rire au larmes. De nature solitaire, il se grise de musique jusqu'au vertige. Un jour, la TSF familiale diffuse « You Rascal You », chanson créée dans les années trente par Cab Calloway et son grand orchestre, qu'il fredonne sans cesse. L'ayant surpris, son père le remet sur le droit chemin en lui interdisant de chanter ce succès trop… « populaire ». Pour se venger, « Gainsbarre » enregistrera « Vieille canaille » quarante ans plus tard dans la version reggae que nous connaissons.

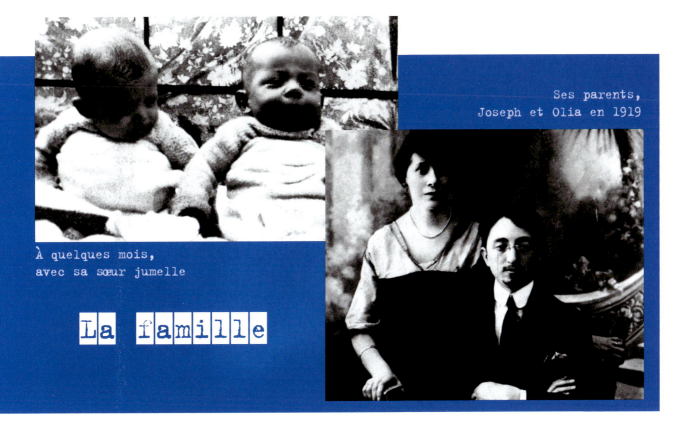

À quelques mois, avec sa sœur jumelle

Ses parents, Joseph et Olia en 1919

La famille

La famille Ginsburg est domiciliée rue Chaptal à Paris

Sa famille étant domiciliée dans un trois pièces de la rue Chaptal, Lucien est inscrit au groupe scolaire Blanche où, obéissant et discret, il poursuit des études brillantes dans chaque matière. En 1938, il sort de l'école arborant une Croix d'honneur, attestant ses bons résultats, face au regard d'une passante touchée par cet enfant modèle. « *Elle était en peignoir, du genre bien éthylique, un chien anglais sous chaque bras et un gigolo à distance réglementaire : cinq mètres derrière elle. Elle m'a arrêté : "tu es un bon petit gars. Tu es bien sage à l'école. Tu vas venir avec moi." Le bistrot existe toujours au coin de la rue. Elle m'a payé un diabolo grenadine et une tartelette aux cerises… C'était marrant. C'était Fréhel, je le savais, mais elle ne savait pas que je serais Gainsbourg.* »

Dans le même temps, son père aborde une période professionnelle plus faste en se produisant, pendant les saisons estivales, dans les casinos du bord de Manche, où il peut offrir à sa famille les bienfaits iodés de la mer. À Trouville, Lucien se promène sur la plage où il entend, jaillissant des haut-parleurs, « J'ai ta main dans la mienne », une chanson de Charles Trenet qui se gravera dans sa mémoire. Lors d'un de ces étés, Lucien, qui vient d'atteindre ses dix ans, frôle les contours de chair de Béatrice, une fillette un peu plus jeune que lui ; cet émoi amoureux révélera sa passion pour les lolitas. Une passion obsédante qui, comme un caressant couteau, traversera son œuvre musicale ou cinématographique de part en part. « *J'ai rencontré Lolita vingt-cinq ans avant Nabokov. Pendant vingt-cinq ans, j'ai porté son livre dans mon subconscient et c'est lui qui l'a écrit.* »

Au même âge, l'enfant solitaire, privé du loisir d'inviter ses camarades dans l'appartement familial trop exigu, scelle un lien définitif avec une compagne ardente qui consumera sa solitude : la cigarette. « *Je me suis mis à suivre les fumeurs dans la rue pour ramasser leurs mégots. Parce que, bien sûr, je n'avais ni les moyens d'acheter du tabac ni l'audace de demander aux adultes de m'offrir une clop ! C'est à cet âge-là, autour de mes dix ans, que je suis vraiment devenu un fumeur, ce qui me permet de dire que le tabac est mon plus vieux compagnon.* »

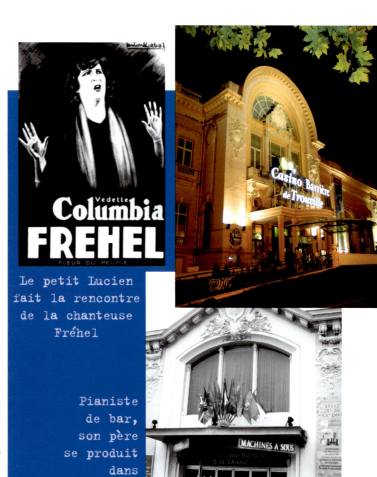

Le petit Lucien fait la rencontre de la chanteuse Fréhel

Pianiste de bar, son père se produit dans les casinos de Trouville ou Dinard, où sa famille l'accompagne

Sur les bords de Manche, Lucien tombe amoureux d'une "Lolita" qui hantera son œuvre..

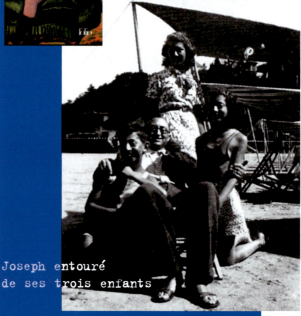

Joseph entouré de ses trois enfants

1928 - 1944

À dix ans, Lucien découvre la cigarette, femme fatale et ardente qui consumera son existence

Pure, pure, dure, dure, en un flash, incandesce the seduction avec ses armes et cœtera.
La cigarette en fait partie, alibi imparable, pour vous parler de moi-même au travers de celle-ci.
Impressions multiples de sensations intenses, subtiles et complexes.
Bleu nuit gitane, volutes of the night la voici, de par ma volonté, devenue blonde, stridence des rencontres fortuites.
Des femmes brunes et fatales, exit de l'univers white and black de "Joseph Von Sternberg," filles de Shangaï, voici de blondes evanescences jaillies d'une coupe de champ brisée par quelques Scott Fitzgerald, corps emmelés dans le décor baroque de suites de palaces, Ritz, Carlton, Waldorf.
Etreintes brûlantes, Gitanes magiciennes de la séduction, aussi sensuelles qu'avec suite, you are mon jardin insecret.
Blondes autant que brunes, sauvages, incidieuses, voici avec GITANE BLONDE la dernière séduction.

1928 - 1944

En 1939, la barbarie nazie a gagné la France, laissant encore quelques mois de trêve au peuple sémite pour mieux le tenir sous son joug.

Sur les traces de son père, Lucien s'inscrit à l'Académie Montmartre, à l'automne 1941, où il apprend la technique du dessin et de la peinture. La couleur humiliante de l'étoile jaune marque son cœur d'un tatouage indélébile. Le courageux esprit de provocation – dont Gainsbourg fera souvent usage – s'affûte alors comme une arme salvatrice : (…) *c'est quand même dur pour un p'tit gars. Je me souviens qu'à l'atelier venait un officier SS qui posait son chevalet à côté de moi. Et là, c'est le no man's land, il n'y avait pas de politique, pas de guerre, l'atelier c'était sacré. J'avais beaucoup d'arrogance déjà. Je demandais à ma mère que mon étoile soit nette.* »[3]

Après la rafle du Vel'd'hiv' de 1942, le danger se fait de plus en plus menaçant pour le peuple juif qui, à ses risques et périls, tente de se réfugier dans les greniers d'une capitale assaillie par l'occupant. Par conséquent, en avril 1943, Joseph quitte Paris, franchit la ligne de démarcation et passe en zone libre. De Toulouse, il fait parvenir l'argent nécessaire à la fuite de sa famille qui s'installe bientôt dans un deux pièces à Limoges. « *Nous avions abouti dans une région où des résistants avaient abattu un colonel SS. Le général commandant la division s'est fait apporter une carte d'état major et, du doigt, il a désigné au hasard un village. C'était Oradour-sur-Glane, à six kilomètres de chez nous. Encore un coup de pousse du destin.* »[4]

3. *Les Inrockuptibles*, 1988.
4. *Le Journal du Dimanche*, 15 septembre 1985.

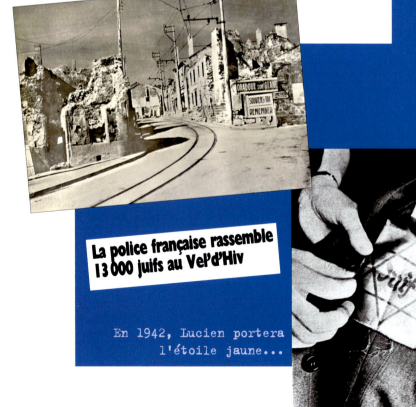

HITLER A ATTAQUÉ
MOBILISATION GENERALE aujourd'hui en France et en Angleterre

En 1939, la barbarie nazie gagne la France

La police française rassemble 13 000 juifs au Vel'd'Hiv

En 1942, Lucien portera l'étoile jaune...

PARC À JEUX RÉSERVÉ AUX ENFANTS
—
INTERDIT AUX JUIFS

"No comment !"

1928 - 1944

À Saint-Léonard-De-Noblat, un village du Limousin, Lucien est scolarisé au collège Clemenceau

En 1943, la famille quitte Paris pour s'installer en zone libre, à six kilomètres d'Oradour-sur-Glane!

Jacqueline et Liliane trouvent asile dans un pensionnat catholique, quant à Lucien, il est scolarisé sous une fausse identité au collège Clemenceau de Saint-Léonard-De-Noblat, un village médiéval du Limousin : « *On m'avait planqué dans un collège religieux où, bien sûr, les gendarmes ont débarqué. Le supérieur m'a fait filer : "Prends une hache et va dans la forêt. Si tu rencontres quelqu'un, dis que tu es fils de bûcheron." Je me prenais pour le Petit Poucet, j'ai rejoint mes parents et nous avons déguerpi.* »[5]

La guerre dépose ses couteaux tranchants au pied d'une famille, blessée en plein cœur d'une profonde entaille. Michel Besman, l'oncle maternel de Lucien, fut déporté à Auschwitz... d'où il ne reviendra jamais.

5. *Le Journal du Dimanche*, 15 septembre 1985.

Les sentiers de la création

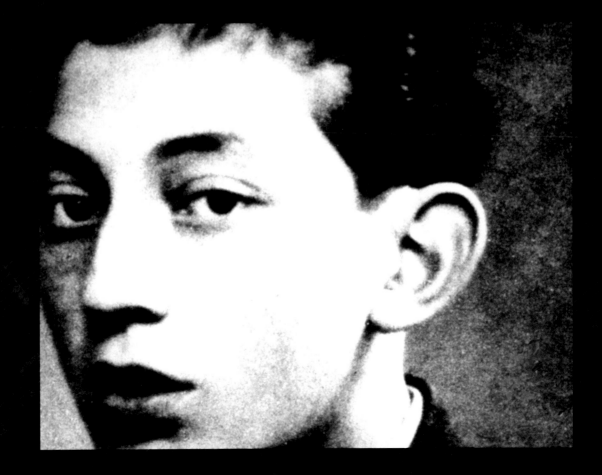

1945 - 1956

Boris Vian, Juliette Gréco, "hérauts" de la vie germano-pratoise qui croiseront le destin de Lucien...

Après la libération, du Café de Flore au Tabou, entre la trompette de Boris Vian – inspirateur de notre futur chanteur –, la voix de Juliette Gréco – sa première égérie légendaire – et *Les Mots* de Sartre, Paris danse au rythme de la mode « zazou » et vibre aux langueurs de l'existentialisme.

Ayant réintégré la capitale, les Ginsburg élisent domicile avenue Bugeaud, dans un quartier populaire du 16e arrondissement, tout à fait à l'image de la famille, bourgeoise, mais peu fortunée. Là, Lucien goûte le luxe de posséder une chambre pour lui tout seul qu'il aménage rapidement en atelier de peintre. Car, pour l'heure, notre artiste en herbe suit les traces paternelles en se destinant à la carrière de peintre. Obstiné, il délaisse les études en classe de première, après avoir fait un bras d'honneur à son professeur de latin et grec qu'il soupçonne d'antisémitisme.

« *Mes sœurs étaient gentilles, bonnes élèves, premières, brillantes. Elles sont allées jusqu'aux licences… Et moi, je suis passé à la peinture. À l'âge de treize ans [mon père] m'a emmené dans une académie de peinture, où j'ai été initié parallèlement à la musique classique et à la peinture. Viré du lycée Condorcet, je suis passé en archi, aux Beaux-Arts. C'était une astuce pour baiser mon père. Je lui ai dit "Je vais faire archi", il m'a répondu "Mais c'est très bien". Je suis allé aux Beaux-Arts – il ne fallait pas le bac à l'époque – et un an après, écoeuré par les hautes études mathématiques, je suis revenu à la peinture.* »[6]

| 6. *Les Inrockuptibles*, 1988.

L'as des as...

À l'académie Montmartre, Lucien suit des cours dispensés par deux éminences : Fernand Léger – dont l'enseignement l'ennuie – et surtout, André Lhote, un grand maître et fin pédagogue fasciné par les dons de son élève. En effet, son acuité visuelle exceptionnelle, son sens aigu du graphisme, sa virtuosité en dessin et peinture inspirent le respect des professeurs et de ses camarades qui le surnomment « L'as des as ». S'il assimile aisément les diverses périodes picturales, de la renaissance à l'art moderne, il ne cache pas sa préférence pour Francis Bacon. Ce peintre contemporain, britannique, qui représente l'inadaptation des êtres par des déformations violentes et l'acidité des couleurs. Ses mœurs sexuelles « débauchées » et son expression du malaise reflètent effectivement l'image du choix esthétique du futur Gainsbourg.

Les toiles de Lucien sont d'ailleurs souvent peuplées de créatures féminines androgynes, comme celles qui constitueront plus tard sa mythologie artistique.

Durant cette période, il détiendra le privilège d'habiter la demeure de Salvador Dali – en l'absence de l'hôte des lieux –, ornée de tableaux de maîtres : Picasso, Miro, De Naël ou Rouault... Séjour mémorable qui lui transmettra le goût du luxe et de l'absurde dont ses propres appartements seront le reflet.

Fernand Léger et André Lhote, deux éminences qui enseigneront à Lucien l'art de la peinture...
Francis Bacon demeurera son peintre favori

Francis BACON
un peintre halluciné

FRANCIS BACON est né à Dublin en 1910. Paris le connaît encore assez peu. A Londres même, où il vit généralement, il n'exposa pour la première fois, à la Hanover Gallery qu'en 1939. Mais à New York, il participe à des expositions en 1953, puis en 1956 (les maîtres de la peinture anglaise de 1800 à 1950). En Europe, le pavillon britannique de la Biennale de Venise en 1954 lui réservait une large place.

Les toiles de Francis Bacon sont d'une composition extrêmement simple. Particulièrement celles que présente actuellement à Paris pour la première fois la Galerie Rive Droite. Ce sont pour la plupart des études pour un portrait, pour une figure... ce qui justifie sans doute leur caractère spontané et rapide. Un sujet central et souvent unique : figure, animal, monstre, émerge de fonds sombres, verts, bleu de nuit, où quelques traits plus clairs et tirés à la règle découpent ou suggèrent à peine la perspective fuyante d'un espace nocturne et clos. Parfois une sorte de rideau lacéré de stries régulières le remplace. Ceci, c'est l'entour, la zone de nuit et d'opacité d'où surgit comme une vision de cauchemar une créature qui se trouble et s'estompe, comme si la forme en avait d'abord été dessinée et peinte avec précision puis ensuite effacée à grands coups de gomme gigantesque pour sombrer dans le vertige.

L'inquiétante apparence de fantôme du chien qui rôde, l'horrible aspect d'écorché vif de cette surprenante « Etude pour la nurse du cuirassé Potemkine », ces raccourcis cruels des « figures dans un paysage », sont les manifestations diverses de la transposition permanente d'une vision intérieure obsédante. Parfois pourtant la vision se précise et d'étape en étape, tel ce portrait d'un homme d'Église, passe de l'obscurcissement le plus total et de la quasi-hébétude à un éclaircissement progressif. Cependant, ce qui domine, ce sont les visages d'angoisse aux bouches grandes ouvertes, aux yeux exorbités ou bien au regard brouillé comme celui des aveugles.

Tout ceci porte en soi, avec une présence si indéniable qu'on ne peut l'éviter, l'expression de l'extrême horreur de la condition de l'homme en proie à la terreur, à la solitude, au délaissement. Tout ceci exprime et provoque la panique. Que cette œuvre en outre fasse preuve d'une certaine désinvolture à l'égard des problèmes picturaux les plus habituels, c'est assez évident, et du reste sans importance. « La peinture est pure intuition » dit Francis Bacon. En cela il se montre, bien qu'autodidacte, proche du surréalisme qui ne l'a cependant pas marqué directement comme il fit avant la guerre en Angleterre pour Nash et Sutherland.

Luce HOCTIN
Galerie Rive Droite, 82, faubourg Saint-Honoré ; jusqu'au 10 mars.

1945 - 1956

Ayant créé pas moins de 400 toiles, Lucien abandonnera la partie avant d'atteindre le statut de peintre professionnel. Et cela avec une amertume certaine que son vedettariat futur ne saura dissiper. Regrettant d'être arrivé trop tard et de ne pas avoir vécu les époques surréalistes et dadaïstes, considérant qu'il n'est jamais parvenu à trouver un style personnel, il brûlera toutes ses œuvres. Toutes ou presque car, par bonheur, Juliette Gréco et sa sœur Jacqueline – détentrice de son fameux autoportrait – en conserveront quelques-unes. « (…), j'ai abandonné parce qu'on ne peut pas vivre éternellement dans la bohème… cet anachronisme. De toute façon, au moment où j'ai brûlé mes toiles, j'étais encore en mutation, dans une phase de transition, je n'étais arrivé à rien, il n'y avait donc rien à garder. »

En 1948, Lucien est tout juste âgé de vingt ans lorsqu'il est appelé à ses obligations militaires. Intégré au bataillon du 93e régiment d'infanterie, il apprend à tirer à la mitrailleuse légère et profite de son temps libre pour s'initier à la guitare. Imitant Django ou Dario Moreno pour amuser la galerie, il découvre la chaleur de l'amitié, scellée par l'alcool, démon désinhibiteur dont il succombe aux charmes : *« C'est le seul moment de ma vie où j'ai eu de vrais copains : un fils de bistrot et un jeune pâtissier. Je faisais de l'hyperréalisme avant la date, je dessinais de superbes gonzesses jambes écartées, je regardais l'effet que ça faisait aux mecs et leur donnais mes dessins. »*

Après « la quille », Lucien enchaîne plusieurs métiers alimentaires. Il enseigne le dessin à des classes d'enfants de la banlieue parisienne : *« À cet âge, ils n'ont pas de préjugés. C'est après que ça se gâte »*, devient animateur musical à la Maison des Réfugiés israélites de Champsfleur, une institution destinée aux jeunes rescapés des camps nazis, colorie des photos de cinéma *« Mille fois les lèvres de Marylin dans Niagara… »* et écrit ses premières chansons.

« Ce jour-là… »
De Sharon Stone à Patrick Bruel en passant par Richard Gere… Revivez grâce à « Télé Star » les jours qui ont fait basculer leur destin.

Après avoir longtemps rêvé de devenir Manet ou Delacroix, il renonce. Le **3 septembre 1958**, son premier disque sort chez Philips.

Serge Gainsbourg
Du peintre au poète

« Du chant à la une !… », son premier disque, paraît le 3 septembre 1958. Neuf chansons, neuf classiques.

Février 1963, au piano, chez lui. Cette année-là, Serge Gainsbourg enregistre « La Javanaise » et compose « L'Appareil à sous » pour Brigitte Bardot.

C'est un drôle de jour. Un de ces jours qu'on aimerait bien oublier vite, très vite. Entre tire et déprime, on tangue. En vain. Il faut trancher, en finir avec ses rêves de môme et se comporter comme un adulte. Serge Gainsbourg a 30 ans et il se débarrasse de Lucien Ginsburg, son double. Le peintre. Nous sommes le 3 septembre 1958. Son premier disque « Du chant à la une !… » sort chez Philips. La France découvre un artiste inclassable. Regard glacial, bouche dédaigneuse, oreilles démesurées, cheveux coupés ras, Gainsbourg s'est fait une tête de bagnard pour la pochette. On le trouve laid, effrayant et, pourtant, il a je-ne-sais-quoi de tendre et de cynique qui le rend séduisant. Ses textes sont noirs, la plume subtile. Il raconte les femmes qu'on délaisse (« La Recette de l'amour fou »), les corps qui se séparent (« La Femme des uns sous le corps des autres »), l'absence de soleil sous terre (« Le Poinçonneur des Lilas »). Dérision, sarcasme, imaginaire… On découvre un poète. Entre Brel le grand sentimental, Brassens le père tranquille, Béart le jeune chien fou, Gainsbourg a sa place. Dans les rues de Paris, anonyme, il se contemple dans la vitrine des disquaires et se découvre : il est ce chanteur-auteur-compositeur sous le pseudonyme de Serge Gainsbourg, adopté quatre ans plus tôt. Son vrai nom, Lucien Ginsburg, est ridicule à porter : il l'assimile trop aux garçons coiffeurs. Étriqué dans son costume, gitane à la bouche, il a l'arrogance et le désespoir des hommes qui veulent réussir pour rien ou, plus exactement, survivre.

La musique lui permet d'être un artiste apprécié et reconnu

Ce 3 septembre, il se sent moins tourmenté. Il a pris sa décision. Inéluctable. Définitive. Serge abandonne la peinture, sa première maîtresse. La plus indomptable, la plus capricieuse aussi. Il lui a consacré dix-sept ans de sa vie, elle ne lui a rien donné. Ni la gloire ni l'argent. « Gainsbourg avait conscience qu'il lui manquait ce petit quelque chose qui fait un génie, explique Frank Maubert, critique d'art et auteur de "Gainsbourg, voyeur de première". Alors, quand il a rencontré le succès avec ses chansons, il a laissé tomber ses fusains et ses pinceaux. » Anonyme dans le petit monde fermé de la peinture, Serge s'en détache au fur et à mesure qu'il se consacre à la musique. Ses nuits, il les passe dans les bras de sa seconde maîtresse, la chanson. Elle est généreuse et facile. Il est soumis. Elle lui permet surtout d'être un artiste apprécié et reconnu. Par ses pairs (Boris Vian, Marcel Aymé) et son père Joseph Ginsburg. Celui-ci

Cet autoportrait reste un des plus beaux témoignages de ses premières vocations.

« Peindre à 19 ans, c'était hallucinant »

Vacances à la plage en famille. De gauche à droite : Serge, son père Joseph, sa sœur aînée Jacqueline et sa sœur jumelle, Liliane.

est certainement l'homme qui a le plus compté dans la vie et dans les choix de Serge. Musicien, il a enseigné à son fils la rigueur, le travail et l'exigence. « Mes premiers souvenirs furent esthétiques et musicaux ; mon père jouait chaque jour, pour son plaisir, Scarlatti, Bach, Vivaldi, Chopin ou Cole Porter. (…) Le piano de mon père, je l'ai entendu chaque jour de ma vie, de 0 à 20 ans. » Chez les Ginsburg, on apprécie aussi la peinture. Joseph, qui rêvait d'être peintre, aime Matisse, Cézanne, Vlaminck et les impressionnistes. À 4 ans, le petit Serge se met derrière un piano ; à 13 ans derrière un chevalet. En pleine Seconde Guerre mondiale, l'ado, portant l'étoile jaune, s'initie à l'art dans l'académie de peinture de Montmartre. À ses côtés, un officier allemand, partageant la même passion… L'atelier est un no man's land où seul l'art compte. Dessin, peinture, encre de Chine, tout le passionne. Gainsbourg se sent une vocation d'artiste et se doit d'apprendre pour éviter de sombrer dans la médiocrité, sa hantise et celle de son père qui ne cesse de lui répéter : « Un homme qui ne fait pas de l'art est un pauvre bougre (…). Il n'y a que l'art qui est élevé, le reste est terre à terre, donc négligeable. » (1) D'où la distinction entre art majeur (la peinture) et art mineur (la variété) qu'il fera toute sa vie. Après la Libération, Serge poursuit assidûment ses cours à l'académie. Il a pour professeurs André Lhote, théoricien de l'art français, et Fernand Léger, peintre cubiste. Il déteste ce dernier, « un lourd, à mon goût », dit-il (2). Pour s'instruire, il traîne des journées entières au Louvre, habitude qu'il gardera toute sa vie. Là, il s'abstient de fumer – un comble – et observe. Dans son coin, il copie Manet, Courbet, Delacroix. « Peindre à 19 ans, c'était hallucinant. » (2) S'inscrit en architecture et s'ennuie. Au bout d'un an, il arrête ses études. « Ce coup-là, mon père m'a fait comprendre qu'il était temps de songer au jour où je devrais subvenir à mes propres besoins. Comme mon père savait qu'on crevait souvent la dalle quand on essayait de vivre de sa peinture, il avait eu soin de me faire prendre des cours de guitare. » (1)

A la fin de sa vie, il voulait peindre un dernier tableau

Guitare à la main, Serge se retrouve donc à animer des bals en ce début des années 50. Ce n'est pas terrible mais il gagne sa vie. Entre deux cachets, il peint dans sa chambre. Insatisfait, il cherche un courant où il se sentirait à l'aise. Et échoue. C'est à cette époque qu'il rencontre sa première épouse, Élisabeth Levitsky, à l'académie Montmartre. Ensemble, ils passent de folles nuits d'amour dans l'appartement de Dali dont elle a réussi à avoir les clefs. Professeur de dessin dans une institution pour enfants, peintre d'affiches de cinéma ou de meubles, Gainsbourg galère. L'argent rentre grâce à la musique qu'il se met à aimer par-dessus tout. Devenu par la suite le maestro de la chanson française, il dira qu'il a abandonné la peinture « par lâcheté ». De ces années de bohème, il ne reste presque rien : sa sœur Jacqueline, possède deux huiles, un pastel, un autoportrait et un vase peint ; sa sœur jumelle, Liliane, une toile ; tout comme Juliette Gréco et un marchand d'art à Pau. A la fin de sa vie, Gainsbourg voulait revenir à la peinture. Dernier défi ? Dernière esbroufe ? « Je veux juste peindre une toile, disait-il, après je me casse au-dessus des étoiles pour rejoindre mon papa et ma maman. » (3) Il n'en aura pas eu le temps…

KATIA ALIBERT

(1) « Gainsbourg », de Gilles Verlant (Albin Michel). (2) « Gainsbourg, voyeur de première », de Frank Maubert (La Table ronde). (3) « Monsieur Gainsbourg », un reportage de Gilbert Kahn et Claude Druhot, diffusé sur France 3.

On me trouve au hasard des night-clubs et des bars

Le 3 novembre 1951, il épouse Élisabeth Levitsky – rencontrée en 1947 à l'académie Montmartre –, une jeune femme russe, charmante et indépendante, avec qui il partage d'ardentes nuits blanches : « *Sept coups la première nuit.* » – rien que ça !

« *Qui promène son chien est au bout de la laisse* », déclarera maintes fois Serge Gainsbourg, friand des aphorismes, pour illustrer l'idée suivante : nous sommes chacun marqués par une généalogie qui influence notre destin.

Joseph considère que son fils doit à présent exercer une profession permettant de « faire bouillir la marmite » du foyer qu'il vient de fonder. Une nouvelle fois, Lucien suit les traces de son père, en empruntant une voie/voix qu'il n'a pas réellement choisie : celle de pianiste de bar. « *J'étais encore en peinture, architecture, et quand je me suis mis à jouer dans les dancings, je l'ai eu dans le cul parce que la lumière la plus belle, c'est aux aurores dans les ateliers... Et moi, il fallait que je bosse toute la nuit... Peut-être, instinctivement, instinctuellement, j'avais la prescience de ma destinée...* »[7]

Vêtu d'un smoking ou d'un costume croisé, en fonction du lieu où il se produit, Lucien hante les night-clubs ou les bars glauques d'un Paris nocturne sous le pseudonyme de Franck Coda. Entre 22h et 4h du matin, il joue, du bout de ses doigts incrustés de goudron, différents airs échappés de l'air du temps : « Les roses de Picardie », « Comme un p'tit coquelicot », « Monsieur William », « April In Paris », « Le troisième homme »... Mais également des morceaux empruntés aux répertoires d'Aznavour, Ella Fitzgerald, Nat King Cole, Gershwin, Cole Porter ou Billie Hollyday.

Toujours attentif aux recommandations paternelles, Lucien, déjà titulaire des statuts de compositeur et arrangeur, se rend, le 1er juillet 1954, à la SACEM, située rue Ballu – à côté de l'appartement parental de la rue Chaptal –, où il acquiert ses galons d'auteur.

> — C'est peut-être parce que j'ai été pianiste de bar, et que j'ai fait des baloches quand j'avais dix-neuf ans. J'étais peintre, donc fauchman, il fallait bien que je gagne ma vie. Mais ça m'a été utile. Ça m'a initié peu à peu. A l'époque, j'écoutais le classique, la chanson populaire ne m'intéressait pas, mais j'aimais et je jouais ce qu'on appelait de la musique de danse (Gershwin, Cole Porter, etc.). Et, bien sûr, le jazz. Je me souviens du choc que j'ai reçu, un jour, en écoutant sur ma TSF un concert en direct de Dizzy Gillespie. Je l'ai reçu en pleine gueule. Ensuite, j'ai fait une fixation sur Jacky McLean, mais j'avais déjà commencé à me brancher sur les drums avec Art Blackey. Jacky McLean ; je l'ai découvert au Théâtre de Lutèce, dans *The Connection*, une pièce terrifiante sur la drogue dans le monde du jazz, jouée par des musiciens américains. J'ai tous ses disques, j'adore le son de son sax. Mais je me suis un peu détaché du jazz quand est arrivé le free jazz. Le free jazz, ça me fait chier, parce qu'il se passe quelque chose pendant deux minutes, mais après, ça se met à foirer.
>
> *Guitare et Claviers, n°46*

Devenu pianiste de bar, Lucien prendra bientôt la direction d'orchestre du cabaret : Madame Arthur

Le thème imposé, « Notre premier baiser », lui inspire les vers suivants, teintés de nostalgie verlainienne :

```
Le temps a effacé
Dans mon cœur l'amertume
Tous mes chagrins passés
Aujourd'hui se consument
Mais je ne puis pourtant
Je ne puis oublier
Un souvenir troublant
Notre premier baiser...
```

Le 1er août, notre poète pictural, dépose ses six premières chansons : « Ça n'vaut pas la peine d'en parler », « Fait divers », « Promenade au bois », « Trois boléros », « Les amours perdues » et « Défense d'afficher ». Et cela sous le pseudonyme de Julien Grix – en référence à Julien Sorel dans *Le Rouge et le Noir* de Stendhal et au peintre : Juan Gris –, façon pour lui de brouiller les pistes, ou mieux, de mélanger les couleurs.

Durant toutes ces années, Lucien écume sans conviction, les cabarets nocturnes du quartier latin où il commence à acquérir une solide réputation.

Entre deux numéros de travestis, il se produit chez Madame Arthur dont il prend bientôt la direction de l'orchestre. Là, il compose la musique de la revue : *Arhur Circus* dont Louis Laib, le patron du cabaret, écrit l'argument et les paroles.

L'été, il s'en va jouer au Club de la Forêt, un établissement du Touquet où, interprète débutant et fébrile, il osera chanter ses premières œuvres...

À l'orée des trente ans, Lucien qui a définitivement renoncé à la peinture et rompu avec Élisabeth, réintègre pour un temps l'appartement familial de la rue Chaptal. Ainsi renoue-t-il avec son père, à qui il reprochait de s'immiscer dans sa vie professionnelle et son intimité sentimentale.

| 7. France Culture, 15 et 16 novembre 1989.

De Ginsburg à Gainsbourg

1956

MICHÈLE ARNAUD

MICHÈLE ARNAUD et SERGE GAINSBOURG

Un de mes amis journalistes a coutume de dire : « On ne peut pas être réellement un intellectuel quand on se porte bien ». C'est sans doute la raison pour laquelle Michèle ARNAUD a délaissé la philosophie de Kant et de Schopenhauer pour celle, moins austère, des chansons de Georges Brassens, Charles Trenet et autres Louis Ducreux. Tant pis pour la Faculté et tant mieux pour la chanson. André Beucler a dit un jour que Michèle ARNAUD avait la voix même de la poésie. Cette voix chaude et bien timbrée a une qualité essentielle : on la reconnaît dès les premières mesures, et quand on l'a entendue une fois, on ne l'oublie plus ; ce qui a permis à un journaliste de remarquer que Michèle ARNAUD pouvait aisément se passer de présentation. Dans ces conditions, pourquoi vous dirai-je que son interprétation est faite de sobriété, de retenue, d'émotion discrète, de musicalité et d'intelligence des textes qu'elle défend avec ferveur, sans jamais admettre la moindre concession ? Michèle ARNAUD a un goût inné de la rigueur et de la perfection. Elle choisit ses chansons avec un soin jaloux, elle aime celles qu'elle chante et essaie tout simplement de vous les faire aimer. On peut dire que ses parrains artistiques ont été Jacques Prévert et Léo Ferré. Mais elle a compris qu'un tour de chant se devait d'éviter la monotonie et, si elle a conservé la voix de la poésie, elle a su lui adjoindre, avec beaucoup d'humour, un petit brin de fantaisie qui fait de son tour de chant un modèle d'équilibre.

Révélée par le cabaret, popularisée par le disque et la radio, c'est au music-hall qu'elle doit sa consécration. Il est bien réconfortant de constater que le public de « Milord l'Arsouille », celui de l'*Olympia* et de *Bobino* ne sont pas tellement différents, quoi qu'on en dise, car, en définitive, ces deux publics ont fait de Michèle ARNAUD une vedette et, comme toujours, c'est le public qui a raison.

Francis CLAUDE.

En 1956, "Serge Gainsbourg" est engagé au Milord L'Arsouille. Là, il accompagne la chanteuse Michèle Arnaud, découvre Boris Vian, avant d'interpréter ses propres créations

Milord L'Arsouille

1956 - 1964

À la fin de l'année 1956, son père lui décroche un contrat au Milord l'Arsouille, cabaret légendaire fondé en 1951 par Francis Claude, situé près du Palais-Royal, qui a popularisé de nombreux artistes, dont Léo Ferré et Jacques Brel. Là, en échange de 2000 francs par soirée, il occupe pendant plusieurs années l'emploi de guitariste et pianiste d'accueil, d'intermède et d'accompagnement – notamment aux côtés de la chanteuse Michèle Arnaud. Pressentant que sa « carrière » s'apprête à acquérir une nouvelle envergure, il choisit de modifier son nom. Il opte donc pour « Gainsbourg » et choisit le prénom de « Serge » car « *Lucien, ça fait très "coiffeur pour dames"* », pense-t-il.

Au Milord, « Serge » est l'objet d'une révélation qui déterminera sa vocation future. Un soir, un homme maigre et blafard apparaît sur scène où il interprète un répertoire, tantôt ironique ou féroce : « La java martienne », « Les arts ménagers », « Je bois », « Le désert »... Il s'agit bien sûr de Boris Vian : « *Boris Vian arrive un soir avec une gueule blême, avec un éclairage en sur-ex, dirons-nous, en terme photographique ou de metteur en scène, et quand j'ai entendu Vian chanter des choses extraordinaires comme ça avec mépris – non je dirais pas mépris parce que ce n'était pas un méchant, c'était une grande pointure –, je me suis dit : "Merde ! Y a peut-être quelque chose à faire là-dedans quand même..." Et là, je me suis mis à écrire. C'est Vian qui m'a motivé.* »[8]

Grâce à ce choc provoqué par un créateur éclectique et surdoué comme lui, Serge vient de sceller un pacte définitif avec la chanson, cet art qu'il juge « mineur », mais qu'il abordera de façon « majeure ». « *La poésie dans son état pur n'a pas besoin d'un apport musical. C'est là où ça fait chier parce que j'aime la musique... Nous sommes au vingtième siècle, pourquoi ne ferions-nous pas d'un art mineur un art majeur ? Je parle d'art mineur parce que les arts mineurs sont directement perceptibles, il n'y a pas besoin d'initiation, or je crois profondément à l'initiation. Je pense qu'il n'y a plus ni Maître ni maîtrise.* »[9] Gainsbourg ne plagiera pas Vian, mais trouvera chez cet homme, appartenant à sa famille artistique, l'accoucheur idéal de son propre talent d'auteur-compositeur, iconoclaste et avant-gardiste.

8. 9. France Culture, 15 et 16 novembre 1989.

FERRÉ. — En principe, quand on écrit quelque chose c'est avec son cœur et non pour de l'argent. Vous avez tort de considérer la chanson comme un art mineur. Si vous vous laissez aller à des contingences commerciales imposées par un patron de disques... Evidemment il y a l'art et la m...
GAINSBOURG. — Si mon éditeur et ma maison de disques...
FERRÉ. — Ne parlez pas de ces gens qui sont des commerçants.
GAINSBOURG. — Mais enfin, si on me ferme la bouche ?
FERRÉ. — Je connais votre situation, c'est une situation dramatique. Ce que vous avez envie de chanter et d'écrire, il faut le chanter et l'écrire, mon vieux.
GAINSBOURG. — Chez moi ?
FERRÉ. — Non, dans la rue. Il faut prendre une licence de camelot à la préfecture de police.
GAINSBOURGS. — Moi, je veux bien me couper une oreille comme Van Gogh pour la peinture mais pas pour la chanson.
GUÉNIN. — Gainsbourg, pensez-vous que Brassens ait du talent ?
GAINSBOURG. — Oui, comme le borgne est roi chez les aveugles, ou encore — comme a dit César : « Il vaut mieux être premier ici que second à Rome ». Etudiez bien les paroles des chansons. Ce sont toutes de mauvaises poésies. Tenez, « L'homme »!... (heureusement que Léo Ferré n'est pas encore arrivé, sinon...). Il est impensable d'écrire à l'heure actuelle des alexandrins d'une façon aussi désuète. Je parle de la chanson en général. Il y a des trouvailles, bien sûr. Mais cela reste de la facilité, des jeux de mots. C'est du travail de chansonnier.
CARBONNAUX. — Et Trénet ?
GAINSBOURG. — ... La mer qu'on voit danser, Le long des golfes clairs... C'est de la poésie, ça ? Non, on ne peut pas faire de la vraie poésie dans la chanson. A côté de Mallarmé, c'est zéro.
(Arrivée de Perrette Pradier.)

Cinémonde, n°1371 - 15/11/60

Un art mineur destiné aux mineures
par Serge Gainsbourg

Il fut un temps où j'avais sur la chanson cette phrase acidulée : « Un art mineur destiné aux mineures ». Qu'on le prenne comme l'on veut, quant à moi qui ne trouve dans cette définition absolument rien de blessant pour qui que ce soit exception faite pour moi-même, je resterai sur ma position, car a-t-on besoin d'être initié dans une discipline qui n'en connaît aucune ? Je dis que tout art qui se peut aborder sans initiation préalable ne peut être qu'un art mineur, et se pourrait-il que l'on puisse approcher et décrypter Paul Klee sans avoir connu et compris (« comprendre c'est égaler », disait Raphaël) Fra Angelico, Mantegna, Delacroix, Manet, Cézanne, Juan Gris et Max Ernst ? Et comment comprendrait-on Francis Bacon sans avoir étudié Paul Klee ? Une fois subie l'initiation, à chacun de trouver son style et sa voie et s'assurer s'il y a lieu de son génie. Il en est de même pour l'approche de Rimbaud, Alban Berg et Le Corbusier. Or, dans un art mineur comme le mien, il nous suffira de viser juste de l'œil qui nous reste, rois chez les aveugles, bien sûr, que sont les autres et faire mouche. Ainsi voulais-je dire que les tireurs d'élite n'auront jamais que du talent tandis que le génie visionnaire, ignorant les cibles immédiates et autres disques d'or et pointant son arc vers le ciel selon les lois d'une balistique implacable, ira percer au cœur les générations futures. Je me suis laissé dire que Marlon Brando se mettait des boules Quiès pour ne point entendre les répliques de ses partenaires et qu'ainsi, totalement isolé et tétanisé par son auto-admiration, son jeu y gagnait en intensité dramatique. Peut-être devrais-je en faire autant. Mais comment savoir alors si je plais toujours aux mineures ?

Télérama, Le monde de la musique, n° 5 - Nov. 78

Aux côtés de Léo Ferré, Serge débat autour du thème : la chanson, un art mineur ?

Du chant à la une

Un soir de 1958, notre chanteur en herbe se produit au Milord l'Arsouille face à Denis Bourgeois, producteur chez Philips. Ayant succombé au charme moderne des chansons de Serge, il l'encourage à réaliser une maquette qu'il fait écouter à Jacques Canetti, ce légendaire découvreur de talents. Enthousiaste, Canetti décide d'engager Serge Gainsbourg qui fait bientôt paraître, en septembre, son premier 25 cm *Du chant à la une*.

Ce disque célèbre les noces noires d'une musique, puisée essentiellement dans le fleuve africain du jazz – sublimée par les arrangements d'Alain Goraguer –, et d'une écriture littéraire faisant allusion aux grands auteurs : « Ronsard 58 » – démarche novatrice proche de celle de Claude Nougaro dont le premier enregistrement paraîtra l'année suivante. Il contient en outre toute la mythologie de Gainsbourg – qu'il déclinera au cours de son œuvre – hantée par les ombres d'Éros et Thanatos : « *Ce mortel ennui/ Qui me tient/Et me suis pas à pas...* »[10], « *Des horizons j'en n'ai pas lourd* »[11]. Ce désespoir existentiel, adouci par l'alcool, les cigarettes, les femmes et les voitures luxueuses, dérivatifs empêchant de sombrer à la dérive, est exprimé avec grande élégance. Gainsbourienne par excellence, la chanson : « Le poinçonneur des Lilas » se détachera de l'album pour pénétrer, en plein cœur, la cible de l'inconscient collectif. Habilement construite sur une musique mécanique, obsédante, projetant en ombres chinoises la silhouette de Charlie Chaplin, elle illustre le non-sens de l'existence à travers le portrait d'un voyageur immobile figé sous le ciel de faïence de la station de métro « Lilas ». En voici la genèse : « *Première idée : je descends dans les plans glauques du métro et je vais voir... Je comprends pas d'ailleurs ce trip, puisque j'étais un garçon timide, pourquoi je m'étais adressé à ce mec, un poinçonneur. Et je lui dis : "Monsieur, s'il vous plaît, quels sont vos espoirs après une journée de boulot, comme ça ?" Il m'a dit : "Jeune homme, je veux voir le ciel". Voilà, c'était la phrase clé qui m'a amené à écrire "Le poinçonneur"...* »[12]

Misanthrope et sulfureux, cet album novateur, élevant la chanson vers des cimes savantes et encensé par Boris Vian et Marcel Aymé – qui en rédigea la préface –, tranche avec le style rive-gauche, véhiculant souvent des bons sentiments sur des musiques simplistes. Pourtant, ce sont les versions de Philippe Clay et surtout des Frères Jacques qui permettront au « Poinçonneur des Lilas » de prendre son envol vers le ciel des possibles...

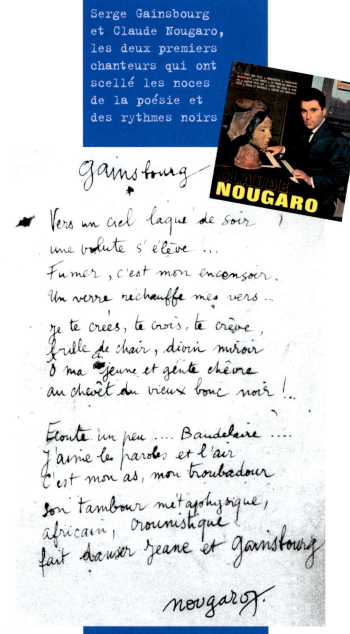

Serge Gainsbourg et Claude Nougaro, les deux premiers chanteurs qui ont scellé les noces de la poésie et des rythmes noirs

"Le poinçonneur des Lilas", une chanson rendue populaire par les Frères Jacques...

10. « Mortel ennui » (Serge Gainsbourg), 1958.
11. « L'alcool » (Serge Gainsbourg), 1958.
12. France Culture, 15 et 16 novembre 1989.

1956 - 1964

Témoignage de Boris Vian

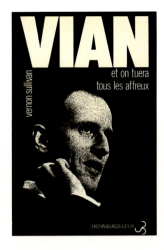

« Né le 12 avril 1928 à Paris nous assure la rumeur publique à qui Gainsbourg donne déjà pas mal de travail, ce nouvel auteur-compositeur-interprète brille déjà d'un bel éclat dans la promotion 58 des découvertes Philips. À dire vrai, et sans vouloir piétiner sauvagement les mérites de Philips (j'ai pas les pieds assez grands), c'est à une dame blonde et charmante nommée Michèle Arnaud que Serge, qui fut son accompagnateur pendant quatre ans, doit d'avoir débuté sur scène. Il appartenait au prospecteur en chef Canetti, assisté de son prospecteur-adjoint Denis Bourgeois, de réaliser le premier disque de Gainsbourg, non sans le secours de ce dernier et du pianiste-arrangeur Alain Goraguer. (J'ai oublié personne? Ah! si, le père et la mère de Gainsbourg, à qui revient au départ, une certaine responsabilité dans l'existence de Serge. Les gens sont susceptibles, dans ce métier, faut penser à tous.) Serge Gainsbourg, levez-vous. On vous accuse d'écrire des chansons féroces. On vous accuse d'avoir la dent dure. De voir la vie en noir, etc. Serge Gainsbourg n'a pas besoin de répondre. Il vaut mieux qu'il fasse encore des chansons, pendant ce temps-là, je répondrai pour lui; de toute façon, ces accusations sont absurdes. Va-t-on féliciter un aveugle d'être aveugle? On le plaindra. Et va-t-on reprocher à Gainsbourg d'ouvrir les yeux? Ce serait tout de même assez extraordinaire! Oh, je vois déjà un spécimen d'auditeur au cerveau enrobé de saindoux et au gros ventre plein d'optimisme protester que tout va bien et que cette jeunesse moderne a la haine de ce qui est beau. Ha, ha! dirais-je, compendieusement, à cet auditeur et je parodie en ceci Bosse-de-Nage, ceux qui lisent Faustroll me comprendront. Un gros ventre vous bouche la vue, ou des phrases toutes faites, ou un conformisme reposant. Prenons un exemple : vous reprochez à Serge cette chanson qui s'intitule : "La femme des uns sous le corps des autres". Puis-je me permettre de poser la question : est-ce Gainsbourg qui a inventé l'adultère, et le mot n'existait-il pas avant lui? (Un certain temps avant, dirais-je même). Il n'est pas forcé de choisir ce sujet-là, répond l'amateur d'amour-toujours et d'yeux mauves-guimauves. – Et quoi! lui dis-je (c'est là que je suis des plus sournois). Vous sentez-vous donc touché, monsieur? Sur ce, il se lève et il s'en va. Et je reconnais la personne qui était avec lui. C'est ma femme! L'affreux personnage!... Ah! vous, Gainsbourg, donnez-moi la recette de l'amour fou!... »

Boris Vian et Marcel Aymé, deux écrivains de renom, qui ont encensé le talent prometteur de Gainsbourg

1956 - 1964

Jugeant son physique disgracieux, Gainsbourg écrit des chansons d'amour "cruelles"

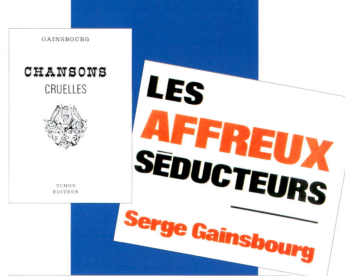

À travers ce premier disque, Gainsbourg a sans doute choisi d'exprimer une vision cynique de l'existence et une conception négative de l'amour afin de désamorcer les critiques à l'égard de son physique qu'il juge disgracieux : « *Comme j'étais timide, j'étais très arrogant. J'étais conscient d'avoir une sale gueule... Mon papa m'attaquait et il me disait : "Mais pourquoi tu es méchant avec les filles comme ça ?" Je lui dis : "Eh bien écoute, vu ma gueule, je veux pas me faire attaquer, j'attaque !"* »[13] S'il déroute le grand public, cet enregistrement sera pourtant récompensé par le prix de l'académie Charles Cros, décerné l'année suivante (1959).

« ***E**t voici encore Serge Gainsbourg, pianiste de Michèle Arnaud. Serait-ce à l'ombre de ses chansons douces qu'il a contracté un tel vitriol avec quoi il écrit "Douze belles dans la peau", "La recette de l'amour fou", "Le femme des uns sous le corps des autres", etc. ? Ce Mirabeau de la chanson, qui se pose en rival de Léo Ferré, le restera-t-il ou préférera-t-il être d'abord le poète du "Poinçonneur des Lilas" ou de "Ronsard 58" ? C'est un tempérament à coup sûr, un auteur de valeur. Mais a-t-il raison avec son physique blême, sa voix blanche, de vouloir être aussi un interprète ?* »[14]

Malgré la réticence des critiques à l'égard de sa capacité d'interprète, notre artiste se produit, sous la tutelle de Jacques Canetti, dans le spectacle *Opus 109*, débuté aux Trois Baudets en mars 1959, avant de sillonner la France avec, en tête d'affiche, notamment Raymond Devos et Jacques Brel. Ce dernier, qui, enflammé par sa foi fabuleuse, brûle déjà les planches de tous les théâtres, confie à un Gainsbourg, figé devant son micro face à un public de glace, qu'il réussira le jour où il aura compris qu'il était un crooner. Vision prophétique en effet au regard de son futur répertoire de « chanteur de charmes » qui captivera l'oreille populaire : « L'eau à la bouche », « La javanaise », « Je t'aime moi non plus », « Je suis venu te dire que je m'en vais »...

13. *France Culture*, 15 et 16 novembre 1989.
14. *Libération*, 15 décembre 1958.

"Du chant à la une", le premier 25 cm de Gainsbourg est couronné, en 1959, du grand prix de l'Académie Charles Cros

Jacques Dufilho, Juliette Gréco, Marcel Amont et Serge

1956-1964

« J'ai fait une tournée avec Brel dans les villes de province, on arrivait dans les salles des fêtes avec des pianos pourris, il n'y avait pas de sono bien sûr, il fallait se démerder avec ça. Parfois, entre les étapes, Brel me prenait dans sa bagnole, une Pontiac décapotable, et il fonçait à 150 à l'heure. Notre grand jeu consistait alors à nous casser la gueule... Intéressant, non ? Dans chaque ville, Brel avait déjà des fanatiques – je n'aime pas le mot fan –, il était flagrant, à mes yeux, qu'il allait casser la baraque. À la sortie des loges, une foule de mecs et surtout de gonzesses lui demandaient des autographes. Moi j'attendais dans mon coin que ça se passe. Mais un jour j'aperçois dans la foule une fille de treize ou quatorze ans, au regard sublime. Elle s'approche, très intimidée, et me dit : "Moi, je suis venue pour vous, monsieur Gainsbourg". Ça m'a bouleversé... »

Gainsbourg fait ses premiers pas sur scène sous la tutelle de Jacques Canetti. Aux Trois Baudets, puis dans le cadre de la tournée "Opus 109"

Programme des Trois Baudets

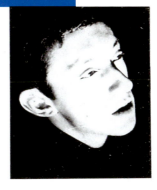

SERGE GAINSBOURG

Il écrit et chante des chansons pour rire noir.
Il aime le chachlik, Edgar Poë et la vitesse.
Il a besoin de trente ans de vie.
Il met des coups de poing au bout de ses vers.

IL EVOLUE DANS UN UNIVERS ÉTRANGE ET IRRÉEL

Qui est-il ? D'où vient-il ? Ces questions-là, tout le monde se les pose. Nous allons y répondre.
SERGE GAINSBOURG est d'origine russe tout en étant né à Paris.
Ses classes : renvoyé de Condorcet, étudie l'architecture qu'il abandonne pour la peinture, qu'il abandonne pour la guitare électrique.
Ses premiers pas : pianiste de bar, puis guitariste accompagnateur de Michèle Arnaud (pendant 4 ans), il fait son tour de chant en 1958 à Milord l'Arsouille.
Ses faux départs : les premières chansons qu'il a composées avaient des titres prémonitoires : « Nul ne le saura jamais » « Ça vaut pas la peine d'en parler ». Il les a détruites. Elles parlaient d'amour.
Ses vrais débuts : il compose dans l'ordre : « Le Poinçonneur des Lilas » (que créent les Frères Jacques), « La recette de l'Amour Fou » (Michèle Arnaud), « Douze belles dans la peau » (Jean-Claude Pascal), etc... Sa préférée : « La femme des uns sous le corps des autres ».
Quant à ses défauts ou ses qualités principales, nous n'en parlerons pas. Car il est trop difficile de cerner l'étrange personnage qu'est Monsieur GAINSBOURG. L'homme a plus d'une pirouette pour se dérober.

Photo de famille
au Théâtre des 3 Baudets,
autour de son fondateur
Jacques Canetti

De haut en bas et de gauche à droite.
- Georges Brassens, Boris Vian, Juliette Gréco, Pierre Dac, Francis Blanche, Patachou, Robert Lamoureux.
- Gérard Séty, Catherine Sauvage, Philippe Clay, Jacques Canetti, sa femme Lucienne Vernay, Fernand Raynaud, Mouloudji, Pierre Dudan.
- Les Garçons de la rue, Francis Lemarque, Raymond Devos, les 3 Horaces.
- Darry Cowl, Jean-Claude Darnal, les Quatre Barbus, Aglaé.
- Pierre-Jean Vaillard, Guy Béart, Jacques Brel.
- Serge Gainsbourg, Christian Duvaleix et Ricet Barrier.

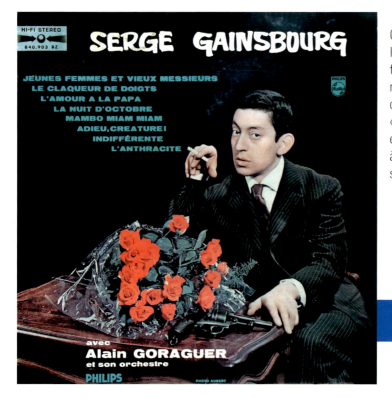

En 1959, la parution du second 25 cm de Gainsbourg, toujours empreint d'un jazz affûté sous la griffe d'Alain Goraguer, confirme sa faculté de faire swinguer la langue française. En attestent notamment deux titres, « Le claqueur de doigts », doté de l'anglicisme – dont il fera souvent usage – : « juke-box » qui « claque » avec saveur sous sa langue, et « La nuit d'octobre », dont les vers empruntés à Musset brillent d'un nouvel éclat dans leur écrin sud-américain.

1956 - 1964

Parallèlement, la Gréco, figure emblématique de la chanson française, fait appel au savoir-faire de notre auteur-compositeur, consacrant ainsi son talent. « Jujube » ne cache pas son affection pour ce garçon, timide et délicat, dont elle apprécie la compagnie au risque d'alimenter des rumeurs. « *Je garde le souvenir de lui quand il était venu à la maison m'apporter ses chansons. Il était nul ! Il avait peur, il était paniqué. J'avais de très beaux verres à whisky, en cristal gravé. Je lui sers un drink, mais il avait les mains tellement tremblantes et humides que le verre a glissé des mains et s'est brisé à ses pieds.* »

Pour elle, il compose quatre titres gravés, en février 1959, sur le 45 tours *Juliette Gréco chante Serge Gainsbourg*, fruit de la rencontre de « *deux grands talents* » salué par la presse. Leur collaboration durera plusieurs années avant de s'espacer, puis de s'interrompre définitivement. « *Elle avait du chien, de la prestance. À l'époque, c'est elle qui habitait rue de Verneuil, au 33, avec Zanuck. C'était l'époque où elle ne s'imitait pas elle-même. On a fait un double 45. Après, elle a chanté "Accordéon" [1962] pendant le voyage d'inauguration du France. Plus tard, elle a repris "La javanaise" [1963], mais je l'ai eue au poteau car c'est ma version qui est restée.* »[15], déclarera « Gainsbarre ».

15. *Chanson 84*, N° 7, décembre/janvier 1984, p. 38.

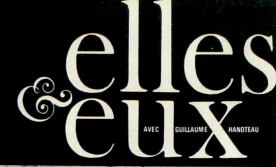

Juliette Gréco, chanteuse mythique et interprète de Gainsbourg, contribuera à propulser sa carrière d'auteur-compositeur

Gréco chante Gainsbourg

(45 tours Philips)

Gréco chante Gainsbourg à la perfection, car elle excelle à dire les textes difficiles, curieux, insolites, provocants. La diction est parfaite, l'intelligence du texte aussi. Elle chante « Les amours perdues » comme personne sans doute, beaucoup de rêve, de nostalgie, elle y met une émotion « noble » si l'on peut dire. Il y a ici des chansons fort coquines, pour le moins ; mais l'interprète fait tout passer, car cela est si drôle !... Deux grands talents qui s'unissent pour faire un disque de grande qualité.

La Semaine Radiophonique du 22 novembre 1959

GRÉCO CHANTE GAINSBOURG

Un long visage mince et mobile, des yeux sombres et un nom dont le succès s'empare : Serge Gainsbourg. Il a 30 ans et vient de réaliser un vieux rêve très cher : écrire des chansons surprenantes, un peu tristes, pour Juliette Gréco dont l'émouvant contralto reste fidèle à ce qu'elles expriment de simple et pourtant de profond...

Ces 5 chansons ont des titres parfois peu conformistes « Les amours perdus », « Il était une oie », « La jambe de bois », « Défense d'afficher », « L'amour à la papa ». Bientôt, si elles plaisent, les « Juke-boxes » les cueilleront sur toutes les lèvres, pour les ranger, à côté de celles déjà écrites par Serge, dans la sûre mémoire de la faveur populaire...

Elles y retrouveront « La recette de l'amour fou », « Jeunes femmes et vieux messieurs », « 12 belles dans la peau » et le fameux « Poinçonneur des lilas » qui prit avec les Frères Jacques un foudroyant démarrage.

Pourtant Gainsbourg a commencé imprévisiblement sa vie par l'Ecole des Beaux Arts.

Mais sa véritable chance lui fut donnée par le cabaret « Milord L'Arsouille » en 1958. Devenu le pianiste attitré de Michèle Arnaud il put donner libre cours à sa verve ironique et composa pour elle des chansons pleines de fantaisie.

— On m'a reproché d'être « sombre », s'étonne Serge, mais pourquoi voulez-vous que je chante le ciel bleu alors que je préfère les nuages !...

S. S.

Paris Journal - 17/02/59

1956 - 1964

Du 14 octobre au 2 novembre 1959, Serge Gainsbourg se produit pour la première fois sur la scène d'un grand music-hall parisien : le Théâtre de l'Étoile. Programmé en première partie de Colette Renard, il affronte le regard de 1500 personnes troublées par la prestation d'un chanteur cherchant moins à séduire qu'à imposer un personnage et un style d'avant-garde : « *Ce qui déconcerte en lui, c'est l'absolue franchise de son ton, son évident souci de ne jamais tomber dans le déjà dit, le déjà vu, de jeter sur le monde qui l'entoure le regard perçant, averti de qui ne craint pas le qu'en dira-t-on (...). Et, tout grand prix du disque qu'il est, il lui faudra attendre un peu avant de voir adopté un style pourtant bien accordé à la sensibilité du moment.* » [16]

16. *Le Monde*, 21 octobre 1959.

Programme du Théâtre de l'Etoile, premier grand music-hall où Gainsbourg se produit en vedette américaine de Colette Renard (1959)

1956 - 1964

Serge Gainsbourg donne ses premiers tours de chants parisiens,

face à un public déconcerté par tant d'audace et de modernité

Le Poinçonneur des Lilas s'est réservé une « première » dans le Métro de la Chanson

par Philippe ADLER

DANS le petit cabaret de la Rive Gauche, les murmures se sont brusquement tus. A travers les volutes de fumée qui montent en dansant lourdement vers le plafond orné de dessins surréalistes, les noctambules essaient maintenant de mieux détailler celui qui est en train de leur lancer en plein visage un message déchirant, ironique, violent et teinté d'une secrète amertume. Derrière la silhouette imprécise et bizarre du chanteur, le pianiste, penché sur son piano comme le chirurgien au-dessus d'une table d'opération, égrène quelques accords de jazz sur son clavier noir et blanc. Noir et blanc comme ces longs poèmes où l'amour, les femmes, l'alcool et la vitesse sont mis à mal. Noir et blanc comme ces chansons aussi cinglantes qu'un défi, aussi amères qu'un bol de vitriol, mais au charme étrange desquelles il est finalement impossible d'échapper. Noir et blanc comme ces mélodies qui collent à la peau et viennent briser le charme tranquille de la nuit. Les chansons se suivent et se ressemblent : « Ce mortel ennui qui me vient quand je suis près de toi... Mes illusions donnent sur la cour... Vous êtes bien belle et je suis bien laid... ». Les auditeurs sont groggy, assommés, déroutés. Le projecteur s'éteint. Un silence. Puis les applaudissements, les applaudissements qui crépitent. Ce soir encore, le charme de l'étrange, de l'insolite, toujours dira-t-on, de ce que l'on pense souvent, mais n'ose pas dire, a opéré. Les spectateurs sortent du cabaret en frissonnant tandis que dans la rue passent les premiers camions de laitiers. Certains des noctambules fredonnent déjà les refrains ensorceleurs qu'ils n'oublieront plus. Serge Gainsbourg est passé. Il n'est pas de ceux que l'on oublie...

Un magicien qui ne retrouve plus son chemin lorsque la nuit est tombée...

Rien ne semblait spécialement destiner Serge Gainsbourg à la chanson. Sa première mélodie, il ne l'a d'ailleurs écrite qu'à l'âge de trente ans. D'origine russe, né à Paris en 1928, Serge fit des études assez fantaisistes et se fit renvoyer du Lycée Condorcet parce qu'il confectionnait pour ses camarades de classe des bandes dessinées qui passaient de table en table pendant les cours de mathématiques ! Il étudia ensuite l'architecture, mais se sentait déjà très attiré par la peinture. Pour pouvoir acheter ses tubes, ses pinceaux et ses toiles, Serge se fit pianiste de bar. Le piano, il l'avait appris sous la conduite diligente et sévère de son père, musicien professionnel.

« D'une main, je montais des gammes. De l'autre, je me mouchais pour essuyer mes pleurs ! Il n'y a pas de plus mauvais professeur que son propre père ! se souvient-il en souriant. Pour pouvoir continuer à peindre, Serge se transforma aussi en professeur de dessin dans une petite école provinciale. Là, pour soutenir l'attention des gosses auxquels il enseignait l'art de manier le crayon, il interrompait de temps à autre sa leçon pour leur faire quelques tours de prestidigitation qu'il avait appris dans un vieux bouquin acheté sur les quais. Un jour, à la fin d'une de ses séances, deux fillettes restèrent dans la salle, à l'heure de la récréation. Deux petites gosses de six ou sept ans. Serge s'en approcha, leur demandant pourquoi elles n'allaient pas jouer avec leurs camarades. Et les deux fillettes, rougissantes et les yeux fixés au sol, lui demandèrent si, puisqu'il était magicien, il ne pouvait pas les transformer en fées. Serge, souriant, se pencha vers les deux enfants : « On ne transforme pas en fées des enfants aussi jolies que vous ! », leur expliqua-t-il avant de sortir de la salle.

Peu de temps après, Serge partait à l'armée. Il en conserve un souvenir peu agréable ; comme il passait tous ses instants de loisir à peindre ou à dessiner, l'adjudant le désigna pour aller chercher à cinq kilomètres du camp deux seaux pleins de peinture destinée à repeindre le mess des officiers. Comme c'était le soir et que la peinture était dans deux seaux à confiture sans couvercle, Serge dut rentrer le bas de ses pantalons pour ne pas peindre en blanc la route...

(Voir suite page suivante.)

Bonne Soirée, n°2067 - 24/09/61

La Vedette de la Semaine
Serge GAINSBOURG

par Germaine RAMOS

C'EST un garçon qui ne ressemble à personne — et qui fait des chansons comme personne !

Il est grand, très frêle, timide d'aspect, de voix — vous parle si bas que vous l'entendez à peine. Rien, oh ! certes, du garçon fanfaron et content de lui. Mais il fait des chansons qui vous arrivent dans le cœur et l'estomac comme des coups de poing. Il y exprime tout, rien ne l'arrête, ni la pudeur inutile, ni la peur de choquer. Il a toutes les audaces, mais il a l'originalité, et la manière. Il n'imite personne, ne cherche jamais à faire joli, ou gentil, aimable ou commercial !...

Avec lui rien de banal, de convenu. L'idée est toujours étonnante et le mot celui qu'on n'attendait pas. Il vous donne, par quelle ironie amère, la « recette de l'amour fou », raconte un accident mortel dans « le jazz du ravin », conte les malheurs du « contrôleur des Lilas », chante l'alcool :

Mes illusions donnent sur la cour,
Mais dans les troquets des [faubourgs
J'ai des ardoises de rêverie
Et le sens de l'ironie !...

Sûrement que chez lui ce sens donne à plein ! Il évoque les femmes avec cruauté et on a l'impression que pour cet esprit audacieux rien n'est sacré...

Oui, c'est un « type », il faut prendre tel qu'il est son talent déconcertant, provoquant, avec son intelligence destructrice. Il est sans concessions et ne veut pas en faire !

Ses sujets ? des problèmes éternels, l'amour, l'adultère, l'alcool, les aventures de la vie... Mais il les prend à sa manière qui n'est pas celle des autres. Son auditeur est d'abord parfois choqué, ou incompréhensif, ou rébarbatif, puis il est peu à peu conquis. Parce qu'il est difficile de résister à l'intelligence ! Difficile aussi de résister au charme curieux qui se dégage des enregistrements de ce garçon qui n'a rien d'un chanteur, mais qui dit ses chansons mieux que personne. Tout est surprenant, prenant, la voix murmurante, un peu rauque, bizarre, au souffle bref, le mélange d'ironie dure et de désenchantement, l'élégance de la prononciation, unie à quelque chose d'indéfinissable, qui est le ton de la gouaille faubourienne... Il est implacable, peut-être parce qu'il est, sans l'avouer, trop vulnérable, et qui sait ? trop tendre...

Serge Gainsbourg est russe d'origine et il a fait diverses choses avant la chanson. Après avoir été élève à Condorcet, il a été aux Beaux-Arts où il a travaillé l'architecture ; mais la peinture l'a tenté et retenu, et il a peint neuf ans. Mais arriver dans la peinture, en vivre même, n'est pas facile. Il faudrait être aidé, trouver un mécène. Gainsbourg était musicien depuis l'enfance, avant beaucoup travaillé avec son père. Un jour sur sa guitare il a composé des chansons ; on l'a encouragé. Des artistes les ont chantées et lui-même... Croit-il en lui ? On ne sait pas. Ce qu'il voudrait : arriver à pouvoir peindre à nouveau, c'est sa passion ; s'il se libérait par le succès de ses chansons, il pourrait être son propre mécène...

Il fut pianiste de bar, puis guitariste : il a accompagné Michèle Arnaud qui, toujours à l'affût des chansons de qualité et ne craignant pas de lutter pour les imposer, a été sa première interprète. Lui-même a fait son tour de chant à *Milord l'Arsouille*, aux *Trois Baudets*, en tournée, etc.

Ses premières chansons parlaient d'amour (*Nul ne le saura jamais... Ça vaut pas la peine d'en parler*). Il les estime sans intérêt. Il faut arriver au fameux « poinçonneur » pour qu'il commence à se reconnaître dans ses œuvres !

Il reconnaît qu'il a été très amer en face de la vie, mais il l'est moins, ça va mieux ! Pour faire une chanson il part sur un titre qui doit tout contenir. Son grand défaut, c'est d'être sceptique, il dit que c'est aussi sa principale qualité... Il est ambitieux à coup sûr, a de hautes aspirations. Il ne saurait souhaiter rien de médiocre et il croit au fond en son destin...

Etrange artiste, étrange garçon, qui préfère à toute autre la phrase de Baudelaire : « L'étrangeté est une des parties intégrantes du Beau ». Savez-vous ce qu'il aime ? « Beaucoup les orages, beaucoup le whisky aussi, passionnément les amours contrariées (en général à ce point de vue, tout humain est gâté !...) A la folie, les femmes hautaines et réfrigérantes. Pas du tout : l'académisme de l'art contemporain ».

Il nous apporte quelque chose — quelque chose de nouveau, de bizarre, de tourmenté, de profond, d'ultra-moderne. Car chez lui la musique vaut les paroles, parfois si douce, parfois brutale, « implacable dans sa ligne mélodique »... Il choque, heurte, secoue, bouleverse. On ne demeure pas indifférent en l'écoutant : on l'adore ou on le déteste. Mais même alors, on doit reconnaître : « Gainsbourg, c'est quelqu'un ! »

PETITE NOUVELLE

LA R.T.F. remettra au Pape Jean XXIII pour le premier anniversaire de son couronnement un disque comprenant des extraits de ses discours durant sa nonciature à Paris, et des déclarations de personnalités françaises ayant connu le Souverain Pontife.

VIENT DE PARAITRE

L'ALMANACH 1960 de Radio-Télé-Luxembourg. Abondamment illustré, il comprend des confidences, des enquêtes, des nouvelles, de nombreux échos sur les émissions de Radio-Luxembourg ou de Télé-Luxembourg, des jeux, des reportages et le grand Test psychologique d'André Rabs.

La Semaine Radiophonique, n°43 - 25/10/59

1956 - 1964

Dans le même temps, fort de son physique de grand prince russe dégingandé, Serge tente ses premières expériences cinématographiques.

En 1959, il est à l'affiche de *Voulez-vous danser avec moi?*, un film de Michel Boisrond dans lequel, jouant le rôle d'un « sale type », il détient le privilège de côtoyer Brigitte Bardot avec qui il partagera une brève mais fondamentale aventure artistique. L'année suivante, il compose la bande originale de *L'eau à la bouche* de Doniol-Valcroze, dont la chanson éponyme gravée sur un 45 tours tiré à plus de 100 000 exemplaires, lui vaudra ses premiers galons d'interprète à succès ; cette « prière » érotique, voilée sous une voix voluptueuse, s'inscrira en effet parmi les nombreux classiques de Gainsbourg.

Courant le cachet, Serge apparaît également à l'écran dans divers péplums. Drapé d'une toge romaine et chaussé de spartiates, il joue en 1961 dans *La révolte des esclaves* de Nunzio Malassomma où, physique oblige, il campe le rôle d'un traître ; puis, l'année suivante, dans *Sanson contre Hercule*, puis *Hercule se déchaîne!* de Gian Franco Pasolini...

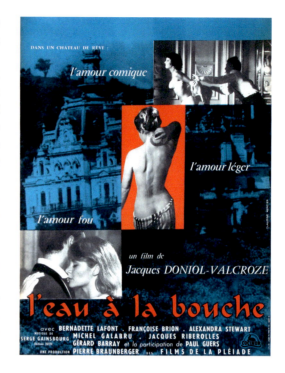

Le physique particulier de Gainsbourg – d'abord repéré par Michel Boisrond au Milord L'Arsouille – inspire les réalisateurs de péplums qui lui proposent des rôles de traître

1956 - 1964

SERGE GAINSBOURG
"le traître du péplum"

« Face aux nobles et purs chrétiens, aux valeureux prétoriens que l'empereur a écartelés, puisqu'il est un "barbare" (né en Thrace), le rôle des méchants de mélodrame est dévolu à un personnage larvaire, au visage sémite, à la laideur atroce ainsi qu'à des noirs cruels et cupides qui constituent la garde personnelle de Maximin... A l'instar du "Juif Süss", auquel il fait souvent penser, le premier s'insinue subrepticement dans l'entourage de l'empereur et lui devient bientôt indispensable dans sa chasse aux chrétiens. »

Quel est donc l'interprète de ce personnage hideux, tant sur le plan physique que sur le plan psychologique, dont nous parle le triste kritik de la *"Saison Cinématographique 1961"* à propos du péplum de Nunzio Malasomma (né à Caserta le 4 Février 1894 et décédé à Rome le 12 Janvier 1974) : **La révolte des esclaves** (La rivolta degli Schiavi - 1961) ?

Non, il ne s'agit pas d'un obscur acteur italien mais de notre célèbre ... Serge Gainsbourg !!!

Au début des années soixante, Gainsbourg est ainsi apparu dans trois péplums italiens sous une apparence quelque peu surprenante : les cheveux courts et le visage soigneusement rasé... comme nous sommes loin du chanteur actuel !

En revoyant en vidéo (RCA) **Hercule se déchaine** de Gianfranco Parolini, on aurait pu craindre le pire. Que l'on se souvienne de la programmation télévisée de l'infâme **Golgotha** de Julien Duvivier (qui nous a heureusement montré ailleurs son très grand talent) où Jean Gabin se couvrait de ridicule en jouant le rôle de Ponce-Pilate, rôle qu'il a d'ailleurs haï durant toute sa vie !

Pourtant, il n'en est rien : Gainsbourg a très bien su tirer son épingle du jeu en évitant toute grandiloquence et son personnage machiavélique est des plus convaincants.

Hélas, **Hercule se déchaine**, sans être totalement dénué d'intérêt, est seulement un honnête film d'aventures sans grande originalité où le fantastique brille par son absence (les habituelles hydres et autres monstres infernaux étant remplacés ici par un gorille fort peu crédible).

Si l'autre péplum de Gainsbourg également réalisé par Parolini, **Samson contre Hercule** (Sansone - 1961) n'est guère meilleur, il n'en est pas de même pour le somptueux et sanglant **La révolte des esclaves** dont nous souhaitons la parution prochaine en vidéo K7. Ici, aux côtés de Rhonda Fleming, Gino Cervi et Dario Moreno, Gainsbourg trouve son meilleur rôle. Il finit par être dévoré vivant par ses molosses tandis que dans **Hercule se déchaine** son corps est criblé de flèches.

VIDÉO OUBLIÉE

Visiblement, avec ces trois péplums, il a dû prendre beaucoup de plaisir à incarner ces ignobles crapules, sournoises, lâches et sadiques. Avec un peu plus de persévérance, nul doute que Gainsbourg aurait pu figurer en bonne place, entre Basil Rathbone et Klaus Kinski, dans la galerie des méchants du cinéma populaire.

Pierre Charles

1956 - 1964

Notre chanteur poursuit sa route bohémienne en faisant paraître deux albums et un 45 tours qui concluent les débuts de sa carrière.

Le premier disque de ce triptyque, intitulé *L'étonnant Serge Gainsbourg* (1961) est un 25 cm renfermant plusieurs joyaux à 25 carats. Parmi eux, « En relisant ta lettre », une chanson déployant une dextérité lexicale au service du thème obsédant de l'amour sans issue, traité à l'aide d'un humour cruel scellant les noces d'Éros et Thanatos :

C'est toi que j'aime   Je t'en supplie
Ne prend qu'un M   Point sur le I
Par dessus tout   Fais-moi confiance
Ne me dis point   Je suis l'esclave
Il en manque un   Sans accent grave
Que tu t'en fous   Des apparences[17]

17. « En relisant ta lettre » (Serge Gainsbourg), 1961.

Conversation littéraire au Casino de Paris

GAINSBOURG L'HOMME QUI LIT

Il préfère le dix-neuvième siècle, la fin du « Dernier des Mohicans » lui a tiré des larmes et il guette l'arrivée des « nouveaux lascars »

A LA ville comme à la scène, il avance légèrement vacillant mais ferme sur ses bases. L'ironie du sort, et la ténacité de l'homme, ont récemment métamorphosé en coqueluche nationale ce timide contrarié (comme on le dirait d'un gaucher) cet introverti à tourments qui passa longtemps pour la plus parfaite incarnation de l'intellectuel à migraines fourvoyé dans le music-hall.

Voilà que sans avoir renoncé d'un pouce à l'exigence artistique, Serge Gainsbourg, « à cinquante-sept balais », est rejoint et choyé par un public vert, qui n'était pas encore né lorsqu'il chantait, mezza-voce, « Quand mon six-trente-cinq me fait les yeux doux ».

Il n'y a pas mal de temps que nous avions en projet de parler littérature avec cet excellent manieur de mots, fertile en paradoxes et fines sentences. N'est-il pas entré chez Gallimard, en jaquette noire, s'il vous plaît, avec « Évgueni Sokolov », singulier petit roman, désormais en « Folio » ?

On ne s'étonne pas qu'il revendique d'emblée une vieille affection pour Joris-Karl Huysmans, dont « A rebours » met en jeu un sombre héros fin de siècle, des Esseintes, s'attachant à cultiver des sensations inédites...

« J'ai découvert Huysmans au lycée Condorcet, après « Adolphe » de Benjamin Constant et « Madame Bovary » de Flaubert. J'ai eu le goût de lire tout gamin. J'allais à l'école pas loin d'ici, à cent mètres du Casino de Paris, près du square de la Trinité. Regardez, sur cette photo (culottes courtes, cheveu sage et regard docile, NDLR) je tiens un manuel de Leçons de choses à la main. J'étais un très bon élève.

« Donc, Huysmans. Chez lui j'apprécie la froideur esthétique presque inhumaine. Plus tard j'ai retrouvé cela chez Nabokov. La fin de « Lolita »...

« Ma voiture épuisée est en piteux état. La dernière étape est la plus dure. Dans l'herbe d'un fossé je mourrai, Lolita. Et tout le reste est littérature. »

« Je voulais en faire une chanson, mais l'éditeur qui avait cédé les droits à Kubrick pour son film avec James Mason n'a pas voulu.

« Je suis à l'âge où on relit. Je ne peux plus marcher qu'en flash-back. On m'envoie souvent des livres dédicacés. J'arrache la page de dédicace et je jette le bouquin. J'ai une fabuleuse collection de dédicaces. Si vous écrivez ça, ils ne vont plus rien m'envoyer.

« J'ai l'impression qu'en ce moment c'est sinon le désert, du moins le manque dans toutes les disciplines artistiques. Ils vont sûrement venir les nouveaux lascards, à grosse pointure, mais j'estime qu'ils tardent. En revanche, je trouve formidable le projet de la pyramide de verre du Louvre. Il faudrait y installer la Victoire de Samothrace, à l'intérieur. Qu'on la voit de très loin.

« Les surréalistes : Péret, Tzara, Breton..., ont beaucoup compté pour moi. Et Picabia, le peintre, dont je goûte les aphorismes. Écoutez ça : « Moi je me suis déguisé en homme pour n'être rien » et encore, « Spinoza est le seul qui n'ait pas lu Spinoza ». Pas mal, non ?

« Mes premières évasions je les dois aux contes : Perrault, Grimm, Andersen, puis Kipling et Fenimore Cooper. J'ai pleuré aux dernières pages du « Dernier des Mohicans ». Chez les Russes c'est Gorki que je préfère. Très hard. J'ai rencontré Rimbaud, Baudelaire et Edgar Allan Poe au moment où j'attaquais ma formation de peintre. Dans le dessin j'avais la facture de Rodin... Mais ceci est une autre histoire...

« En poésie, Rimbaud, encore et toujours. Je relis sans arrêt, dans la Pléiade, le « Journal de l'année de la peste », de Daniel Defoe, le premier constat journalistique de l'histoire de la littérature.

« Après la tournée, j'écrirai un livre pour Gallimard. Cela s'intitulera « Journal fictif » ou peut-être « Les techniques de l'amour ».

« Mon siècle d'élection c'est le dix-neuvième. J'ai l'esprit poétique. Je n'ai pas du tout la tête mathématique sauf quand les mathématiques confinent à la plus haute poésie. A manier avec délicatesse ; ces merveilleux calculs nous ont valu la bombe atomique. Dur.

« Je ne suis pas bibliophile mais je tiens comme à la prunelle de mes yeux à une édition originale de « Madame Bovary ». Je ne prête jamais mes livres.

« En peinture je ne suis pas collectionneur. Je claque mon fric au jour le jour, mais je possède un délicieux petit dessin de Paul Klee, qu'il avait baptisé « Mauvaises nouvelles des étoiles ». Je lui ai piqué le titre pour un disque. J'ai aussi un dessin de Dali, de sa grande époque des années trente. Il me semblait lire, en bas à droite, en pattes de mouche « La chasse aux papillons », mais je n'étais pas sûr. Je vais voir Dali à l'Hôtel Meurice, avec une photo de l'œuvre. Il me l'arrache des mains et s'écrie : « Mais, c'est La chasse aux papillons ! » Merci pour le certificat d'authenticité.

« Il y a un génie de la peinture vivant. C'est Francis Bacon. Un jour, à Londres, il m'a dédicacé un billet de cent balles. Celui-là je l'ai pas brûlé. »

Recueilli par Jean-Pierre Léonardini

L'Humanité - 07/10/85

Gainsbourg, puise sa chanson dans une encre littéraire

Ou encore « La chanson de Prévert », une sublime complainte où sonne le glas des amours mortes, qui n'a rien à envier à la qualité des célèbres « Feuilles mortes » à laquelle elle fait allusion. Preuve de son intemporalité, ce classique, repris avec succès par Claire d'Asta (1981), traversera les années sans prendre aucune ride.

1956 - 1964

En 1962, Serge Gainsbourg publie son dernier 25 cm, *N° 4*, comportant huit titres de haut acabit. Parmi eux le swinguant « Black trombone », le littéraire « Baudelaire », introduit par une voix dont la sensualité trouve sa plénitude dans l'usage du « talk-over »[18] ou « Les goémons », chef-d'œuvre poétique méconnu du grand public :

```
Algues brunes ou rouges
Dessous la vague bougent
Les goémons
Mes amours leur ressemblent
Il n'en reste il me semble
Que goémons...[19]
```

Et également, « Intoxicated man », chanson gainsbourienne par excellence, abordant le thème de l'alcool – et de façon sous-jacente, ceux de la solitude et l'autodestruction – traité grâce à l'usage des anglicismes et des rejets[20] qui deviendront la marque de fabrique de notre artiste :

```
Je bois
À trop forte dose
Je vois des éléphants roses
Des araignées sur le plastron
D'mon smoking
Des chauve-souris au plafond
Du living -
Room...[21]
```

Pièce manquant à ce puzzle discographique, le 45 tours paru en janvier 1963 où figure « La javanaise ». Valse voluptueuse vibrante d'allitérations en « v » – popularisée par Gréco –, chanson emblématique que des milliers de teenagers reprendront en chœur – plus de vingt ans après sa création – dans la liesse du Casino de Paris sous l'œil d'un Gainsbourg ému aux larmes.

---

18. Pratique, consistant à parler sous fond orchestral, que Gainsbourg sublimera dans l'album *L'homme à tête de chou* (1976) avant de l'adopter presque définitivement.
19. « Les goémons » (Serge Gainsbourg), 1962.
20. Élément de phrase de faible étendue placé au début d'un vers, mais rattaché étroitement au vers précédent.
21. « Intoxicated man » (Serge Gainsbourg), 1962.

"La javanaise", d'abord popularisée par Gréco, sera, dans les années 80, reprise en chœur par le public de "Gainsbarre"

N'écoute pas les idoles...

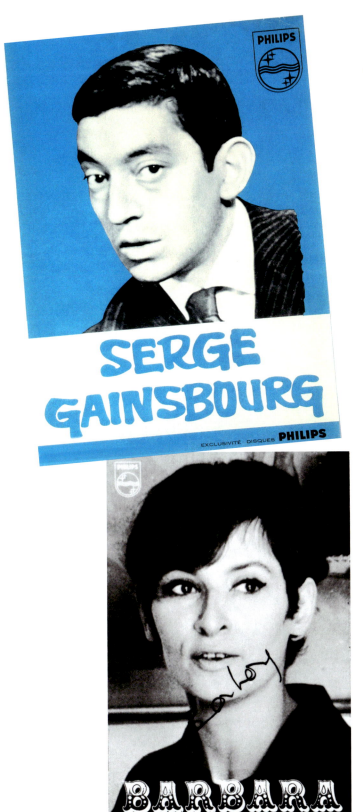

Pendant que la « vague yéyé », symbole de la société de consommation, déferle sur une jeunesse dansant au rythme de chansons made in USA traduites en yaourt français sans saveur – même si Sylvie Vartan parvint à lui donner un goût bulgare –, Serge Gainsbourg poursuit son rêve américain d'adulte. Bref, il a choisi le camp des résistants.

En octobre 1963, au Théâtre des Capucines, où il se produit pour la première fois en tête d'affiche, il inaugure, avec Michel Gaudry (contrebasse) et Elek Bacsik (guitare électrique) une formule trio : musique de velours, veloutée, exhalant les volutes de fumée des boîtes de jazz qu'il affectionne. Mais, ombre cruelle au tableau, Boby Lapointe, programmé en première partie, lui vole la vedette !

En outre, ses prestations au Théâtre 140 de Bruxelles en février 1964, puis au Théâtre de l'Est Parisien, du 22 au 27 décembre, en lever de rideau de Barbara, seront également l'objet d'un échec retentissant. Chanteur incompris blessé dans son orgueil, Serge décidera d'interrompre la tournée entamée avec « La longue dame brune » au début de l'année 1965. Rappelle-toi, Barbara : *« Le public, sans le huer, le chahutait, on sentait une grande agitation, une étrange réaction dans la salle. Au bout d'un moment, j'étais tellement révoltée qu'il a fallu que je réagisse et je me revois montant sur scène pour leur dire que je ne comprenais pas. Dans la nuit, on en a longuement parlé, il m'a dit qu'il préférait quitter la tournée, je sentais une grande tristesse, un profond découragement. Son désir d'affronter le public n'était plus assez fort. S'il avait continué, son trac se serait transformé en terreur ».*

Durant de longues années, il cessera de chanter sur scène/cène – où on le dévore littéralement. Gainsbourg ne renouera avec le public qu'en 1979, au Palace, où « Gainsbarre » et ses musiciens reggae parviendront à l'imposer.

En décembre 1964, Serge est programmé au Théâtre de l'Est Parisien en première partie de Barbara...

Serge Gainsbourg
Le cynisme, ce n'est pas la méchanceté

Le Rappel - 19/02/64

La presse du Théâtre 140 de Bruxelles – où il se produit en février 1964 – fait état de l'incompréhension du public à l'égard de Gainsbourg

Au 140
Cabaret-théâtre avec Serge Gainsbourg

Vient alors Serge Gainsbourg, dans une mise en page volontairement sophistiquée. Agressivement prétentieux, laid comme un scarabée et tout aussi bardé, Gainsbourg — qu'accompagne à la guitare Elek Bacsik — chante sans beaucoup de voix des paroles qui sont de lui et que pas mal de vedettes (Brigitte Bardot, Juliette Gréco) chantent mieux que lui-même. On appréciera cependant la manière dont il les introduit : insidieusement, férocement, toutes pinces dehors, en promenant sur la salle un œil vitreux. Mais il reste que c'est intelligent, disons cérébral, et tellement tordu que cela finit par donner le frisson, comme l'approche d'un grand insecte dans la lumière d'un phare.

Vous connaissez « Le poinçonneur des Lilas » et « L'eau à la bouche » ? En récital, il les jette au public un peu comme des reliefs.

Bref le « truc », quoi !

Pour spectateurs adultes.

S.

La libre Belgique - 14/02/64

Au Théâtre 140 : un Serge Gainsbourg à l'inspiration avare et au débit monocorde

Serge Gainsbourg est venu présenter son tour de chant au « Théâtre 140 », « Ce " tour de chant ", nous avait-il confié au cours d'un cocktail qui avait été organisé en son honneur, au " Martini Center ", la veille de la première, je l'ai composé avec les chansons qui sont selon mon cœur et que nous ressemblent. Rien de commun avec les chansons commerciales « que j'ai composées d'autres ». Et cette déclaration m'avait donné un grand espoir, celui de découvrir, à travers des œuvres à son image, le secret d'un grand artiste, d'un grand poète de la chanson.

Las ! Mon espoir a été déçu. Cruellement. Les « chansons réservées » de Serge Gainsbourg sont, d'une façon générale, peu convaincantes. « Dans ces chansons, je traite mes thèmes », avait ajouté l'auteur-compositeur, « la misogynie par exemple ». Moi, je veux bien, et, sans approuver le principe, j'admets parfaitement que la misogynie procède d'une blessure secrète de l'âme. Mais celle-ci de Serge Gainsbourg paraît seulement le résultat d'une spéculation intellectuelle assez gratuite et constituant une source d'inspiration avare. Les chansons que Serge Gainsbourg, particulièrement attentif au texte affirmait-il, apparaissent assez monocorde de la musique n'est pas davantage compensé que la médiocrité des paroles par les interprétations que Serge Gainsbourg lui-même en propose. Ce qu'elles sont interprétantes, et ternes, ces interprétations ! Retenons, pour ce qu'elles passent un peu moins pâles les chansons intitulées : « Où en est la petite amie ? », « La recette de l'amour fou », et « Le poinçonneur des Lilas ». Disons que, durant ces chansons, la grisaille un moment parut moins épaisse.

Pour accompagner son tour de chant morose, Serge Gainsbourg avait cependant un guitariste qui, pour autant que l'on en ait pu juger, est de première force : Elek Bacsik. Que celui-ci n'ait-il fait valoir son talent en deux ou trois soli. Le soleil se serait alors probablement montré.

Au programme il y avait encore le tour de chant d'Alain Ricard. Tour de chant indigent et facile que ne rehaussent pas les minauderies dont s'accompagnent les interprétations de l'auteur.

Détachons-en quand même une chanson de caractère populaire assez bien venue de. « J'ai un métier : jouer de l'accordéon dans les rues ».

Pour Romain Bouteille, qui est, lui aussi, de la partie, ses espèces de petites conférences patiemment en quête du farfelu, ses espèces de conférences où l'on entend des propos tels celui-ci :

Le lard est au cochon ce que la robe est à la femme, ne manquent pas d'attraits. Mais pourquoi diable ! Romain Bouteille, qui est comédien de mérite, croit-il, lorsqu'il se débite devoir bafouiller au risque d'en rendre certains mots inintelligibles ? Cette manière n'ajoute rien au comique.

Il y avait encore un petit film frondeur, injuste, mais qui peut donner l'accent, sur l'obsession que peut donner la multiplication des images de la Joconde.

C'était, à mon sens, le meilleur de la soirée.

Robert CHESSELET.

La Lanterne - 14/02/64

Étrange Serge Gainsbourg !

— Étrange moi ? D'abord qu'est-ce que ça veut dire étrange ? C'est parce que j'ai une tête pas comme les autres ?

Bon début d'interview !

— On vous dit cynique, Serge, ça au moins c'est vrai !

— Pas davantage ! Je traite de certains sujets, non ! de tous les sujets avec une acuité visuelle qui les rend acides, voilà tout... Il faut parler de certaines choses... C'est pas méchant ! D'ailleurs le cynisme ce n'est pas la méchanceté !

— Parmi les auteurs que vous aimez, avez-vous des amis ?

— Les auteurs que j'aime sont tous morts... Baudelaire, Rimbaud... sauf Vladimir Nabokov, l'auteur de Lolita... J'aurais aimé mettre son poème en musique, il n'a pas voulu, sans doute une question de gros sous...

— Votre style...

— Mon style ? N'en parlez pas ! Je suis un « piqueur »... J'ai piqué mon style à Boris Vian, en allant plus loin que lui (j'espère !) Nous sommes tous des piqueurs...

— Tout de même...

— Oui, je me moque un peu de moi, je n'aime pas me prendre au sérieux...

— Non, c'est ridicule...

— Pas ridicule, vous savez il y en a qui se prennent au sérieux et qui ne sont pas ridicules ! Belafonte... Il devait se prendre au sérieux, il n'est pas ridicule !

— Vous venez d'enregistrer une série d'interviews avec Marc Danval pour « Leur Discothèque » qui passe sur Radio-Luxembourg à 18 h. 32'.

— Oui tous les jours de la semaine du 17 au 22 février.

— Qu'est-ce que vous avez dévoilé de votre discothèque ?

— Vous savez, moi, quand je rentre, les variétés j'en ai assez, alors je préfère le jazz... J'ai quand même mis Brigitte Bardot, Johnny Hallyday, Billie Holliday, Brassens, Marilyn Monroe, etc...

— Et de vos chansons quelles sont celles que vous préférez ?

— « Intoxicated man »... et une autre, un peu surréaliste « Laetitia ».

— Vous avez fait du cinéma... par goût ?

— Oui ! Mais je voudrais trouver un jour le metteur en scène qui serait assez gonflé pour adopter mes idées sur la question ! Et puis une censure qui laisserait passer ça !

— Vous êtes russe, Serge, est-ce que vous aimez le folklore de votre pays ?

— Non, j'en écoute parfois pour faire plaisir à mes parents ou bien quand j'ai envie de quelque chose de spectaculaire... Je mets le son à tout casser... Ça fait peur aux voisins !

— Vous avez des ennuis avec vos voisins ? Comment sont-ils ?

— J'habite un quartier snob... Certains me témoignent une... estime exagérée je ne suis pas un crack...

— Parlez-moi des femmes ? C'est vrai que vous ne croyez pas à l'amour ?

— Avant je chantais au Touquet, dans un bar snob... Je chantais des chansons tristes. Les femmes s'arrêtaient vite de manger, elles repartaient avec un cafard terrible ! Et puis elles revenaient...

— Vous venez de vous marier...

— Oui ! alors évidemment, je contredis tous ce que j'ai dit avant... Mais pour mes chansons, je vais faire des concessions... Je vais garder les idées que j'avais avant mon mariage... sur cette question... A moins que je ne me mette à écrire des chansons d'amour... Jacques Brel me dit toujours que je finirai par le faire, que je suis un « crooner ».

— Vos projets ?

— Pour le moment je suis à Bruxelles au 140, vendredi, j'ai été l'invité d'onze heures de Radio-Luxembourg... Après ? Je compte sortir un nouveau titre, très difficile à dire « Brrr » vous allez voir, ça va saigner !

Au 140
Serge Gainsbourg

Du 12 au 16 février, Serge Gainsbourg prendra le relais du regretté Boris Vian, dans la veine de l'humour racé, de la poésie documentaire, un monsieur qui nous parle de cigarettes au lieu de nous parler de grands problèmes, puisqu'il aime les cigarettes — bien que l'odeur en éloigne les femmes qui l'entourent.

Il est accompagné par le premier guitariste de jazz, en France, Elek Bacsik, qui en première partie passera en soliste.

Romain Bouteille, humour anarchiste, les mains enfoncées dans les poches de son paletot, étudiant faussement vieilli, connu et aimé du jeune cinéma, du jeune théâtre français, fera partie, lui aussi, de ce nouveau festival de cabaret-théâtre.

Presse Dimanche - 09/02/64

Au « 140 » :
SERGE GAINSBOURG

Une étrange démystification cinématographique de la Joconde, un compositeur-chanteur Alain Ricard, un humoriste Romain Bouteille, puis enfin Serge Gainsbourg, voilà l'une des récentes affiches proposées par le « 140 ». Vedette d'un spectacle « poubelle » « fourre-tout », fait de rire caustique et de non-sens, Serge Gainsbourg nous a déçu. Interprétant ses chansons, intelligentes et réalistes, de manière par trop anodine, on se prend à croire qu'il n'y croit guère lui-même et c'est dommage.

Chantiers Occident, n°3 - mars 64

1956 - 1964

Entre-temps, en janvier 1964, Serge fait paraître son premier album 30 cm, *Gainsbourg confidentiel*, comportant douze chansons sobrement orchestrées par les musiciens de jazz, Michel Gaudry et Elek Bacsik, avec qui il a déjà chanté sur scène. Alliant subtilité musicale et textes littéraires, Serge se distingue de la «vague yéyé», raz-de-marée passager, comme de la poussiéreuse «rive-gauche» grâce à son usage d'un langage nouveau : «*Il faut chanter le béton, le téléphone, l'ascenseur. Il y a tout un langage musical et de mots à créer. La chanson française est à faire.*»

Au menu de ce disque, des pièces musicales souvent fondées sur des mélodies entêtantes et répétitives, comme un manège tournant à l'infini. La griffe gainsbourienne est désormais affûtée.

Parmi elles, «Chez les yéyés», une chanson mettant en scène, sous fond de mythologie américaine, un homme à la recherche de sa «Lolita» – thème obsédant chez Gainsbourg. Le secret de son swing tient au choix des mots désarticulés comme des onomatopées :

```
Sous les tam-
Tams
Du yé-yé yé
J'f'rai du ram-
Dam
Je me connais
Oui à Sing
Sing
Je finirai...22
```

«Le talkie-walkie», réunissant à travers des vers fort inspirés, tous les ingrédients gainsbouriens : l'usage de l'anglicisme et l'évocation des amours sans issue avec une jeune lycéenne :

```
Mais je la vois dans mon obscurité
Je vois ses grands yeux beiges
ses deux grands yeux couleur du temps
D'où la neige tombait de temps
en temps...23
```

Ou encore, «Scénic Railway», voluptueuse invitation au voyage érotique. Et la magique «Elaeudanla Téïtéïa», chanson bâtie sur une mélodie obsédante relatant des amours fébriles auxquelles on se donne à coeur éperdu pour se confondre avec l'absolu :

```
C'est une fleur bien maladive
Je la touche du bout des doigts
Elaeudanla Téïtéïa
S'il faut aller à la dérive
Je veux bien y aller pour toi...24
```

Cet album, comportant des chansons d'art et d'essais, est doté d'un titre prémonitoire dans la mesure où il n'obtiendra qu'un succès «confidentiel». N'ayant pas suscité l'engouement du grand public, il comblera toutefois les amateurs de jazz ainsi que les inconditionnels de Gainsbourg avant de devenir une pièce rare très convoitée par les collectionneurs... jusqu'à sa réédition.

22. «Chez les yéyés» (Serge Gainsbourg), 1964.
23. «Le talkie-walkie» (Serge Gainsbourg), 1964.

24. «Elaeudanla Téïtéïa» (Serge Gainsbourg), 1964.

1956 - 1964

Le 7 janvier 1964, Serge Gainsbourg épouse Françoise Pancrazi – ex princesse Galatzine qu'il surnomme « Béatrice » –, une femme élégante et érudite qui jouera un rôle non négligeable dans l'évolution de sa carrière. En effet, elle transmettra à son mari – à qui elle offre un Steinway pour ses 36 ans –, issu d'un milieu modeste, son goût du luxe et du raffinement. Serge quitte bientôt sa chambre de bonne pour emménager avec elle dans un somptueux appartement situé près de La Madeleine où « tout est ordre et beauté, luxe, calme et volupté ». Là, elle contribue à soigner la nouvelle image de Gainsbourg en l'incitant à remplacer ses costumes sombres par des sweaters souples, des pantalons mieux taillés et des mocassins italiens. Deux enfants naîtront de leur union : Natacha, née le 8 août 1964, puis Paul, au printemps 1968 – soit deux ans après leur séparation.

```
Serge et son épouse,
Françoise Pancrazi,
ex princesse Galatzine
```

Le nouvel album de Serge, un chef-d'œuvre de modernité baignant dans une musicalité de jazz afro-cubain enrobée de tam-tams et de chœurs, paraît en octobre 1964 sous le titre *Gainsbourg percussions*.

Dans ce disque, diffusant un son qui produit du sens, défilent différents visages et paysages. Comme celui de « New York USA » où, naïves et onomatopéiques, les paroles enivrées de rythme projettent un regard enfantin sur un univers de gratte-ciel.

Les visages aussi se succèdent. Ceux de « Joanna », du « Tatoué Jérémie » ou de la « Pauvre Lola », un petit chef-d'œuvre construit sur des rimes en « endre » que notre chanteur, plus crooner que jamais, sussure avec sensualité :

```
Faut savoir s'etendre
Sans se répandre
Pauvre Lola...25
```

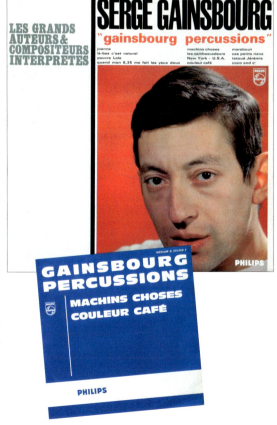

Pour la petite histoire, racontons que les cascades de rire, qui rafraîchissent la chanson, proviennent de la gorge déployée d'une France Gall juvénile qu'il a fallu chatouiller avec obstination...

L'album est couronné par le succès de « Couleur café », aux teintes afro-jazz, un titre envoûtant velouté d'une voix érotique, fondé sur des calembours puisés dans l'imagerie du café, tels que « *On en a marr' de café* ».

Pourtant, Serge est déçu de l'accueil du disque – comme il le fut du précédent – : « *J'aimais "Quand mon 6,35 me fait les yeux doux" : aucun succès. En revanche, "Couleur café", que je trouvais écœurante a été un tube.* »

Bref, trop en avance sur son temps pour convaincre le public populaire, Serge demeure à son grand dam, un chanteur marginal

25. « Pauvre Lola » (Serge Gainsbourg), 1964.

Chez Serge, tailleur pour dames

1964 - 1967

> C'était bien le plus timide de tous les jeunes pianistes que venait d'engager Francis Claude pour accompagner à son cabaret sa vedette attitrée, alors Michèle Arnaud. Nous étions en 1954. Depuis dix ans, il a écrit des chansons par dizaines et plusieurs musiques de films. Aujourd'hui, « Poupée de cire, poupée de son » vient de recevoir le Grand Prix Eurovision 1965, c'est la consécration ! « Le succès me rend un peu plus souriant, mais que voulez-vous, mon obsession, c'est l'incommunicabilité ! » Top présente ce chanteur-compositeur.
>
> En vedette **serge gainsbourg**

Les responsables de Philips font comprendre à Gainsbourg que ses chansons, empreintes d'un jazz précieux et élitiste, ne s'inscrivent pas dans l'air du temps. « *Je me suis tapé six mois de dépression nerveuse, sans pouvoir écrire une seule ligne, je me suis dit : "Les carottes sont cuites".* »

Ne désirant en aucun cas revivre ses années d'initiation où, en « prince sans rire » incompris, il devait tirer le diable par la queue, Serge, fort de son intelligence, son talent de précurseur et son adaptabilité, décide de se muer en tailleur sur mesure pour atteindre la jeune génération.

Denis Bourgeois provoque alors sa rencontre avec la jeune France Gall qui vient d'enregistrer « Ne sois pas si bête », son premier tube. « *... je me souviens d'un garçon assez timide, il chantait très doucement. J'aimais toujours ses chansons...* »

Courant 1964, il compose pour la jolie débutante, « N'écoute pas les idoles », une chanson aux accents yéyé gravé sur un 45 tours qui dépassera les 300 000 exemplaires. Gainsbourg a réussi sa reconversion. Entre 1964 et 1967, il écrira une dizaine de titres pour France Gall tous couronnés d'un succès commercial dont « Attends ou va-t'en » – plus subtile qu'il n'y paraît –, « Laisse tomber les filles », « Baby pop », « Poupée de cire, poupée de son »..., ou « Les sucettes » qui laisseront longtemps un goût amer dans la bouche de l'interprète : « *Lorsque le sucre d'orge/Parfumé à l'anis/Coule dans la gorge d'Annie/Elle est au paradis...* »[26]

Elle : « *Avec "Les sucettes", Serge s'est trompé, la chanson n'était pas à l'image de mon caractère. J'étais très pudique et je l'ai chantée avec une innocence dont je me vante. J'ai été peinée par la suite d'entendre qu'il retournait la situation à son avantage, en se moquant. Je n'avais pas de rapports normaux avec les garçons, quand on chante, on fait un peu peur. Je croyais chanter l'histoire d'une petite fille genre Sophie chez la comtesse de Ségur. Quand j'ai compris le second degré, j'ai eu tellement honte, tellement peur d'être rejetée...* »

Lui : « *Elle a eu un mot admirable, elle a dit dernièrement "je ne chante plus Les sucettes, parce que ça n'est plus de mon âge". hé, hé, hé ! (...) C'est vrai qu'à l'époque, elle ne s'était pas rendue compte des allusions érotiques du texte, et je crois qu'elle ne s'en rend toujours pas compte. Ou alors, ce n'est vraiment plus de son âge, ce genre d'exercice.* »[27]

Cynique en public, mais seigneur à l'intérieur, Serge, pour se faire pardonner d'avoir abusé de l'innocence de la jeune chanteuse, offrira à France, en 1966, un petit bracelet Hermès. En outre, au moment où, juste avant de rencontrer Michel Berger, elle sera au creux de la vague, il lui écrira deux titres pour tenter de la relancer « Frankenstein » et « Les petits ballons » (1972).

Le 21 mars 1965, France Gall remporte le grand prix de l'Eurovision grâce à « Poupée de cire, poupée de son », chanson qui, traduite dans de multiples langues, rapportera à son auteur plus de 45 millions de centimes ! « *Ceux qui n'aiment pas France Gall se trompent* »[28], avoue un Gainsbourg, lucide et reconnaissant, dont la carrière se trouve brutalement relancée. En effet, il figurera bientôt sur la liste des auteurs-compositeurs les plus demandés au monde !

26. « Les sucettes » (Serge Gainsbourg), 1966.
27. *VSD*, 10 novembre 1983.
28. *Rock & Folk*, février 1968.

1964 - 1967

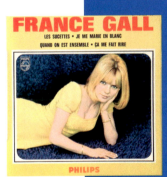

Se refusant à revivre ses anciennes années de galère,
notre chanteur, incompris,
cède à la mode yéyé
en écrivant d'abord pour France Gall

1964 - 1967

france gall
A BONECA DE SOM

— De vez em quando. Mas tenho pouco tempo disponível.
— E de teatro?
— É muito raro ir ao teatro. Propuseram-me, até, a entrada numa peça. Mas recusei porque não me agrada interpretar todas as noites o mesmo papel...
— Quais são as suas leituras habituais?
— Deixo aos meus pais o cuidado de me escolherem os livros. Dizendo isto, é desnecessário acrescentar que leio bastante pouco...
— A que carreira a destinavam os seus pais?
— Minha mãe queria que eu continuasse a estudar. Ela imaginava-me casada, em seguida, e vivendo uma existência de mãe de família. Meu pai sonhava a hipótese de eu vir a cantar e quando era pequenina chegava mesmo a levar-me aos bastidores das casas de espectáculos onde cantava. Hoje é ele que fica nos bastidores...
— A sua família — no conjunto — sente-se feliz pelo trabalho que escolheu?

TV (Portugal), n°102 - 08/04/65

LLUVIA DE PREGUNTAS A SERGE GAINSBURG

El compositor preferido de B. B., Mireille Mathieu y France Gall

"Me gusta Dalí porque es tan cínico como yo"

Entrevista: FRANÇOIS CHALAIS

—¿Recibe muchas cartas de admiradoras?
—Bastantes. Pero todas parecen escritas por la misma persona: una especie de cretina digna de ser sicoanalizada. Aquellos a quienes realmente gusto, no me escriben. Se conforman con escucharme.
—Usted ha sido pintor durante quince años. ¿Se conforma ahora con expresarse mediante la canción?
—Bien, sé perfectamente que la canción es un género perecedero. Pero, de todas formas, aún soy joven y estoy dispuesto a decir lo que se me ocurra a través de cualquier otro medio.
—¿Piensa escribir un «Goncourt»?
—No, no tengo esa clase de sangre durante meses para escribir una canción, yo las compongo la víspera de su grabación.
—¿Cuál es su mayor virtud?
—El cinismo.
—¿Eso es una virtud, o un defecto?
—Para mí, es una virtud. Es el común denominador de los seres inteligentes. Mire, por ejemplo, a Dalí. Es un gran artista y un gran cínico.
—¿Hace muchas conquistas entre sus admiradoras? ¿Le ayuda el hecho de ser Serge Gainsburg?
—No demasiado, la verdad. Por otra parte, en cuestiones de amor, paso del interés a la desgana con mucha facilidad.
—Ultimamente, con motivo de su colaboración con Brigitte Bardot en el «show» de fin de año, se habló de un «flirt» entre usted y la señora Bardot.
—Brigitte es encantadora, un auténtico monstruo que convierte en espectáculo todo lo que toca: hasta la canción. Pero el hecho de haber compuesto unas melodías para ella no significa que haya caído rendido ante sus encantos. Y sin que

Brigitte Bardot y el compositor Serge Gainsburg durante los ensayos de la velada de fin de año que presentó B.B. en la televisión francesa. La mayoría de las canciones interpretadas por la actriz son de Gainsburg

También Mireille Mathieu confía plenamente en Serge Gainsburg. En la foto les vemos en plena grabación. En su actual paso por el Olympia, la cantante ha incluido en su repertorio «Desesperado» composición que Gainsburg creó para ella

France Gall debe parte de su éxito al compositor de «Poupée de cire». Desde entonces Serge Gainsburg ha escrito más de veinte canciones para ella, entre las cuales se encuentra «Sucettes» y otros de los mayores éxitos de France

Fotogrammas (Espagne) - n°1004 - 12/01/68

Radio et Télévision (Portugal), n°617 - 07/09/68

"Poupée de cire, poupée de son", chanson lauréate du grand prix de l'Eurovision 1965, vaudra à son auteur une renommée internationale

1964 - 1967

Qualifié par les puristes de « poète assassiné par la société de consommation », il doit se justifier au micro de Denise Glaser : « *Je suis à un âge où il faut réussir ou abandonner... J'ai fait un calcul très simple, mathématique... Je prends douze titres, pour moi, sur un 33 tours de prestige, jolie pochette, des titres très élaborés, précieux. Sur ces douze titres, deux passent sur les antennes, les dix autres sont parfaitement ignorés. J'écris douze titres pour douze interprètes différents : les douze sont un succès...* »[29]

29. *Discorama*, 13 mars 1966.

1964 - 1967

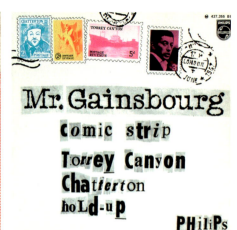

Riche de sa « doublure de vison », Serge qui s'est séparé de sa femme, « Béatrice », s'installe à la Cité internationale. En « tailleur pour dames » très prisé – les vedettes confirmées comme les chanteuses débutantes sont « toutes folles de lui » –, il compose, entre 1964 et 1969, une centaine de succès, contribuant, grâce à sa plume (im)pertinente et ses trouvailles mélodiques, à sublimer la chanson populaire, cet « *art mineur destiné aux mineures* ». « *J'appelle ça des exercices de style. Evidemment, j'aimerais mieux faire des choses plus difficiles. Après tout, le yé-yé, c'est du Tino Rossi à la guitare électrique (...). Je ne sais pas pourquoi Hallyday ne m'aime pas. Je pourrais pourtant lui faire des trucs moins stupides que ceux qu'il chante, ce n'est pas compliqué. (...) C'est drôle de travailler pour les autres.* » [30]

Durant cette période où Gainsbourg-le chanteur doit freiner sa production discographique – se limitant à quelques 45 tours épars contenant toutefois des titres de haute facture : « Docteur Jekyll et Monsieur Hyde », « Comic Strip »... –, il écrit une série de bluettes, euphoniques, rythmiques et répétitives, conçues comme des slogans publicitaires s'adaptant, ô miracle, à chacun des univers féminins qu'il doit investir.

Parmi ses interprètes attitrées figurent, France Gall, bien sûr, mais aussi la pétulante Pétula Clark – la seule, à ses yeux, qui ne trahisse pas ses compositions –, qui popularisera « Ô ô Sherif » (1964) et « La gadoue » (1966) – reprise, en 1996, par Birkin dans son album *Versions Jane*. Ou Zizi Jeammaire, à qui il offre régulièrement un bouquet de chansons agrémentant ses différentes revues, et François Hardy, notamment créatrice de « Comment te dire adieu » (1968), un petit chef-d'œuvre intemporel fondé sur des rimes en « ex » – exercice prosodique périlleux ! Revisité à la mode funk par Jimmy Sommerville, il se hissera en 1989 au sommet du Top 50 : « *Sous aucun prétex-/Te je ne veux/Avoir de réflex-/E Malheureux/Il faut que tu m'ex-/Pliques un peu mieux/Comment te dire adieu...* » [31]

30. *La Tribune de Genève*, novembre 1964.
31. « Comment te dire adieu » (Serge Gainsbourg), 1968.

Petula Clark, "La seule chanteuse qui ne trahisse pas mes chansons", dixit Gainsbourg

Serge Gainsbourg (le clochard) : une chanson pour Johnny Hallyday

Serge Gainsbourg aussi va tourner un vrai rôle : un chef des services secrets dans le premier film du Suisse Jean-Noël Roy (Rose d'Or à Montreux pour la télé) avec Marie-France Boyer (« Le bonheur ») et Jacques Dufilho.

– On me reconnaissait déjà dans la rue, dit-il, mais hier c'était plus avec d'émotion. Des acteurs m'ont même demandé si j'avais pris des leçons chez Raymond Rouleau, en cachette. Ça m'a fait plaisir.

Depuis « Poupée de cire, poupée de son », grand prix de l'Eurovision, Serge Gainsbourg gagne de l'argent (« Je peux choisir, dit-il, et j'écris sur commande »). Il compose une chanson pour Johnny Hallyday, une autre pour Petula Clark, « La gadoue », et pour France Gall « Nous ne sommes pas des anges ».

Thérèse FOURNIER.

France Soir - 23/03/65

"Je ne sais pas pourquoi Hallyday ne m'aime pas. Je pourrais pourtant lui faire des trucs moins stupides que ceux qu'il chante, ce n'est pas compliqué". S.G.

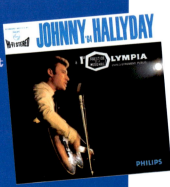

1964 - 1967

"Comment te dire adieu", chanson créée par Françoise Hardy, puis reprise, dans les années 80, par Jimmy Somerville et Daniel Darc

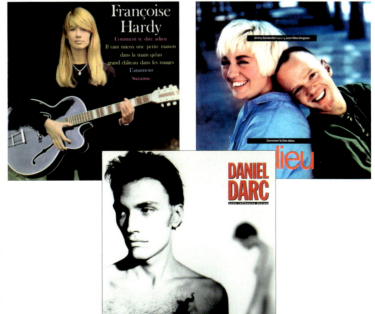

1964 - 1967

Pour Régine, complice des années noires et des nuits blanches, Gainsbourg a notamment écrit une chanson inscrite dans son panthéon personnel : "Les p'tits papiers"

Et surtout Régine, patronne du New Jimmy's, un night-club où Serge vient fidèlement colorer ses nuits blanches d'un alcool d'or. Avec elle, il a noué une amitié complice, scellée par leur passé clandestin de Juifs, persécutés par la guerre, dont ils partagent l'humour. Ainsi l'orne-t-il de joyaux particulièrement bien ciselés : « Pourquoi un pyjama » (1966), « Ouvre la bouche, ferme les yeux » (1968), une chanson à double sens à la façon des « Sucettes » et, mieux encore, « Les p'tits papiers » (1965), un titre gravé en lettres d'or dans le panthéon personnel de Gainsbourg :

Laissez parler
Les p'tits papiers
A l'occasion
Papier chiffon
Puissent ils un soir
Papier buvard
Vous consoler...[32]

De façon plus fugitive, notre tailleur sur mesure vêtira somptueusement d'autres interprètes féminines : Valérie Lagrange qui chantera « La guérilla » (1965), une superbe composition à tonalité sud-américaine arrangée par Los Incas – groupe argentin qui popularisa « El condor pasa ». Mireille Darc, sublime interprète de « La cavaleuse » (1968), Marianne Faithfull... ou Michèle Mercier, inoubliable « Marquise des Anges » dont Serge préférera oublier sa version de « La fille qui tchic tchic »... Avant de se vouer religieusement aux talents de Brigitte Bardot, puis Jane Birkin, à qui il offrira des perles étincelantes d'un éclat amoureux.

Serge Gainsbourg écrit également pour les hommes, dont Claude François, Eddy Mitchell ou Sacha Distel. Mais, son penchant naturel de « trousseur de chansons » l'incite à privilégier la gent féminine. Même s'il doit pour cela maîtriser l'art de la transposition, la faculté d'intégrer la « peau-ésie » du sexe opposé, il préfère être entouré de muses en qui il puise une inspiration plus fertile, a fortiori s'il en est amoureux. Façon pour lui de prendre sa revanche sur un physique qu'il juge ingrat. En studio, il savoure un « malin » plaisir à guider les séances de ses différentes égéries. Délaissant la technique du chant, il sculpte leur voix qui, à fleur de mots, d'émotion, exhalent la saveur de leur sensualité. « *Elles me veulent toutes, ce sont elles qui me demandent, moi je n'oserais pas, je suis trop timide.* »

[32]. « Les p'tits papier » (Serge Gainsbourg), 1965.

Juliette Greco

24 films de 1948 à 1974, including Orson Welles (Le soleil se lève aussi). Pour plus d'infos, plongez-vous dans son autobiographie, (Jujube).

« Elle avait du chien, de la prestance. A l'époque, c'est elle qui habitait rue de Verneuil, au 33, avec Zanuck. C'était l'époque où elle ne s'imitait pas elle-même. On a fait un double 45. Après, elle a chanté L'accordéon pendant le voyage d'inauguration du « France ». Plus tard, elle a repris La javanaise, mais je l'ai eue au poteau car c'est ma version qui est restée ».

Valérie Lagrange

22 films de 59 à 78. De « Satyricon » à « La vallée » ; même en Jamaïcaine boy-scout, elle passe la rampe.

« Elle était mignonne. On a fait la guérilla en 67 : on a bien cartonné. Elle chante pas mal ; on s'est perdu de vue ».

Anna Karina

Godard à jamais. Du « petit soldat » (1959) au polar qu'elle est en train d'écrire : une trace indélébile. Multitalentueuse et si mystérieuse.

« J'avais écrit les chansons de la comédie musicale « Anna » où Karina avait bien sûr le premier rôle. Le disque est introuvable. Ensuite, Sous le soleil exactement est sorti en single. Après, il fallait que je la partage avec Brialy. Il était question d'un album, on a même signé le contrat, mais bon… »

Michèle Mercier

La série des « Angéliques » la poursuivra toute sa vie.

« Jolie. C'était en 68 pour un film merdique, une comédie. La pire de toutes : elle ne comprenait pas les syncopes sonores. L'idée était marrante au départ : elle avait une robe de Paco Rabanne en métal et quand elle bougeait, ça faisait « tchic-ti-tchic » ; je lui ai donc écrit : La fille qui fait « tchic-ti-tchic ». C'était une galère ; nul ».

Mireille Darc

Championne du « n'importe quoi » cinématographique, mais dans nos cœurs d'artichaut pour toujours.

« Elle était belle. J'ai oublié. Ah oui ! Je me souviens que les séances se sont très mal passées : je l'engueulais. Quand j'engueulais Jane, elle pleurait et le refusait mieux ; Darc, elle pleurait pas et elle y arrivait pas.
Je lui ai écrit La cavaleuse, puis L'hélicoptère. C'était l'histoire d'une nana qui survolait une plage à bord d'un hélicoptère et voyait son mec en train de tringler… Elle survolait sa vie en hélico… Pas mal… »

Chanson 83, n°7 – 4e trimestre 83

Brigitte Bardot

On ne va quand même pas vous la présenter !
48 films de 1952 à 1973.

« Extraordinaire ! Elle est belle... et tellement pro. Elle avait déjà chanté des chansons de merde mais en 65, je lui ai écrit *Bubble gum*. A l'époque, j'ai dit des conneries sur elle puis, avec le recul, je me rends compte que c'est un de mes plus beaux souvenirs ».

« En chantant, elle se tord voluptueusement, elle se caresse les hanches, déborde de sensualité » (Gainsbourg 67)

JE T'AIME MOI NON PLUS

Au départ, c'est avec elle que j'ai enregistré *Je t'aime moi non plus*. Séance historique ! On s'était enfermé dans les studios Barclay pour éviter les fuites. A l'époque, elle était mariée avec Gunther Sachs et c'est une des raisons pour laquelle elle a refusé que le disque, qui était déjà pressé, sorte. J'ai un disque « souple » de la chanson.

Je lui avais juré qu'il ne serait interprété par personne d'autre. J'ai parjuré mais ça a payé... Mireille Darc voulait la faire puis Valérie Lagrange mais j'avais rencontré Jane et j'ai décidé de la faire avec elle. On l'a enregistrée à Londres sans avertir Phonogram puis on est allé voir le P.D.G. Je n'avais pas de rendez-vous et j'ai poussé Jane en avant dans le bureau. Evidemment, il a alors accepté de nous recevoir et, après avoir écouté, il m'a dit : « Avec un titre comme ça, vous risquez la tôle et moi aussi ; ça ne vaut pas le coup pour un 45 tours, filez à Londres et faites-en un album ! ».

Brigitte n'était pas au courant et elle a entendu la chanson par hasard dans une boîte à Avoriaz : elle est devenue blême... Depuis, elle m'a pardonné. Si elle est partante pour un autre album, je suis là, je me pointe ».

Isabelle Adjani

A 17 ans, elle nous assène une gifle monumentale. L'été 83, meurtrier à souhait, contribue à raviver le plaisir.

« A 19 ans, elle est venue rue de Verneuil, traqueuse... assez impressionnée. A l'époque, elle m'a dit que si un jour, elle se décidait à chanter, ce serait du Gainsbourg. Le premier contact a été hyper-électrique ; puis on a fait une télé et on s'est perdu de vue tout en sachant que le projet se réaliserait bientôt.

Elle est très difficile parce que très professionnelle. Je crois qu'elle s'est passionnée à faire ce disque. J'ai écrit cet album en même temps que celui de Jane – 22 titres en trois semaines ; j'aime travailler dans l'angoisse – mais c'est un autre trip. Isabelle voulait des contrastes, on les a créés ».

Catherine Deneuve

Belle belle belle comme le jour ; de Tristana à « The hunger », la classe....

« D'une volonté hallucinante ! Le contact musical s'est fait sur le tournage de « Je vous aime ». J'ai produit l'album. On a enregistré à Londres ; elle était fascinée par le son qu'on pouvait avoir en studio. Elle voulait un album de moi : de toute manière, quand je commence, c'est un album ou rien. Elle en voulait. Un matin, je me suis levé à huit heures pour faire des re-re au studio : je suis passé devant sa chambre et je l'ai entendue répéter !

L'album n'a pas marché parce que les radios l'ont snobé : elle venait d'avoir un césar, le « Dernier métro » faisait un carton... ils se sont dits : ça suffit. De plus, lors de la sortie du disque, elle était sur un film ; en fait, on n'a fait qu'une télé... mémorable ! J'étais pété !... Il n'est pas exclu que l'on en refasse un ».

Jane Birkin

D'Antonioni à Rivette, seize ans de charme indiscret.

Plus qu'une actrice, une complice. La seule et véritable interprète de Gainsbourg. Je t'aime moi non plus.

« Jane, c'est différent » (Gainsbourg).

Notre tailleur pour dames, fort prisé, habille les plus belles créatures d'un soyeux écrin de "voix"

1964 - 1967

Durant toutes ces années, Gainsbourg poursuit sa carrière cinématographique. Après avoir tourné, aux côtés de Dalida, *L'inconnu de Hong Kong* (1963) de Jacques Poitrenaud, il est à l'affiche en 1966 du *Jardinier d'Argenteuil*, un film de Jean-Paul Le Chanois qui lui permet de côtoyer Jean Gabin – acteur qu'il retrouvera en 1967 dans *Le Pacha* de Georges Lautner dont « Requiem pour un con » figure au générique. Entre le dinosaure du 7e art et l'orfèvre de l'art mineur, un rapport de complicité s'instaure immédiatement : « [Dans *Le Jardinier d'Argenteuil*] Mon rôle était d'une intense connerie, pour ne pas changer : je jouais un cinéaste d'avant-garde et créais des happenings sur le yacht de Curd Jurgens. Quant à Gabin, les cuites qu'on a pu prendre ensemble, c'est inouï ! Il m'avait immédiatement pris en sympathie. Pendant le tournage nous nous sommes marrés comme des bossus... Comme il était coproducteur du film il m'a demandé de faire la musique. Il m'invite chez lui, près du Bois, à Neuilly : "Montons dans la chambre de ma fille, me dit-il, il y a un piano." Je lui joue quelques mesures et il me dit : "Eh bien mon p'tit gars, je trouve ça tout à fait charmant !" »

Notre acteur et compositeur enchaîne différents films dont il signe la plupart des bandes originales. Parmi eux : *Toutes folles de lui* (1966), un long métrage de Norbert Carbonnaux au titre prédestiné, *L'inconnu de Shandigor* de Jean-Louis Roy, *Vive la nuit* de Marcel Camus, puis *Ce sacré grand-père* de Jacques Poitrenaud (1967) grâce auquel il fait la rencontre de Michel Simon, un autre monstre sacré. « *Lors d'une scène, il fallait que nous nous regardions dans les yeux, Michel et moi. Il s'est marré, parce qu'il voyait bien que je n'y croyais pas, pas plus que lui. On jouait et on se disait : "On est en train de faire une connerie"... N'empêche, je m'entendais bien avec lui : je lui ai piqué des photos pornos superbes que j'ai toujours : je les regarde d'une main parce que de l'autre je me ronge les ongles.* »

La même année, Serge Gainsbourg est sollicité par Pierre Koralnik pour composer la musique de *Anna*, une comédie musicale contemporaine qui, programmée en janvier 1967 sur la deuxième chaîne, s'inscrira dans les annales des premières émissions en couleur diffusées à la télévision française. « *C'est une comédie musicale rock, rythme and blues, je n'ai pas la prétention de refaire West Side Story... C'est une histoire d'amour à la Gainsbourg qui n'arrive pas au bout...* » Envoûté par le charme d'Anna Karina, l'héroïne, il écrit des chansons – arrangées par Michel colombier – empreintes d'un rock français made in sixties à l'image de ce téléfilm onirico-psychédélique bien inscrit dans son époque. Parmi elles, « Sous le soleil exactement », ballade suave et sensuelle reflétant le visage de son interprète :

```
C'est sûrement un rêve érotique
Que je me fais les yeux ouverts
Et pourtant si c'était réel?...[33]
```

| 33. « Sous le soleil exactement » (Serge Gainsbourg), 1967.

« *Gainsbourg c'est le meilleur et le pire, le yin et le yang, le blanc et le noir. Celui qui fut probablement le petit prince juif et russe qui rêvait en lisant Andersen, Perrault et Grimm est devenu, face à la tragique réalité de la vie, un Quasimodo émouvant. Au profond de cet être fragile, timide et agressif, se cache l'âme d'un poète frustré de tendresse, de vérité, d'intégrité. Son talent, ses musiques, ses mots, sa personnalité en font un des plus grands compositeurs de notre triste et affligeante époque.* »[34]

B. B.

« *D'une gamine très fraîche, elle est devenue la femme la plus belle que j'aie jamais admirée. La gamine, sans grand intérêt à mes yeux, s'est muée en une femme sublime dans sa morphologie, sa gestuelle, l'élégance de sa démarche. Elle avait des hanches et des jambes d'adolescent. C'était une vraie chorégraphie quand elle se déplaçait dans l'espace...* »[35]

S. G.

34. Gilles Verlant, 1985.
35. *Brigitte Bardot, un mythe français*, Catherine Rihoit, Olivier Orban, 1986.

1967 - 1968

Brigitte Bardot,
égérie majuscule de Serge,
lui inspirera
de somptueuses chansons...

Brigitte Bardot, actrice mythique au pouvoir d'attraction inégalé, figure, en lettres de feu, sur la liste des égéries de Serge Gainsbourg. Pour celle qu'il rencontra en 1959 sur le tournage de *Voulez-vous danser avec moi ?* – tout un programme ! –, notre auteur-compositeur a déjà écrit plusieurs titres au charme libertin : « L'appareil à sous », « Je me donne à qui me plaît » (1963), « Bubble gum » (1965)...

En 1967, fier d'avoir conquis le cœur de l'une des plus belles femmes du monde – avec qui il partagera une liaison aussi ardente qu'éphémère –, Serge succombe au désir d'une Bardot lui demandant de lui écrire la plus belle chanson d'amour qu'on puisse imaginer.

Il lui offre donc trois pièces savoureuses prétendument jaillies de sa plume à l'issue d'une nuit solitaire passée à la Cité Internationale où il habite désormais.

Parmi elles, « Bonnie and Clyde », l'histoire émouvante de Bonnie Parker et de Clyde Barrow, deux braqueurs assassins liés par leur irrépressible passion des transgressions sociales, que Serge et Brigitte enregistreront sous la forme d'un duo légendaire : « *Les lyrics de "Bonnie and Clyde" ne sont pas de moi, ils sont de Bonnie Parker, c'est un article qu'elle a fait paraître en douce dans un canard américain, trois mois avant de se faire buter. Moi, j'ai simplement traduit.* »[36] « Je t'aime moi non plus » – sur laquelle nous reviendrons – et « Harley Davidson », une chanson indémodable, aussi esthétique qu'érotique, qui doit son succès à l'association novatrice des vibrations orgasmiques d'un sex-symbol et des vrombissements d'une moto :

```
Quand je sens en chemin
Les trépidations de ma machine
Il me monte des désirs
Dans le creux de mes reins...[37]
```

36. *Libération*, 22 décembre 1979.
37. « Harley Davidson » (Serge Gainsbourg), 1967.

1967 - 1968

Avec celle qu'il aime, Serge enregistre également la première version de « Je t'aime moi non plus ». Au moment où le disque s'apprête à être commercialisé, des rumeurs, relayées par une presse s'insinuant dans la vie privée du couple artistique, parlent d'une chanson d'un érotisme torride... Mariée avec Gunther Sachs, qui serait rongé de jalousie, BB, en novembre 1967, écrit à Gainsbourg pour lui demander de ne pas faire paraître l'objet du délit. En Seigneur, Serge intervient par lettre recommandée auprès de Philips et s'adresse lui-même à la presse. S'opposant, par crainte d'une exploitation malveillante « *à ce qu'une chanson d'amour soulève un tollé, favorisant une fois de plus les éclats de voix de ces éternels scandalisés* », il interdit la parution du disque et promet à BB que le titre licencieux ne sera jamais réenregistré... Le temps ayant dissipé les parfums de scandale, la version Bardot/ Gainsbourg de « Je t'aime moi non plus » sera enfin exhumée en 1986 où elle ne recevra qu'un accueil timide...

Sa collaboration artistique avec Brigitte Bardot va contribuer à redorer le blason de notre chanteur dont la cote a considérablement remonté et lui permettre de projeter ses fantasmes, érotiques et artistiques, sur l'écran noir de « leurs » nuits blanches.

En effet, grâce au renfort de Bardot, Gainsbourg, qui avait mis entre parenthèses sa carrière d'interprète, revient en 1968 sur le devant de la scène discographique, avec *Initials B.B.*, un album en forme d'hymne à l'actrice.

Ce 30 cm, empreint d'une musique pop londonienne – sublimée grâce au talents des arrangeurs locaux, Arthur Greenslade et David Whitaker –, est constitué de chansons aux titres anglophones majoritairement conçues sous la forme de dialogues entre des choristes anglais et la voix, veloutée et sensuelle, de Gainsbourg. Façon pour lui de couler la langue française dans le moule de l'euphonie anglo-saxonne.

Au menu du disque, quelques titres figurant sur des 45 tours antérieurs. Comme « Docteur Jekyll et Monsieur Hyde » (1966), un petit chef d'oeuvre fort rythmé permettant à son compositeur d'exprimer la lutte entre les deux natures qui s'opposent en lui : celle de Jekyll, élégante, délicate et pudique et celle de Hyde, personnage dont l'arrogance, le goût de la provocation et de l'excès – préfigurant « Gainsbarre » – est le fruit de sa création. « *Docteur Jekyll un jour a compris/Que c'est Monsieur Hyde qu'on aimait en lui...* »[38] Ou « Qui est "in" qui est "out" »[39], chanson pareillement conçue sur un jeu de questions/réponses, confrontant un Gainsbourg, poète classique et intemporel, avec l'autre, celui qui, ayant « retourné sa veste », s'adresse à une jeunesse friande de pop music :

```
Moitié bouillon ensuit' moitié gin
Gemini carbur' pas au mazout
C'est extrêm-
Ement pop
Si tu es à jeun tu tombes en syncop'...40
```

38. « Docteur Jekyll et Monsieur Hyde » (Serge Gainsbourg), 1966.
39. Laurent Voulzy reprendra ce titre, en 1979, dans son album *Le cœur grenadine*.
40. « Qui est "in" qui est "out" » (Serge Gainsbourg), 1966.

1967 - 1968

Parmi ces reprises figure encore « Comic Strip » (1967), une invitation au voyage amoureux, tournant à l'infini comme un manège, formulée de façon fort moderne grâce à l'usage d'onomatopées empruntées à la BD – ce langage n'est pas sans nous rappeler la poésie de Queneau :

```
Viens petite fille dans mon comic
strip
Viens faire des bulles, viens faire
des Wip!
Des Clip! Crap! des Bang! des Vlop!
et des Zip!
Shebam! Pow! Blop! Wizz...41
```

L'album s'ouvre sur « Initials B. B. », un titre où, posant sa voix suave – utilisée en « talk-over » –, sur un délicieux océan de cordes et de cuivres mêlés auxquels des chœurs font écho, Serge nous plonge dans la fébrilité d'un romantisme londonien. À travers son allusion à *L'Amour monstre* de Louis Pauwels [42], il nous évoque, sous fond d'inquiétante étrangeté, l'apparition de BB, créature charnelle parfaite des cheveux aux chevilles, qui dissimule le visage du diable :

```
Une nuit que j'étais
À me morfondre
Dans quelque pub anglais
Du cœur de Londres (...)
Me vint une vision
Dans l'eau de Setz (...)
Jusqu'en haut des cuisses
Elle est bottée
Et c'est comme un calice
À sa beauté...43
```

Autre joyau de ce sublime album, « Ford Mustang », une chanson sensuelle en forme de dialogue avec une choriste anglaise qui, conçue sous la forme d'un inventaire à la Prévert, dresse la liste de tous les gadgets, superficiels ou essentiels, nécessaires à son amour fétichiste et « kleenex » :

```
Une bouteille
De fluide Make-up
Un flash
Un Browning
Et un pick-up
Un recueil
D'Edgar Poe
Un briquet Zipo...44
```

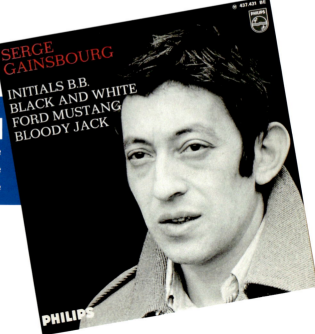

"Initials B.B.", un chef-d'œuvre en forme d'hymne à l'actrice

---

41. « Comic Strip » (Serge Gainsbourg), 1967.
42. Roman, écrit en 1966, racontant une passion charnelle avec le diable incarné, inspiré d'une histoire de sorcellerie du XVIIe siècle.
43. « Initials BB » (Serge Gainsbourg), 1968.
44. « Ford Mustang » (Serge Gainsbourg), 1968.

My chérie Jane

1968 - 1978

En mai 1968, Gainsbourg se trouve sur le tournage de *Slogan*, un film de Pierre Grimblat dans lequel il doit donner la réplique à une jeune comédienne anglaise nommée : Jane Birkin.

1968 - 1978

Sur le tournage de "Slogan" de Pierre Grimblat, **Jane et Serge sont victimes d'un "coup de foudre à l'envers"**

Entre Jane et Serge naît un « coup de foudre à l'envers », une relation de « Je t'aime moi non plus » avant l'heure, fondés sur la provocation et l'arrogance du second.

Elle : *« Je l'ai trouvé affreux. Il avait sa gueule des mauvais jours. Ses oreilles immenses le rendaient encore plus laid. Il m'a fait peur. Il me fixait d'un air furieux. Je devais parler en français, ce qui n'était pas très facile pour moi. Au lieu de m'aider, de m'encourager, il fut glacial (...). Le premier jour de tournage fut encore plus affreux. Il devait me gifler. Il y prit tellement de plaisir que je ne tardais pas à éclater en sanglots. Il ne s'excusa même pas. Au bout de trois jours, je le détestais. »* [45]

Lui : *« Je n'étais pas tombé, de façon fulgurante, amoureux. Je l'ai même agressée en lui disant "Mais vous ne parlez pas français, je ne vois pas pourquoi vous faites ce rôle." J'ai attaqué bille en tête. (...) Je l'amène au Hilton juste pour me la tirer, parce qu'elle était pas vilaine. Au Hilton ils ont fait une gaffe terrible : "Alors, monsieur Gainsbourg, comme d'habitude, le 315" (rires)... J'étais tellement pété que je ne l'ai pas touchée. Il ne s'est rien passé. Là où je l'ai eue, c'est que je ne savais pas danser. Alors ça l'a touchée, beaucoup, j'étais maladroit. »* [46]

À cette époque, Jane, en instance de divorce avec John Barry, réside à l'hôtel, seule avec sa fille Kate, encore bébé. Au bout de quelques semaines, les deux partenaires s'envolent pour Venise où la jeune actrice rencontre un jeune ami londonien. À travers une scène de jalousie mémorable, Serge révèle ses sentiments à son égard : *« C'était une révélation pour moi, ce qui ne l'empêche pas de ne m'avoir jamais dit qu'il m'aimait. Moi, je l'aimais déjà en secret. Je n'osais pas le lui faire comprendre. Depuis ce jour-là, nous ne nous sommes plus jamais quittés. J'ai complètement apprivoisé ce monstre. »* [47]

Pierre Grimblat, préoccupé par une inimitié compromettant le tournage de son film, se trouvera pleinement rassuré lorsqu'il verra les deux tourtereaux unis par une passion en herbe. En Jane, Serge a trouvé sa Lolita, faussement naïve et perverse, dont il sera l'amant autant que le Pygmalion.

45. *L'Illustré*, 1972/73.
46. Serge Gainsbourg, *Vu de l'intérieur*, 1988.
47. *L'Illustré*, 1972/1973.

1968 - 1978

Ils s'installent bientôt au 5 bis rue de Verneuil, dans la tanière légendaire de Gainsbourg

Sur les conseils de son père, Serge vient de se procurer le fameux hôtel particulier de la rue de Verneuil – sa future tanière légendaire. En attendant la fin des travaux, les jeunes amants s'installent à l'hôtel des Beaux-Arts.

Le 20 janvier 1969, au cours d'une émission mémorable animée par Michel Drucker, *Quatre temps*, Gainsbourg présentera sa dulcinée – qui chante « Jane B. » – à la France entière.

Ce couple mythique, qui posera bientôt en couverture du magazine *Rock & Folk*, deviendra – jusqu'à sa rupture en 1980 – l'un des plus populaires de leur temps.

En 1969, à l'hôtel Adriatique pendant le Festival de Cannes...

1968 - 1978

Le générique du film *Slogan*, permet au public de découvrir la voix de Jane Birkin, suspendue au souffle de la sensualité, qui donne la réplique à son compagnon.

Duo préfigurant la sortie, en janvier 1969, de l'album *Jane Birkin et Serge Gainsbourg* dont « Je t'aime moi non plus » est la pièce maîtresse.

Cette chanson, arrangée par Arthur Greenslade, sera enregistrée à Londres – en deux prises seulement – par une Jane Birkin ayant posé sa voix à l'octave supérieur de celui de Bardot. « J'ai su qu'il l'avait aussi proposée aux plus jolies filles de l'époque : Mireille Darc, Michèle Mercier... Il adorait faire chanter les jolies actrices et il exposait ensuite leurs disques dans un petit meuble anglais. Je me suis dit que si l'une d'elles chantait avec lui cette chanson hautement érotique dans un studio d'enregistrement grand comme une cabine téléphonique – je les imaginais ainsi –, je le perdrais. J'ai accepté de l'enregistrer uniquement par jalousie, par trouille ! »[48]

Ce slow, exhalant le parfum orgasmique d'un érotisme classieux, sera l'objet d'un succès considérable.

Gravé sur un 45 tours dépassant le million d'exemplaires vendus, « Je t'aime moi non plus », qui connaîtra une réelle carrière planétaire – cas exceptionnel ! –, provoquera diverses réactions scandalisées. Pourtant, à aucun moment, ce chef-d'œuvre poétique de luxe, calme et volupté, vêtu d'une somptueuse mélodie, ne sombre dans la vulgarité : « – *Je t'aime je t'aime/Oh oui je t'aime/ – Moi non plus* [façon pudique pour Serge d'avouer son amour]/ – *Oh mon amour/ – Comme la vague irrésolue/ – Je vais, je vais et je viens/ Entre tes reins (...) Et je me retiens* »[49]. Mais il faut nous situer dans le contexte des années pré-soixante-dix.

« *À sa sortie, le PDG de Phonogram Italie est allé en prison. Le journal du Vatican l'a interdit. Il paraît qu'il a circulé sous une pochette de Maria Callas. En Angleterre, la BBC a interdit la version originale. On ne passait que la version orchestrale. En France, quand Meyerstein, le PDG de Philips, l'a entendue, il savait que c'était un succès potentiel mais il mesurait aussi le danger de le sortir. Il nous a donc envoyés en Angleterre enregistrer dix autres chansons. Il nous a dit : « Je veux bien aller en prison, mais pas pour un 45 tours ! »* »[50]

Le duo "Je t'aime moi non plus", suave et sensuel, deviendra un tube planétaire aux parfums de scandale

---

48. *Platine*, N° 34, octobre 1996, p. 20.
49. « Je t'aime moi non plus » (Serge Gainsbourg), 1969.
50. *Platine*, N° 34, octobre 1996, p. 20.

1968 - 1978

Scandinavie

Belgique

Italie

Angleterre

Israël

Japon

Malaisie

Iran

États Unis

France

« La chanson de Gainsbourg est obscène », dit le Vatican

ROME, samedi (dép. F.-S.).

APRES l'interdiction de la chanson de Serge Gainsbourg « Je t'aime... moi non plus » à la radiotélévision italienne, l'« Osservatore Romano », le journal du Vatican, prend violemment parti, en déclarant « que le rythme soit agréable ou non, le texte en est obscène ». L'« Osservatore » va même jusqu'à citer certaines paroles : « Je vais et viens entre tes reins... Je vais et viens et je me retiens... Non, viens maintenant. »

Le journal du Vatican ajoute que la décision de la radiotélévision italienne est un acte d'honnêteté et que le fait qu'une composition telle que la chanson de Gainsbourg soit diffusée dans les juke-boxes est la preuve du niveau d'idiotie auquel nous mène l'actuelle culture des masses... »

25/08/69

ON a dit de lui qu'il était agressif. Odieux. Méchant. Ironique. Qu'il ressemblait à Machiavel avec quelque chose du marquis de Sade et une pointe de Dracula. Eh bien, au risque de décevoir pas mal de gens, Serge Gainsbourg est seulement gentil.

Il travaille beaucoup. « Je t'aime moi non plus » est premier en Hollande, se vend clandestinement 50.000 lires en Italie (quand il dit cela, Serge Gainsbourg se tord de rire) et marche très fort en France. On entend beaucoup à la radio sa chanson « Les Lolos de Lola ».

Au cinéma on va le voir dans « Slogans » (avec Jane Birkin), « Paris n'existe pas » de Benayoun et dans « Les Chemins de Katmandou » avec Jane et Renaud Verley. Il va partir tourner un film à Oxford avec Jane. Et puis, son œil s'allume, lorsqu'il en parle, on vient de lui proposer un film tiré d'un roman de Triller dont il écrira d'ailleurs la musique.

« Un bon gangster bien terrible, dit Serge, Jane jouera aussi, je le veux absolument. »

C'est vrai que Serge Gainsbourg a du charme, beaucoup, et il le sait.

« Mais jusqu'à présent, on disait que j'avais une sale gueule et j'avais des complexes. Maintenant, on dit que j'ai une gueule tout court, alors je porte joyeusement mes 41 ans enfin ! »

Oubliés les complexes et la chambre obscure de Saint-Germain-des-Prés. Il ne se trouve pas cynique. Avant, il était malheureux, maintenant il ne l'est plus.

On peut même l'interroger sur Jane Birkin, il répond simplement : « Jane, elle est dans ma vie. » C'est tout. Cela suffit. On a compris pourquoi il sourit si souvent, pourquoi il se raconte et il raconte les choses avec tant de facilité.

Il prépare des chansons pour un 33 tours qui sortira au mois d'août.

Serge Gainsbourg se donne même le luxe d'être orgueilleux : il n'a pas d'ami car les gens ne lui apportent rien. Mais il pense que lui, il pourrait beaucoup leur donner. Dans le même ordre d'idée, les meilleures chansons que Bardot ait chantées, « ce sont les siennes ». Et, s'il a un peu de courage, il écrira pour Jeanne Moreau, Anna Karina, Françoise Hardy et Marie Laforêt, parce « qu'il aime écrire pour les jolies femmes ». Et aussi, bien sûr, pour Jane Birkin.

France Soir - 05/07/69

L'album en question est étoilé de mille pépites.

Parmi elles, « 69 année érotique », une chanson « taillée » dans la même « bouffarde », habilement érotisée grâce à l'allusion au chiffre indiquant une fameuse position corporelle, en forme d'invitation au pays des délices, entre le flux et le reflux du fleuve de la jouissance. Ce voyage amoureux, baignant dans une ambiance maladive, nous rappelle la traversée de Dracula – de Bram Stocker –, famélique, rejoignant les côtes anglaises à bord de son « Gainsborough ».

L'anamour – préalablement écrite pour Françoise Hardy –, fleurie de mille pavots éclatés répandant la sulfureuse effluve des amours mortes dont la mélodie envoûtante est chantée par Serge sur le ton de la confidence. « Manon », « Élisa » – qui se gravera en lettres d'or sur la liste des succès de Gainsbourg –, ... ou encore « Jane B. », chanson écrite d'après un prélude de Chopin dont les paroles font écho à la « Lolita » de Nabocov, susurrée à fleur de souffle par une Birkin dévoilant son identité :

```
Signalement
Yeux bleus
Cheveux châtains
Jane B.
Anglaise
De sexe féminin
Âge : entre vingt et vingt et un...[51]
```

Jane, avec qui il vient de sceller un amour à mort, deviendra l'égérie privilégiée de Gainsbourg. Même lorsque, leur rupture consommée, celui-ci se métamorphosera en Gainsbarre, il offrira à sa muse le plus pur et le meilleur de lui-même : « Baby Alone in Babylone », « Les dessous chics » ou « Fuir le bonheur de peur qu'il ne se sauve »... Autant de sublimes pièces investies d'une interprétation, espiègle, sensible et toujours intelligente.

En 1971, elle lui inspire *Histoire de Melody Nelson*, l'un des premiers albums concepts parus sur le marché. Ce long poème pop symphonique, somptueusement habillé d'un voluptueux velours musical par Jean-Claude Vannier, met en scène une jeune Lolita, objet de « cul(te) » d'un homme mûr : thème infiniment gainsbourien. Cet opus fort exigeant ne connaîtra qu'un succès d'estime mais s'inscrira, grâce à sa qualité novatrice, dans les annales du disque français.

La « Ballade Melody Nelson », chanson concise distillant la quintessence du talent de Gainsbourg, instaure un climat « confisensuel », un peu magique, magnifié par les écrins de cordes made in Vannier, auxquels une basse fait écho. Un peu à la façon de « Bonnie and Clyde », Serge, enchâsse une narration à l'intérieur du récit : « Ça c'est l'histoire/ De... Melody Nelson »[52]. Ainsi raconte-t-il, en s'adressant à Jane, l'histoire érotico-tragique d'une jeune femme androgyne avec qui il a noué une passion réciproque... créature onirique qui s'évanouira dans un ciel nocturne :

```
Un petit animal
Que cette Melody Nelson
Une adorable garçonne
Et si délicieuse enfant
Que je n'ai con-
Nue qu'un instant...[53]
```

La « Valse de Melody », dotée d'une superbe musique lyrique, se conclut par ces vers d'inspiration antique – dont l'album est parsemé – hantés, dans un décor de colonnes corinthiennes, des fantôme d'Aphrodite ou de Salomé :

```
Les murs d'enceinte
Du labyrinthe
S'entrouvrent sur
L'infini.[54]
```

---

51. « Jane B. » (Serge Gainsbourg), 1969.
52 53.. « Ballade de Melody Nelson » (Serge Gainsbourg/Jean-Claude Vannier), 1971.
54. « Valse de Melody » (Serge Gainsbourg), 1971.

1968 - 1978

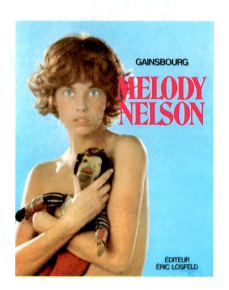

L'histoire de Melody Nelson, un long poème pop symphonique en hommage à "Lolita", l'objet de cul(te) de Gainsbourg

Signature, lors de la parution de "Où es-tu Mélodie" à la Fnac, octobre 1987

1968 - 1978

Ce beau récit, au texte imagé, sera bientôt filmé pour la télévision par Jean-Christophe Averty.

Dans le même temps, le couple poursuit, en duo, sa carrière cinématographique.

Au printemps 1969, Serge et Jane figurent au générique de *Les chemins de Kathmandou*, un film d'André Cayatte tourné au Népal très marqué par l'air du temps. Après la sortie de *Slogan*, nos deux comédiens s'envolent pour les États-Unis où, sous la direction de Pierre Koralnik, ils jouent dans *Cannabis*, un polar sans grand intérêt.

Durant l'été de 1970, ils s'installent durant quatre mois en Yougoslavie pour tourner deux films : *Le Traître*, une production locale de Milutin Kossovac, et *Le Voleur de chevaux*, un long métrage d'Abraham Polonsky racontant l'histoire d'une communauté de Juifs, logés dans une petite ville polonaise, où des cosaques russes cherchent à les priver de leurs chevaux, dont l'élevage et le trafic constituent leur principale source de revenus. Cette expérience sera déterminante pour Gainsbourg dans la mesure où Polonsky l'initie à l'art cinématographique tout en l'incitant à devenir metteur en scène. Aventure qu'il concrétisera bientôt en réalisant *Je t'aime moi non plus*...

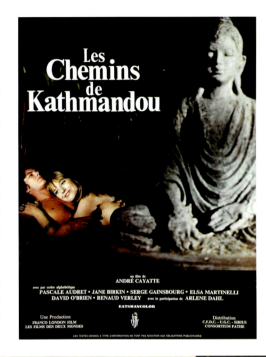

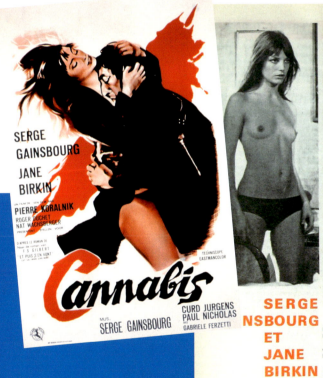

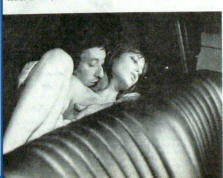

1968 - 1978

Conçue durant le tournage du *Voleur de chevaux*, Charlotte Gainsbourg, savant mélange physique et mental du génial mentor et de sa muse talentueuse, naîtra à Londres le 21 juillet 1971. Cette perle de la création effacera la douleur de la disparition de Joseph Ginsburg, survenue le 22 avril, alors qu'il abordait son 75e printemps.

Gainsbourg et Birkin : bientôt trois

LONDRES, 26 mars. — Jane Birkin et Serge Gainsbourg, le couple le plus célèbre de la chanson française, attend un heureux événement. Après trois ans de fiançailles, ils vont se marier et auront un enfant en juillet. Jane, souriante, a déclaré : « De nombreuses personnes considèrent que nous avons mis la charrue avant les bœufs. Nous devrions être mariés depuis longtemps. Mais, Serge et moi, nous sommes très heureux ensemble depuis trois ans. Maintenant, nous avons décidé de fonder un véritable foyer.

(Photo André GRASSART - F.S.)

Serge Gainsbourg en famille avec Jane Birkin, Kate (4 ans et demi) et Charlotte (4 mois et demi).

NOËL en famille pour Jane Birkin et Serge Gainsbourg

Ils regardent leur émission « Melody Nelson » mercredi sur la 2e chaîne couleur

C'EST la famille la plus insolite de l'année qui vous souhaite un joyeux Noël : Serge Gainsbourg, Mme Jane Birkin, Kate (4 ans et demi) et Charlotte (4 mois et demi) se sont réunis dans la nursery autour des cadeaux pour vous présenter l'image traditionnelle d'une famille heureuse, image que vous ne verrez pas dans « Melody Nelson » que Jean-Christophe Averty a réalisé sur les paroles et la musique de Gainsbourg.

Toute la famille regardera « Melody Nelson » mercredi sur la 2e chaîne couleur avec papa et maman. Mais Gainsbourg le maléfique vient d'offrir à Jane (et à lui-même) un somptueux cadeau qui n'a plus rien de familial : le 10 janvier sortira un 45 tours simple, avec une chanson étrange, érotique (voire erotissimo) intitulée « La décadanse ». C'est le nouveau « Je t'aime moi non plus » de Gainsbourg 1972 qui dit d'un air goguenard : « Il y avait eu 1969, l'année érotique. Il y aura maintenant 72, l'année de la décadanse. »

Non content d'avoir inventé la nouvelle chanson érotique, Gainsbourg a trouvé la danse de sa « décadanse » :

— La femme sera le dos tourné à l'homme et ils danseront tous les deux un slow tendre et... sensuel. Les paroles :

Dieux pardonnez-nous nos offenses
[blasés
La décadanse a bercé nos corps
Et nos âmes égarées.

« Je parle toujours des dieux au pluriel car j'ai toujours soupçonné qu'il y en avait plusieurs, et je préfère être bien avec tous... »

— Sortis des studios d'enregistrement, Jane et Serge (dont on entendra les deux voix dans la chanson) retrouveront des joies plus simples et nettement plus... vertueuses pour les fêtes : si Charlotte n'est plus grippée, ils partiront pour Londres passer un « Christmas » en famille avec les parents de Jane. Pour le Nouvel An, ils le feront un réveillon chez Maxim's en tête à tête. Mais pour tous les deux, un joli projet :

— On se mariera au mois de mai. Parce que mai est une jolie saison et que nous donnerons une grande fête. La robe de mariée sera très très nue, très décolletée...

C'est Gainsbourg qui parle, bien sûr, mais c'est Jane qui sourit.

France Soir - 23/12/71

Si c'est une fille, elle s'appellera Rebecca, si c'est un garçon Dimitri David. »

Elle a ajouté :

« Un peu avant Noël j'ai su que j'attendais un enfant. Mais j'ai préféré patienter pour avertir Serge afin qu'il garde sa liberté le plus longtemps possible. »

Jane a déjà une petite fille de quatre ans, Kate, issue de son premier mariage avec le compositeur John Barry. Hier, Jane lui a appris qu'elle allait avoir une petite sœur ou un petit frère. A cette nouvelle, Kate a bondi de joie.

Voici un mois, « Paris-Jour », le premier, avait évoqué l'heureux événement. Hier soir, Serge Gainsbourg nous l'a confirmé :

« Je me marie pour faire plaisir à Jane. Cet été, nous serons trois. »

« Papa maman »

Nous l'avions écrit, c'est « une nouvelle Jane Birkin signée Gainsbourg »...

« Voilà, dit-il d'une voix étranglée. Tout a changé depuis que nous avons enregistré « Melody Nelson ». Grâce à Jane, je suis devenu un homme équilibré. »

Gainsbourg le cynique, le contestataire, est devenu un autre homme. Jane aussi a changé complètement.

« Elle parle bébé, langes et biberons, s'est écrié épouvanté un de ses vieux amis, qui ne parvient pas à imaginer Jane Birkin et Serge Gainsbourg en « papa-maman ».

Pourtant, ce sera la réalité dans quatre mois. Jane et Serge pourront alors chanter au bébé leur air célèbre « Je t'aime, je t'aime ».

Paris Jour - 26/03/71

1968 - 1978

Fertile, ce séjour yougoslave inspire à Serge « La noyée », une valse destinée au film de Polonsky, qu'il décide finalement de proposer à Yves Montand qui l'avait déjà sollicité du temps du Milord l'Arsouille en 1958.

Notre auteur-compositeur prend donc contact avec l'interprète des « Plaines du far-west ». « *Il me fixe un rendez-vous pour le lendemain. À dix plombes du mat', je me pointe chez lui, il me reçoit, très élégant, et Simone me propose de démarrer tout de suite au whisky sec. Je veux montrer que je sais boire et je la suis. Je joue ma valse, Montand me dit : "Elle est belle !" et avant de partir on se serre la main et il me dit : "Écris une face B, on va faire un disque." Après le whisky à jeun, mon retour fut hallucinant, j'ai gerbé dans le caniveau de l'alcool pur ! Et puis après ça, plus de nouvelles, j'avais pourtant écrit un truc, "Satchmo", pour l'autre face. J'ai finalement appris par la bande qu'il ne voulait plus enregistrer la chanson.* »

« La noyée », dotée d'un texte risquant de ternir l'image de l'héroïne de *Casque d'or*, demeurera donc une chanson inédite :

```
Tu n'es plus qu'une pauvre épave
Chienne crevée au fil de l'eau
Mais je reste ton esclave
Et plonge dans le ruisseau...
```

Fin 1971, après avoir écrit une série de chansons pour Zizi Jeanmaire s'apprêtant à donner une nouvelle revue au Casino de Paris, Serge enregistre avec Jane « La décadanse », un slow provocateur prônant les délices de la sodomie qui ne s'inscrira pas dans les « annales » de le chanson française – si je puis dire !

En janvier 1973, paraît « Di Doo Dah », une chanson gravée sur un 45 tours annonçant le premier album de Jane Birkin. À l'image de son personnage de fille fleur androgyne et désinvolte, cette ballade mélodique cache un charme secret :

```
Mélancolique et désabusée (...)
J'ai je n'sais quoi d'un garçon manqué (...)
Les autres filles ont de beaux nichons
Et moi, moi je reste aussi plate
qu'un garçon
Que c'est con...[55]
```

55. « Di Doo Dah » (Serge Gainsbourg), 1973.

JANE ET SERGE : "LES AUTRES, ON S'EN FOUT"

Ils ne vivent comme personne d'autre. Une petite maison en plein cœur de Saint-Germain-des-Prés, du tissu noir sur chaque mur et chaque plafond, un réfrigérateur sur mesure à porte transparente, pas de pièce de séjour, pas de long canapé pour recevoir les amis, pas de convention de quelque ordre que ce soit... Chez les Gainsbourg, tout est création personnelle. Jane Birkin vit dans la cuisine. Une cuisine à l'anglaise (bien sûr !), en bois ciré, parce que Serge a horreur des cuisines-laboratoires avec « inox » et compagnie.

AU JOUR LE JOUR

Serge parle bas, très bas, sans le moindre souci de se faire entendre. Déroutant...
— Le couple Gainsbourg-Birkin ne fait plus tellement parler de lui. Alors que se passe-t-il donc Serge ?
Il sourit (imperceptiblement), penche la tête, allume une cigarette... et murmure :
— Je n'ai jamais autant travaillé de ma vie. Je viens de terminer « Romance d'un voleur de chevaux » sous la direction d'Abraham Polonsky, avec Yul Brynner. Je termine aussi un album 30 cm qui sortira dans quelques semaines. J'étais dessus depuis deux ans. Mais j'ai tout écrit en neuf jours. C'est « L'Histoire de Melody Nelson ». C'est une belle histoire d'amour.
— Qui finit bien ?
— Non, mal. Tu sais, toutes les histoires d'amour finissent mal.
— Et celle de Jane et toi ? Comment se porte-t-elle ?
— Merveilleusement. Nous vivons au jour le jour.
— Tu as peur de l'avenir ?
— Non, mais ça m'ennuie de vieillir. Heureusement, je m'arrange en vieillissant. Je suis de moins en moins laid. A moins que je me sois habitué à ma gueule.
— Ferais-tu la guerre ? Contre qui ou contre quoi ?
— La guerre ? Aux mouches quand il y en a trop. J'ai un livret militaire quelque part. C'est un fil à la patte. Depuis ce jour-là, j'ai perdu la notion de la liberté. Ça fait bien vingt-deux ans...
Gainsbourg-Birkin, le duo terrible, est ici à l'abri du monde. On joue « Vie privée » et pas « Devine qui vient dîner ». D'ailleurs, Serge Gainsbourg ne veut plus que, côté public, le nom de Jane continue d'être associé au sien.
— Désormais, à chacun sa carrière. On nous a beaucoup vus ensemble.
— « Je t'aime moi non plus ». Cette chanson a fait ta fortune. Qu'en penses-tu ?
— Je pense que cette chanson a eu droit à une promotion inespérée. D'abord, j'ai fait interdire la version que j'avais enregistrée avec Bardot. Donc la version avec Jane est arrivée déjà avec un certain impact. Ensuite, l'interdiction du Vatican a fait une publicité internationale. Toutes les agences de presse du monde ont propagé la nouvelle. Ce qui fait que le disque s'est vendu à trois millions d'exemplaires... et que mes droits s'élèvent à 250 millions environ. Tu vois, je suis cynique...
— Comment avais-tu eu l'idée au départ de cette chanson ?
— Un pari avec moi-même, tout bêtement. Je m'étais dit : « Je vais écrire la chanson la plus érotique du monde. » Je crois que j'y suis arrivé. Mais sais-tu ce qui m'a fait le plus plaisir ? Ce n'est ni l'argent ni le chiffre de vente, c'est d'avoir été numéro un en Angleterre. C'est unique dans les annales du spectacle, ça...
Gainsbourg pratique le cynisme sans doute, mais moins que le professionnalisme. Sans quoi, il se moquerait parfaitement d'avoir été au hit-parade britannique plutôt qu'à celui du Liechtenstein. Erotisme ou pas, il se passionne pour son travail. Et il estime qu'il y a encore beaucoup à faire.
— Composer, chanter, jouer la comédie. Tout se tient. Ce sont, je pense, des activités complémentaires. J'aimerais arriver jusqu'à la mise en scène. C'est important pour moi d'aller jusqu'au bout des choses...

FIDÉLITÉ

— As-tu déjà pensé au mariage ?
— J'y pense de temps à autre. Je me dis que c'est une institution qui vise à interdire la polygamie... mais que ce n'est pas très efficace !
— Es-tu fidèle ?
— Je crois. La fidélité, pour être vraiment deux, est une référence indispensable. Une condition sine qua non.
— L'amour, le sexe, la réussite. Qu'est-ce qui te paraît le plus important ?
— L'amour et le sexe, c'est la même chose. L'amour ne va pas sans une certaine réussite. Alors, c'est la trilogie, trois parts égales.
— Crois-tu que la virginité, en 1971, ait encore une certaine importance ?
— Il faudrait interroger là-dessus quelqu'un de vierge ! Moi, je dis que c'est un sale quart d'heure à passer, et qu'il vaut mieux le passer le plus vite possible.
— Que penses-tu des mouvements féministes ? Es-tu pour l'égalité entre l'homme et la femme.
— Les mouvements ? Rien à foutre. L'égalité entre homme et femme ? Elle n'existera jamais, quoi que fasse la société. Il faut un dominant et un dominé, c'est une loi de la nature. Aux U.S.A., ce sont les femmes qui dominent. Ici, ce sont les hommes... Ce qui n'est pas plus mal.
— As-tu conscience, Serge, de faire partie d'un couple plus évolué que la moyenne ?
— Je ne connais pas la moyenne. Je ne veux pas connaître la moyenne. **Eric Vincent.**

Superhebdo

1968 - 1978

À force de consumer sa vie dans des vapeurs d'alcool et de fumée, Gainsbourg est victime, le 15 mai 1973, d'un infarctus du myocarde. Jane étant absente pour cause de tournage, Serge est seul ce jour-là dans son vaste appartement de la rue de Verneuil. Terrassé par un malaise foudroyant, il trouve toutefois la force de téléphoner à Odile Hazan – la femme du directeur de Philips – qui alerte immédiatement les secours. Ayant pris le temps de remplir son attaché-case de paquets de cigarettes, notre prince russe, digne et courageux, refuse de se coucher sur une civière et marche jusqu'à l'ambulance qui l'emmène à l'hôpital américain de Neuilly. Après trois jours de soins intensifs, il convoque lui-même le journal *France Soir* à qui il livre une interview exclusive, façon pour cet éternel assoiffé d'amour d'utiliser cet événement malheureux afin de trouver un refuge de commisération dans l'âme de ses compatriotes.

À l'hôpital, notre « fumeur de Gitanes » devant l'éternel usera de subterfuges pour inhaler la fumée de ses cigarettes chéries, en masquant l'odeur du délit à l'aide de désodorisants.

Après sa sortie du centre hospitalier, Serge part en convalescence en Normandie, près de Lisieux, où Jane possède un petit presbytère...

En dépit de cette alerte, Gainsbourg continuera à enlacer ses démons inspirateurs, l'alcool et le tabac, sans lesquels, dit-il, « *Il n'y a pas de lucidité possible.* » En slave qui se respecte, il jouera à la roulette russe avec la mort, cette inconnue, jusqu'à la fin de sa vie : « *J'ai déjà perdu deux cardiologues, le troisième a été hospitalisé, victime d'une crise cardiaque. D'ailleurs, je lui ai apporté des bonbons tous les jours.* »[56]

[56]. *Le Journal du Dimanche*, 1975.

À l'issue de son alerte cardique, notre prince slave jouera à la roulette russe avec la mort...

1968 - 1978

La fesse et la fugue sont au menu de l'album "Vu de l'extérieur"

Avant son hospitalisation, Serge avait débuté l'enregistrement de *Vu de l'extérieur*, un disque – arrangé par Alan Hawkshaw, expert en matière de variété londonienne – qu'il achève à la rentrée de 1973.

Cet album s'articule sur deux thèmes gainsbouriens par excellence : le postérieur et ses émanations flatulentes – dont Serge parfumera, en 1981, son roman *Evguénie Sokolov* –, ainsi que les amours à la dérive.

Dans le premier registre, on trouve quelques belles pièces. Parmi elles « Des vents des pets des poums », dotée d'un humour cynique puisé dans les farces de l'enfance :

```
Déjà deux heures que j'fais l'pet d'vant
sa porte comme un groom
Elle manque pas d'air celle-là!
Je devais l'emmener souper dans un grill-room
En attendant je fais des vents des pets
des poums...57
```

« La poupée qui fait », chanson d'amour voilée sous le fard d'une scatologie ludique, exprimant avec retenue le lien complice et indestructible noué avec Charlotte qui n'a encore que deux ans :

```
C'est une petite poupée qui fait pipi caca
Une petite poupée qui dit papa
Elle a des petites socquettes blanches
Et une culotte à trou-trous...58
```

À l'intérieur même de « Vu de l'extérieur » s'insinue l'obsession de la rupture car, dit-il, évoquant Jane : « *Quand tout va mal il faut chanter l'amour, le bel amour et quand tout va bien chantons les ruptures et les atrocités. Elle est la fille que j'attendais. Ça ne s'est pas su comme ça au départ, il y a eu une mutation en moi. Je pense qu'elle est la dernière, si elle me quitte... J'aime cette fille, je peux le dire, j'avais jamais dit ça de personne.* »59

```
Il est beau vu de l'extérieur
Qu'est-ce qui m'a pris grand Dieu d'm'aventurer
à l'intérieur
C'était bon évidemment
Mais tu sais comme moi que ces choses-là n'ont
qu'un temps
Va t'faire voir, va faire voir ailleurs
Tes deux doudounes, tes gros balounes
Et ton p'tit valseur...60
```

Gainsbourg décline encore le thème des amours sans issue dans « Par hasard et pas rasé », où il raconte que sa fiancée le trompe avec un « *para/Le genre de mec/Qui les tombe toutes...* »61, ou dans « Sensuelles et sans suite », une chanson fondée sur les onomatopées à la façon de « Comic Strip » : « *Une histoire sensuelle et sans suite/Ça fait crac, ça fait pschtt/J'prends la fuite...* »62

---

57. « Des vents des pets des poums » (Serge Gainsbourg), 1973.
58. « La poupée qui fait » (Serge Gainsbourg), 1973.
59. *À bout portant*, 19 septembre 1973.
60. « Vu de l'extérieur » (Serge Gainsbourg), 1973.
61. « Par hasard et pas rasé » (Serge Gainsbourg), 1973.
62. « Sensuelles et sans suite » (Serge Gainsbourg), 1973.

1968 - 1978

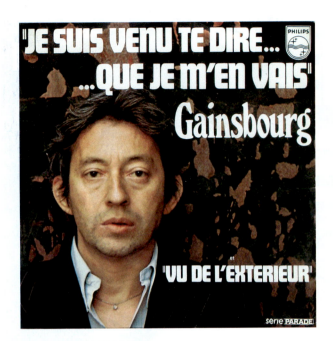

Ainsi expose-t-il sa philosophie profonde, « Fuir le bonheur de peur qu'il ne se sauve », tout en exorcisant la crainte de son départ prématuré dans la fulgurance des excès qui ont déjà failli l'emporter. Ces fantasmes sont sublimés dans « Je suis venu te dire que je m'en vais » qui, contrairement aux rumeurs répandues, ne fait aucunement allusion à une rupture avec Jane. Dans ce petit chef-d'œuvre de romantisme, Serge se positionne de façon narcissique comme un objet perdu et irremplaçable – inversion prophétique des faits qui se dérouleront dans la réalité – :

```
Je suis venu te dire que je m'en vais
Tes sanglots longs n'y pourront rien changer
Comme dit si bien Verlaine "Au vent mauvais"
Je suis venu te dire que je m'en vais...[63]
```

[63]. « Je suis venu te dire que je m'en vais » (Serge Gainsbourg), 1973.

Malgré le succès de cette dernière chanson, *Vu de l'extérieur*, – toutefois salué par la presse –, n'ayant pas dépassé les 20 000 copies, est l'objet d'un échec commercial ; tout comme *Di Doo Dah*, l'album composé pour Jane Birkin. En outre, en appelant à voter Giscard au second tour des élections présidentielles de 1974, cet énarque qu'il juge brillant et capable de faire barrage à Mitterrand, dont le passé trouble et son alliance avec les communistes le déconcertent, Gainsbourg porte tort à son image. Cette erreur stratégique contribue à l'associer à la bande de Guy Lux, composée d'artistes de variété populiste qui ont perçu la révolution spirituelle de mai 68 comme une sombre période nuisible à leur carrière respective.

Ainsi, faussement assimilé à un conservatisme culturel, se retrouve-t-il comme dans les années 1958/64, considéré comme un chanteur maudit, voire pire : dépassé.

MON ADHESION A GISCARD ETAIT UNE CONNERIE

« Je ne sais pas si ces gens-là sont sincères. Evidemment, il y a un impact avec la radio, la télé. On peut s'en servir. Je ne pense pas qu'il faut emmerder les gens, il faut les distraire. Il ne faut pas les stupéfier, les saisir... Moi je préfère m'évader à l'intérieur de moi-même. Je suis un personnage rentré. Je ne suis pas concerné. Je suis plutôt consterné que concerné ».

Et le public de Gainsbourg, vous le voyez comment ? « Je ne le vois pas du tout... Je crois que j'ai un public que j'ai déçu par mon adhésion — que je regrette profondément — à Giscard. C'était une connerie. Je l'ai fait par agression. Je peux agresser dans tous les sens. Mais cette agression-là, je n'aurais pas dû la faire. Je voudrais bien que ceci soit dit ». **Pourquoi l'avez-vous fait alors ?** « C'était irréfléchi. Mais comme disait Churchill : il n'y a que les cons qui ne changent pas d'avis. »

Libération - 27/12/76

1968 - 1978

▲ Jean-Claude Brialy, Enrico Macias, Serge Gainsbourg, Eddy Mitchell, Carlos, Michel Sardou et Jane.

Serge entouré de Jane et Sylvie Vartan, lors d'un show de Maritie et Gilbert Carpentier en 1972 ▼

1968 - 1978

Si je déplaisais à tout le monde…

Physique difficile ou intéressant

Q. – Dites, on devient comment «un tombeur»?
R. – Un «tombeur», c'est un gars qui a quelque chose de fascinant (il ouvre les yeux avec effort, regarde sa cigarette qui lui brûle les doigts et se résigne à l'éteindre). Il y a ceux qui fascinent par leur beauté physique et ceux qui ont l'aura de la gloire. Comme moi (petit sourire rapide). Ils peuvent être beaux aussi, ce qui ne gâte rien. Ce n'est pas mon cas (silence). Quand vous êtes inconnu, le commun des mortels dit que vous avez un physique difficile. Quand la gloire est là, on dit que vous avez un physique intéressant. Le jugement se nuance. La notoriété, ça avantage. On devient un être humain dans une situation tout à fait privilégiée, parce qu'on est hors du commun. Les sommeliers se souviennent de votre vin préféré – ce qui est un signe de célébrité certaine ! – les portes s'ouvrent. Si un restaurant affiche complet, vous dites votre nom et on vous répond : «Pour vous, on trouvera bien une petite place». Les chauffeurs de taxi sont plus aimables. Enfin, tout change.

Q. – A vous entendre, on pourrait croire que tout le monde vous aime, or, ce n'est pas le cas. Vous êtes, pour beaucoup, un personnage choquant qui interprète des chansons que toutes les oreilles ne peuvent pas entendre.
R. – (Il renifle. Ses épaules tressautent. Il se calme). Ce qui a marqué mon passage dans le show-business : c'est mon côté choquant. Pour moi, c'est une qualité.

Q. – Mais c'est un choix, chez vous, de choquer ? Une technique ?
R. – Non… c'est naturel. Je suis choquant de naissance. J'appartiens au signe du Bélier. Si vous analysez ce signe, vous verrez qu'il donne des bouchers, des bûcherons, mais aussi des poètes comme Baudelaire, Edgar Poe, Régnier, ou des acteurs comme Marlon Brando. Des fonceurs.

Pas sportif du tout

Q. – Vous êtes un fonceur, vous ?
R. – Un fonceur intellectuel. Le Bélier aime les armes à feu, les accidents, les catastrophes.

Q. – C'est pour cela que vous avez le goût du noir ?
R. – Le noir, pour moi, c'est la rigueur. Avec le blanc et les gris je suis pour l'abolition de la couleur. Peut-être parce que j'ai fait de la peinture pendant une quinzaine d'années, aux Beaux-Arts et ailleurs.

Q. – Quand on vous aperçoit à la télévision ou dans la rue, on ne peut pas dire que vous donniez l'impression d'un grand équilibre. Si vous préférez, disons que vous n'avez pas l'air d'un sportif, mais plutôt l'apparence d'un être souffreteux, malade.
R. – (Il ouvre un seul œil). Je ne pratique aucun sport. La seule activité que je considère comme un sport complet, c'est aimer une femme. C'est une performance pour un cœur. A part ça, rien. J'ai été, dans ce domaine, très malheureux dans l'armée française. Par contre, j'ai été un tireur d'élite. Peut-être parce que les balles traçantes font dans l'air des guirlandes féeriques. Ça me plaisait tellement que j'ai été sélectionné pour des concours (rêveur – dans un murmure – l'air gourmand). La mitrailleuse légère, j'aime ça.

Q. – Vous vous tenez toujours ratatiné sur vous-même ?
R. – (Indigné, les yeux grand ouverts) Je ne suis pas ratatiné. Je suis replié sur moi-même. Je suis un introspectif. Ma mauvaise mine… je fume beaucoup… je bois… moins. Il y a un quatrain qui me revient en mémoire. Il dit :
«Ma voiture épuisée est en piteux état,
La dernière étape est la plus dure,
Dans l'herbe, un fossé, je mourrai.
Et tout le reste est littérature».
A 44 ans – 44 et demi précisément – il faut faire attention, changer de vitesse, rétrograder, sinon… J'ai subi un check-up dernièrement…

Timide et révolté

Q. – Résultat ?
R. – Ça a donné que (soupir) les excès en tout, bref, la machine fumait, craquait… Encore 4, 5 ans, et c'était la panne. La vraie. L'irréparable. Faut faire attention (il rit). C'est récent. L'année dernière, je buvais trop. Depuis trop longtemps. Exactement depuis mon séjour dans l'armée française. Nous sommes tous pareils. A 20 ans, on se croit des fortiches. Alors, on fait des trucs, bêtement, par émulation. Certains meurent dans les tranchées, par émulation, moi, je buvais. Au début, pour mes copains de régiment, j'étais le buveur d'eau. J'avais reçu une éducation saine. Dans ma famille, on mettait de l'eau dans son vin, question de mentalité. Par bravade, j'ai fini par devenir le plus bel ivrogne du régiment, le titubant du 93e d'Infanterie au camp de Frileuse, à Courbevoie (les paupières se referment doucement, la voix est monocorde, il ne bouge plus du tout). Les choses sont simples quand on boit. La communication entre les gens est plus facile. C'est faux de croire qu'on boit toujours par plaisir ou par soif. Je connais des tas de raisons, motifs valables… Dans mon métier, celui d'aujourd'hui, j'ai continué, à boire, à améliorer mes scores. Vous savez, on se retrouve la nuit, dans les boîtes, en représentation, on avale des verres et on appelle ça de «l'alcoolisme mondain». C'est plus gentil.

Q. – Faiblesse ?
R. – Faiblesse, oui.

Q. – Le personnage que vous êtes, qui fait grincer des dents, s'est-il composé à travers les vicissitudes ?
R. – Je n'ai pas changé. Mentalement j'entends.

Q. – Vos parents ont dû s'amuser.
R. – Pas une seule fois. J'étais un gosse timide à l'excès. On l'a su d'après une analyse de l'Institut graphologique. Un grand timide sur lequel est passé le vent de la révolte. J'ai pris un jour le bateau qui m'a amené où je suis…

Echo de la Mode, n°6 -10 au 16/02/73

En ayant appelé à voter pour Giscard en 1974, Gainsbourg, faussement assimilé aux chanteurs de variété conservateurs, est considéré comme un "has-been"…

1968 - 1978

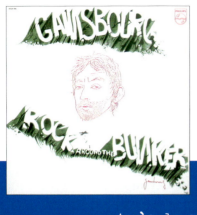
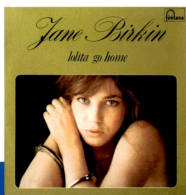
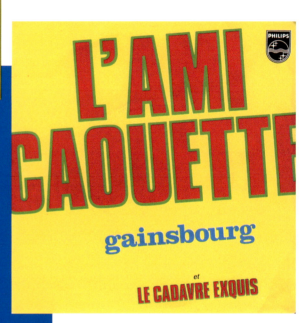

Après le sulfureux "Rock around the bunker", le littéraire "Lolita go home", deux albums passés inaperçus, Gainsbourg renoue avec le succès grâce à "L'ami Caouette"... No comment !

Gainsbourg persiste et signe en publiant, en février 1975, un concept album, le plus rock de toute sa carrière : *Rock Around The Bunker*, dont les chansons sont puisées dans l'imagerie nazie. Dans un pays encore marqué par les séquelles de l'occupation, ce disque, boudé par les programmateurs radiophoniques – mis à part les plus « branchés » – provoque la consternation du grand public et installe un sentiment de confusion chez les fidèles du chanteur. « *Je me souviens que les petites choristes anglaises en sortant du studio m'avaient souhaité "Good luck", elles avaient deviné que ça n'allait pas être évident. J'avais poussé le bouchon... Mais chez moi, c'est un bouchon de Champagne.* »

Pourtant, qui à part Gainsbourg, avec ses souvenirs d'enfant insoumis stigmatisé par le port de l'étoile jaune, pouvait se permettre cette extrême provocation ?

Afin d'exorciser ses douleurs anciennes, de trancher son malheur dans la chair de la nuit des longs couteaux, il utilise un langage d'un réalisme cinématographique :

```
Maquillez vos lèvres, les gars
Avec des rouges délicats
Faites-vous des bouches sanglantes
Ou noires ou bleues si ça vous tente
On va danser le
Nazi Rock...[64]
```

Oui, dansons sur les barbaries enfouies, saupoudrons les spectres d'un passé persécuté de sex, drug and rock and roll ! :

```
Otto est une tata teutonne
Pleine de tics et de totos
Qui s'autotète les tétés
En se titillant les tétons
Et sa mitrailleuse fait
Tatatatata tata...[65]
```

Cet album, trop en avance sur son époque, est, à l'instar de celui de Jane, *Lolita go home* – composé, pour des raisons de timing, sur des textes de Philippe Labro –, l'objet d'un nouvel échec. *Je l'ai traité par la dérision mais ça déplaît quand même à certains. Pourtant, une chanson dit beaucoup plus de choses qu'un pamphlet. Et puis, j'ai bien le droit d'ironiser sur l'étoile jaune, moi qui ai été forcé de la porter en 1942.* »

Pour se renflouer, Serge fait bientôt paraître un 45 tours où figure une chanson dotée d'un texte rempli de « jeux de mots laids » – dixit Bobby Lapointe – enrobé d'une musique antillaise. Cette farce facile deviendra l'un des tubes de l'été 1975 : « *Le p'tit Member/Me jette des pierres/Qu'a Member ?...* »[66] « *La connerie est la décontraction de l'intelligence* », déclarera notre adepte des aphorismes...

64. « Nazi rock » (Serge Gainsbourg), 1975.
65. « Tata teutonne » (Serge Gainsbourg), 1975.
66. « L'ami Caouette » (Serge Gainsbourg), 1975.

Je t'aime moi non plus

Désirant projeter l'intelligence de son talent sur les écrans hexagonaux, Serge s'attelle en 1975 à l'élaboration de son premier film en tant que réalisateur : *Je t'aime moi non plus*.

Précisons que notre artiste, venant d'enchaîner des rôles dans divers longs métrages qu'il juge « caricaturaux » et dirigés par des metteurs en scène « médiocres » – à noter pour mémoire : *Trop jolies pour être honnêtes* de Robert Balducci (1972), *Les Diablesses* d'Anthony M. Dawson (1974), *Sérieux comme le plaisir* de Robert Benayoun (1975)… –, aspire à une plus grande créativité cinématographique.

1968 - 1978

"Je t'aime moi non plus", un film tragique et esthétique, à l'image de son créateur

De son côté, Jane Birkin, qui rayonne d'une aura populaire, notamment grâce aux films de Claude Zidi la confrontant à Pierre Richard, *La moutarde me monte au nez* (1974) et *La course à l'échalote* (1975), désire sortir des rôles de jeune anglaise loufoque dans lesquels on l'a cantonnée. Et cela au risque de jouer sa carrière à quitte ou double.

Dans *Je t'aime moi non plus*, long métrage tourné à Uzès (Gard) – où Serge a su reconstituer un bar américain sur un champ d'aviation –, Jane investit un personnage sulfureux et androgyne « physiquement » conçu pour elle.

Ce drame met en scène deux homosexuels, Krass (Joe Dallessandro), violent et taciturne, Padovan (Hugues Quester), efféminé et venimeux, et Johnny (Jane Birkin, aux longs cheveux masqués sous une perruque), une petite anglaise du style garçon manqué. Ce film, sensible et esthétique, traitant de la désespérance, la passion, et la tendresse sans illusion, installe Jane, soumise aux humeurs de son patron, à des relations sodomiques avec Krass, et à l'exaspération des sentiments, dans des situations délicates.

« *Johnny :* – Et toi, tu m'aimes un petit peu quand même ?
Krass : – Ce qui compte c'est pas de quel côté j'te prends, c'est le fait qu'on se mélange et qu'on ait un coup d'épilepsie synchrone. C'est ça l'amour, bébé, et crois-moi, c'est rare. »

« Je m'aime moi non plus »
Auto-interview

— Vous aimez-vous ?
— Non, je n'aime pas mettre dans ma bouche ce que je viens de sortir de mon nez.

— Est-il vrai que vous avez horreur de l'eau ?
— Usage interne, c'est exact. Usage externe, je dis qu'il n'y a que les gens sales qui se lavent.

— Vous pourriez au moins vous raser ?
— Me raser me rase.

— Quel effet cela vous fait-il d'être un pauvre cardiaque ?
— Ça me fait mal au cœur.

— Jane est jeune, belle, riche, célèbre et adulée. Comment expliquez-vous qu'elle puisse rester avec un pareil tocard ?
— L'amour est aveugle et sa canne est rose.

— Pensez-vous comme Platon qu'il y a un Eros supérieur ou divin et un Eros inférieur sans lequel la race humaine s'éteindrait ?
— Pour parler en termes militaires je dirai que dans la position du tireur couché ma tête et mon cul sont au même niveau.

— Et l'égalité des sexes ?
— Question de genre. Si l'on s'en tient au genre grammatical, le masculin l'emporte sur le féminin, mais dans le genre médical le sexe masculin est au féminin et ce dernier au masculin.

— Votre position en matière de politique ?
— A quoi Boriste.

— Mais encore ?
— Je trouve en fait la gauche assez adroite et la droite un peu gauche.

— On dit de vous que vous êtes un poète assassiné par la société de consommation ?
— Alors, je veux que l'on m'enterre avec et dans ma Rolls. Double paye au fossoyeur.

— Quel est votre principal défaut ?
— Je suis un faible. C'est ce qui fait ma force.

— Qu'est-ce pour vous que le sens critique ?
— Un chirurgien esthétique qui me tire les oreilles.

— Est-ce pour cela que vous les avez aussi grandes ?
— C'est pour mieux vous entendre mon enfant !

Serge Gainsbourg

— Quand un admirateur de Jane la demande au téléphone, et qu'il tombe sur vous, quelle est votre formule ?
— Raccrochez c'est une horreur.

— Pourquoi ne vous laissez-vous jamais aller ?
— Je me laisse aller à la rigueur.

— Vous êtes donc maître de vos sentiments ?
— Qui promène son chien est au bout la laisse.

— On vous dit sceptique ?
— L'homme a créé les dieux, l'inverse reste à prouver.

— Vous parlez sérieusement ?
— Non, c'était une plaisantriste.

France Soir - 11/03/76

À sa sortie, en mars 1976, *Je t'aime moi non plus*, dont le succès confidentiel se limite à 150 000 entrées sur Paris, est l'objet de critiques pour le moins acerbes.

« (...) j'ai trouvé franchement insupportable, choquant et provoquant, au niveau le plus bas, le film de Serge Gainsbourg (...). Par quel processus un "artiste" en arrive-t-il à concevoir un pareil scénario ? »[67]

« Aucune vraie puissance dans ce barbouillage scatologique. Rien que le "beurk" nonchalant d'un esthète de la gadoue. »[68]

« Le film de Gainsbourg, outre qu'il se traîne et qu'on bâille en le regardant, est débectant. (...) Y' a des jours où on aime bien aller au drugstore. Mais à tant que faire, autant choisir un drugstore qui soit bon. Celui de Gainsbourg, il pue. »[69]

Considéré outre-Atlantique comme « *Un classique des années 70* »[70], ce film trouve en France d'ardents défenseurs dans les personnes de Robert Chazal *(France Soir)*, Henri Chapier, Pierre Tchernia et François Truffaut, illustre réalisateur qui, lors de l'émission radiophonique, *Le masque et la plume*, incite le public à aller voir *Je t'aime moi non plus* plutôt que *L'Argent de poche*, sa dernière création.

« Serge était vexé surtout pour moi des mauvaises critiques. En même temps, ceux qu'il estimait le plus (...) avaient aimé. Tous ces témoignages de gens dont on connaissait le bon cœur nous suffisait. Le fait que Le Figaro nous ait "torchonnés" (...) importait peu. Finalement, cela devenait presque flatteur de devenir l'objet d'une polémique, parce qu'on était encore plus soutenus par nos fanatiques. En revanche, en Angleterre, nous n'avons eu que des torchons. Le film n'est sorti que dans un circuit de films de cul. C'était affreux. Je me suis disputée avec des journalistes. J'étais catastrophée et humiliée pour Serge, que l'on n'ait pas compris le sens tragique de ce film, shakespearien pour moi. Quand je me retourne en disant "je suis un garçon", c'est comme si je disais : "To be or not to be". Je trouve cela aussi grave et formidablement trouvé. Cette histoire d'amour était un miracle d'originalité et de sincérité. Il reste un film légendaire, résolument à part. »[71]

Après ce premier coup (d'art et) d'essai décevant, Gainsbourg signe un spot publicitaire pour Woolite diffusé à la télévision durant l'année 1976/77. Parmi le casting des comédiennes vantant les mérites de ce produit ménager, figure Jane Birkin chantant la « Ballade de Johnny Jane », reprise du thème instrumental de *Je t'aime moi non plus* agrémenté de sublimes paroles :

```
Hey Johnny Jane
Les décharges publiques sont des atlantides
Que survolent les mouches cantharides...
```
[72]

67. *Le Figaro*, 13 mars 1976.
68. *Le Point*, 22 mars 1976.
69. *Libération*, 3 avril 1976.
70. *Variety*, États-Unis.
71. *Platine*, N° 34, octobre 1996, p. 22.
72. « Ballade de Johnny Jane » (Serge Gainsbourg), 1976.

L'homme à tête de chou

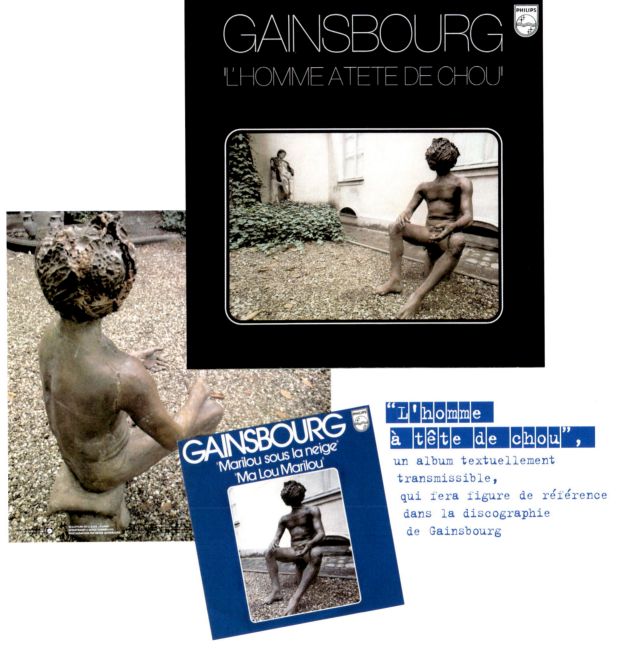

"L'homme
à tête de chou",
un album textuellement
transmissible,
qui fera figure de référence
dans la discographie
de Gainsbourg

Dans la vitrine d'une galerie d'art, Gainsbourg aperçoit une sculpture – réalisée par Claude Lalanne – représentant un homme nu, assis, avec une tête en forme de chou. Hypnotisé par cette créature insolite reflétant « la beauté cachée des laids... », il se la procure, l'installe rue de Verneuil où, semblant provenir de l'oreille d'un coquillage des hautes mers de l'inconscient, il écoute l'histoire qu'elle lui dicte : « *Journaliste à scandale tombé amoureux d'une petite shampouineuse assez chou pour le tromper avec des rockers. Il la tue à coups d'extincteurs, sombre peu à peu dans la folie et perd la tête qui devient chou...* »

Doit-on trouver un rapport de gémellité entre cette sculpture et notre artiste aux oreilles décollées ?

Quoi qu'il en soit, elle lui inspire *L'homme à tête de chou*, un album concept enregistré à Londres et arrangé par Alan Hawkshaw, paru en novembre 1976.

1968 - 1978

Pureté musicale et perfection poétique, attestée par des vers ciselés de mains de maître, nous plongent ici dans un univers sulfureux et érotique où fellations frelatées, sodomies, masturbations, maladies « textuellement » transmissibles et « gerbes » fleurissant dans le petit matin blafard se mélangent pour échafauder un chef-d'œuvre.

Le disque s'ouvre sur « L'homme à tête de chou » – entrée en matière de cet opéra gainsbourien –, une chanson où piano, section rythmique, orgue et cordes percutantes soulignent à parfait escient l'histoire inquiétante et hyperréaliste – construite sur des rimes en « ec » – que Serge, sensuel, susurre à l'aide de ces deux premiers octosyllabes explicites :

```
Je suis l'homme à tête chou
Moitié légume et moitié mec...[73]
```

La force poétique est accentuée par l'usage du talk-over, déjà utilisé par l'artiste, mais ici porté à sa perfection : *« Je fais ce qu'on appelle du talk-over parce qu'il y a des mots d'une telle sophistication dans la prosodie que l'on ne peut pas mettre en mélodie. Vous ne pouvez pas chanter : "L'un a son trou d'obus l'autre a son trou de balle", ce n'est pas possible, il faut le dire. Très bel alexandrin d'ailleurs. »*[74]

73. « L'homme à tête de chou » (Serge Gainsbourg), 1976.
74. *Le Quotidien de Paris*, 1984.
75. « Variations sur Marilou » (Serge Gainsbourg), 1976.
76. « Marilou sous la neige » (Serge Gainsbourg), 1976.

« **V**ariations sur Marilou », éloge de l'onanisme pratiquée par une Alice onirique issue de l'autre côté du miroir, compte parmi les réussites « poétérotiques » de l'album :

```
Lorsqu'en songes obscurs
Marilou se résorbe
Que son coma l'absorbe
En des rêves absurdes
Sa pupille s'absente
Et son iris absinthe
Subrepticement se teinte
Des plaisirs en attente...[75]
```

Tout comme « Marilou sous la neige », oraison funèbre drapée d'une superbe mélodie, dans laquelle, en utilisant adroitement des rimes en « ège » sublimées par son art du rejet, Ser/ge atteint des sommets prosodiques :

```
De ma Lou en bandes dessinées Je
Parcourais les bulles arrondies
Lorsque je me vis exclu de ses jeux
Erotiques j'en fis une maladie...[76]
```

A propos de son dernier 30 cm., « L'homme à la tête de choux »

GAINSBOURG ANNEE MARILOU

« Je suis plus consterné que concerné... »

Un jour, chez Max, coiffeur pour homme, tête de choux tombe sur une shampoineuse, Marilou. Il lui dit : « Petite, je te sors ce soir », et elle laisse choir : « Je veux ».

Arès, quand Marilou danse reggae, lui et elle, plaisirs conjugués, tête de choux sent vibrer sa carlingue et se dresser son manche à balai.

Pourtant, un soir qu'il rentre à l'improviste, il découvre Marilou entre deux macaques du genre festival à Woodstock ; l'un a son trou d'obus, l'autre a son trou de balle. De la parano ? Non, demandez au portier du Roxi Hotel..

Marilou, elle, se fait des aéroplanes en repliant des dépliants d'agence de voyage. Elle pense à Tarzan dont elle est folle comme Jane. Tête de choux lui cavale au cul tandis qu'elle le traite de « vieux con pédale » et les petits enfants rient de ses oreilles en chou-fleur qui lui donnent une tronche de boxeur.

Marilou reste malgré tout la shampoineuse de ses rêves, son âme monogame, sa sève... Mais il faut qu'elle fasse gaffe où il va lui rentrer dans le choux.

Souvent, la petite, en écoutant ses idoles — Jimmy Hendrix, Elvis Presley, les Rolling Stones — se plonge dans la nuit bleu-pétrole de sa paire de *Levi's*, arrive au pubis et se self-contrôle son petit orifice.

Pour éteindre le feu au cul de Marilou, un soir, n'en pouvant plus de jalousie, tête de choux lui fend le crâne à coup d'extincteur. Ensuite, il appuie sur la manette de l'appareil et Marilou disparaît sous la neige carbonique.

Depuis, dans une blanche clinique neuro psychiatrique, le petit lapin de Playboy ronge le crâne végétal de tête de choux.

Ce fait divers dont l'Agence France Presse n'aurait connu qu'un épisode — le meurtre à l'extincteur — est le dernier 30 cm de Serge Gainsbourg : « L'homme à la tête de choux ».

« L'homme à la tête de choux », c'est d'abord une statue de Claude Lalane appartenant à Gainsbourg. Ensuite une histoire plus tragique encore que celle de « Melody Nelson ». Plus belle sans doute.

La musique : comme d'habitude une synthèse originale des thèmes pop actuels.

La voix : celle de Gainsbourg. Ça suffit.

Le tout a été enregistré dans les studios Phonogram à Londres. Un son impeccable. « J'ai peut-être dépassé les limites de la variété » dit Gainsbourg.

JE REMETS TOUT EN QUESTION

« J'ai plusieurs façons de travailler » explique Gainsbourg. « Je peux jeter quelque chose en vingt minutes ou élaborer un disque en trois mois de travail : c'est ce que j'ai fait pour le dernier. C'était dans de bonnes conditions, sur un tournage de Jane en Italie ; puis dans une petite ville, à Stradella. Je suis entré en cellule dans un hôtel d'une grande modestie. Jane avait sa chambre et moi la mienne. Une petite monacale. Lit de camp, butane, une rame de papier... Et là, pas de journaux français, pas de téléphone, pas de radio, plus un mot de français. J'ai fait le vide, parce qu'à Paris, les quotidiens et des mots ou des lieux communs me rentrent dans la tête. Le cerveau... J'ai commencé par les textes, j'ai fait un peu de gymnastique ».

Au départ, pas de musique, juste les textes. Après : « Je rentre ici et je cherche. Je me sers d'un appareil à cassettes et je prends des notes. Ensuite je vais à Londres, je connais ma rythmique et j'élabore avec l'arrangeur. **La musique ?** En fait, je ne sais jamais quoi faire. Je suis assez brouillon, je n'ai pas de règle. Ça doit correspondre à mes envies. Je suis influencé par ce qui se passe à l'extérieur mais maintenant cela va me poser des problèmes parce que je suis un peu saturé par les pulsations pop. Moi je ne suis pas Brassens. Lui, c'est un peintre classique, il n'a pas de problème de forme. Moi je remets tout en question. Bien que je m'exprime dans un art mineur, c'est un peu comme Paul Klee qui cassait ses toiles tous les matins.

Libération - 27/12/76

1968 - 1978

Après l'échec commercial de son dernier album, Serge Gainsbourg s'acharne à composer pour les autres

Cet album, reconnu à sa juste valeur dans la mesure où il fera figure de référence dans l'imposante discographie de Gainsbourg, plafonnera une nouvelle fois à 20 000 exemplaires. L'impressionnante promotion télévisée exercée par un Serge défendant corps et âme cet enregistrement jugé « ésotérique » par le grand public, ne fera pas décoller les ventes.

Alors, comme au temps de ses sombres années de galère, notre chanteur s'acharne à écrire pour les autres. En 1977, après la sublime « Ballade de Johnny Jane » – issue de la BO de *Je t'aime moi non plus* –, interprétée par Birkin, il compose pour Nana Mouskouri – « La petite rose » –, Françoise Hardy – « Enregistrement » –, signe la musique des films *Madame Claude* et *Good Bye Emmanuelle* de Just Jaeckin, offre à Zizi Jeammaire un bouquet de chansons destinées à sa revue sur la scène de Bobino et collabore à l'album *Rock'n'rose* d'Alain Chamfort dont on retiendra le titre « Baby Lou ». Dans le même temps, Gainsbourg publie un nouveau 45 tours où figurent « My Lady Héroïne » et « Trois milliards de Joconde », deux chansons consensuelles qui ratent la cible populaire.

1968 - 1978

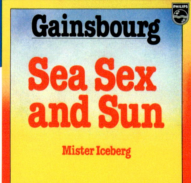

En 1978, les succès de "Ex fan des sixties" – pour Jane – et de "Sea sex and sun" reconduisent Serge sur la voie du succès...

L'année 1978 reconduira Serge sur la voie du succès.

Ex fan des sixties, album conçu pour Jane Birkin, contient de nombreuses perles poétiques dont la chanson éponyme qui gravit les sommets du hit-parade. « *Je n'arrivais pas à la chanter et à coller au rythme. Tout le monde me tapait dessus : Serge, qui avait un rythme inné, ne comprenait pas que je puisse en être si dénuée. Pour lui, même les enfants étaient capables de choses infiniment plus difficiles. Finalement, on a eu la bonne idée d'arrêter, parce que entre temps Marc Borlan, le chanteur de T. Rex, et Elvis étaient morts. Serge a rajouté leur nom qui sinon se terminait par "Et la pauvre Janis Joplin"* ».[77]

Parmi les autres réussites sublimées par la voix de Jane, on notera « L'aquaboniste », une magnifique chanson – préalablement écrite pour une Françoise Hardy évoquant Jacques Dutronc –, en forme d'hymne aux individus imperturbables, plus consternés que concernés :

```
C'est un aquaboniste
Un faiseur de plaisantristes
Qui dit toujours à quoi bon
À quoi bon (...)
Un drôle de je-m'enfoutiste
Qui dit à tort à raison
À quoi bon...[78]
```

Et également « Rocking-chair », une ballade « éroticoquine », fardée de références littéraires, vibrante de sensualité dans son interprétation :

```
Onze mille ver-
Ges me sens à bout de nerfs
Agitée comme un shaker
Dans mon rocking-chair...[79]
```

Le troisième opus de Jane deviendra rapidement disque d'or.

Un succès ne venant jamais seul, Serge retrouve l'adhésion du grand public grâce à la parution du 45 tours contenant : « Sea Sex and Sun », un titre écrit très rapidement, contenant tous les ingrédients du tube : le sexe, le soleil, la plage léchée par la vague disco. Par bonheur, ce hit de l'été 1978 connaîtra une seconde carrière grâce au film *Les Bronzés* qui l'intégrera dans sa BO.

Sur l'album, *L'homme à tête de chou*, figurait « Marilou reggae », une chanson habillée d'un arrangement rasta jamaïcain, annonçant la couleur musicale que Serge exploitera à l'aube de la décennie suivante...

77. *Platine*, N° 34, octobre 1996, p. 22.
78. « L'aquaboniste » (Serge Gainsbourg), 1978.
79. « Rocking-chair » (Serge Gainsbourg), 1978.

Le jour
de gloire
est arrivé

1978 - 1980

BIJOU + GAINSBOURG

Fort du succès de son dernier 45 tours, notre quinquagénaire est enfin adopté par la jeune génération. Durant l'été 1978, le groupe Bijou, situé dans la mouvance du nouveau rock français – représenté également par Téléphone ou Starshooter –, lui demande l'autorisation d'enregistrer « Les papillons noirs », « bijou » poétique créé en 1966 par Michèle Arnaud :

```
Aux lueurs de l'aube imprécise
Dans les eaux troubles d'un miroir
Tu te rencontres par hasard
Complètement noir...[80]
```

Flatté d'être sollicité par ces représentants du rock moderne, Serge accepte d'interpréter la chanson en duo avec eux, gravée sur *OK Carole*, leur second album. Il leur écrira même « Betty Jane Rose », un titre figurant sur un 45 tours ultérieur.

Entraîné dans ce tourbillon juvénile, Gainsbourg – qui n'a pas foulé les planches depuis 1965 ! –, accompagne Bijou sur scène où, affrontant son trac, il chante « Les papillons noirs » et « Des vents des pets des poums », face à un public de teenagers en liesse. Serge est aux anges !

Notre chanteur s'érige alors en phénomène social. Les adeptes de la presse branchée, de *Best* à *Rock & Folk*, le considèrent comme un des leurs, tout comme les punks, qui, à travers l'album *L'homme à tête de chou*, avaient perçu la vision prophétique de la décennie « No Futur ».

Notre artiste doit alors attiser la flammèche de ce succès foudroyant en composant un album qui embrase et embrasse la jeunesse.

Ainsi, en janvier 1979, Gainsbourg s'envole-t-il pour Kingston, en Jamaïque, afin d'enregistrer avec les musiciens de Peter Tosh et les choristes de Bob Marley.

[80]. « Les papillons noirs » (Serge Gainsbourg), 1966.

« C'est encore l'automne ». Une chanson qui refuse obstinément de sortir de ma tête, alors que je marche dans les rues du septième arrondissement par une fraîche matinée automnale vers l'appartement de Serge Gainsbourg, pour y rencontrer Bijou. Difficile de rêver mieux comme lieu de rencontre, alors que tout le monde parle de la collaboration Gainsbourg/Bijou. Je suis en avance et m'apprête à aller boire un café, mais en passant devant chez Gainsbourg, la porte s'ouvre et Serge apparaît. Je rentre et quelque temps après suis rejoint par Gilles le photographe, Jacky de chez Phonogram et enfin les quatre de Bijou. Je dis bien les quatre, car même si Jean-William Thoury ne joue pas dans le groupe, il en fait autant partie que Palmer, Dauga ou Dynamite, son rôle de parolier et de manager est très important. Et d'ailleurs, tout au long de l'interview, il parlera autant que les trois Bijou officiels. Bijou se révèlera fidèle à son image, ne parlant pas pour ne rien dire comme certaines mécaniques bien remontées qui à la moindre question répondent par une logorrhée déplacée, préférant donner des avis nets et caustiques. Avant de m'attaquer à Bijou, j'ai posé quelques questions à Gainsbourg, mais à une heure aussi indue que onze heures du matin il ne fallait pas s'attendre à des miracles.

Rock en Stock : Alors, où en est cette collaboration envisagée entre vous et Bijou ? Il y a déjà eu les « Papillons noirs », et vous deviez écrire une chanson spécialement pour eux.

Serge Gainsbourg : Il en est toujours question, mais ce n'est pas encore fait (peut-être quand vous lirez ces lignes). Ça me permettra de rentrer dans les hit-parades.

R. en S. : Il est question fortement que vous vous joigniez à Bijou le temps de quelques chansons pour leur passage à Mogador.

S.G. : Oh, une. Enfin, j'sais pas, je fais pas de projets d'avenir.

R. en S. : Qu'est-ce qui vous attire donc chez Bijou ?

S.G. : J'suis pédé.

R. en S. : C'est uniquement à ce niveau-là (faux air sérieux) ?

S.G. : C'est à l'horizontale, y'a pas de niveau, le cul est au niveau de la tête, c'est la position du tireur couché. Non, je blague.

R. en S. : Ce n'est pas une certaine attirance pour le rock ? Ou alors, c'est au niveau humain ?

S. G. : On se voit pas tellement. On ne se parle pas beaucoup, il y a de longs silences... éloquents, enrichissants. Si on prend le plan fric, les droits vont tomber dans six mois, hé hé.

Rock en Stock, n°20

1978 - 1980

Grâce à Bijou, Gainsbourg revient sur scène où il conquiert un nouveau public de teenagers...

1978 - 1980

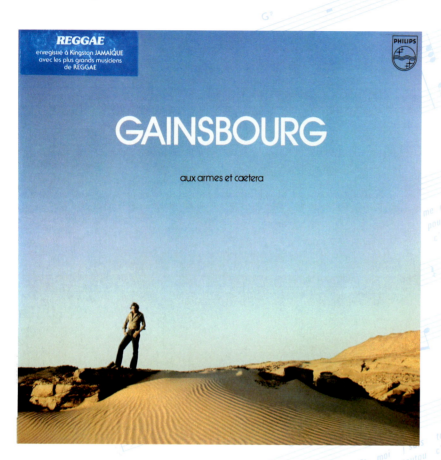

L'album *Aux armes et caetera*, commercialisé en mars, contient douze titres tous empreints d'une musicalité reggae.

Parmi eux, quelques reprises, dont « Marilou reggae dub », morceau extrait de *L'homme à tête de chou* (1976) – disque infiniment précurseur ! –, un remake de « La javanaise » et « Vieille canaille », un standard américain datant des années 30 : « You Rascal You », brillant d'un nouvel éclat dans son écrin jamaïcain.

Et également des créations originales comme « Lola Rastaquouère rasta », une chanson délicieusement licencieuse, voilée sous le fard de la litote[81], distillant une poésie puisée dans la mythologie antique, magnifiée par la voix de Serge échappée d'une secrète alcôve :

```
Elle avait de ces yeux un vrai chat abyssin
Et ses seins deux sphères
Entre lesquels j'abandonnais deux mois
de salaire
Pour y rouler mon pauvre joint...[82]
```

Ou encore « Des laids des laids », un autoportrait parodique installant la légende gainsbourienne, associée à une existence sursitaire excitée par les excès, et une prétendue laideur ici sublimée :

```
Pauv'toutou c'est moi qui bois
Et c'est lui qu'est mort d'une cirrhose (...)
La beauté cachée
Des laids des laids
Se voit sans
Délai délai...[83]
```

---

81. Figure de rhétorique qui consiste à atténuer l'expression de la pensée pour faire entendre le plus en disant le moins.
82. « Lola Rastaquouère rasta » (Serge Gainsbourg), 1979.
83. « Des laids des laids » (Serge Gainsbourg), 1979.

1978 - 1980

Gainsbourg en Jamaïque

Gainsbourg s'ennuyait. Il peut vous paraître nonchalant, mais c'est l'homme des décisions rapides. Il avait envie d'enregistrer un album de reggae. Aussitôt dit, aussitôt fait. Un billet Paris-Kingston-Paris, six jours en studio, et il revenait avec les bandes de Aux Armes et Caetera, son nouvel album. Un petit bijou. Alors nous sommes allés le voir pour lui demander si le voyage s'était bien passé.

Toute la Musique, n°3 - avril 79

Serge Gainsbourg Et caetera...

Un oiseau de nuit ébouriffé, le poil de travers et l'œil tendre, papa-gâteau et provocateur à ses heures : Serge Gainsbourg.

Il est l'homme du mystère, terré dans un appartement baudelairien, où tout est luxe, calme et volupté, mâtiné d'un rien d'érotico-barbare. Bonjour M. Sade ! Il est l'homme du fantastique, amoureux de la Petite Sirène d'Andersen et de Barbe-Bleue, l'imagination peuplée de princesses au visage lisse et de monstres merveilleux sortis tout droit de l'univers des contes de son enfance. Il est l'homme des disques d'or. Compositeur vedette, auteur du fameux Je t'aime, moi non plus.

Et le chanteur ? Un peu noyé, caché derrière l'image de sa bohème en or massif, vivant d'amour et de vodka, auprès d'une Jane Birkin serpentine. Une odeur de soufre enveloppe son personnage qui pourrait être dostoïevskien s'il n'était avant tout bien parisien...

Et du 22 au 30 décembre, le Tout-Paris sera sur son trente-et-un négligé, pour l'applaudir. Sur la scène du Palace, autre lieu parisien, Serge Gainsbourg, après dix-huit ans d'absence rechantera en public. Une sorte d'événement pour qui roule en Harley Davidson, chante la Javanaise, et aime le reggae, encore le reggae, toujours le reggae...Une musique venue d'ailleurs, de la Jamaïque. Musique instinctive, animale, sensuelle en diable. Car tout le spectacle est « reggae ». Entouré de ses « rastas », — (Sly, Sticky, Mao, les trois filles de Bob Marley, le pape du reggae), Serge Gainsbourg communiera avec le public dans une même amour pour ce rythme lancinant, en deux mots, magique.

« Le reggae est arrivé à temps dans ma vie, tout comme Jane d'ailleurs. »

Ce n'est pas un mince compliment. Jane, non pas la perle des Antilles, mais la reine de ses nuits blanches, sans qui il n'aurait pas connu le vrai bonheur.

« La polygamie détruit l'homme, je vote les yeux fermés pour la monogamie. »

Il vote également des deux mains pour cette aventure qui le conduit à cinquante-deux ans, au milieu de jeunes dont il pourrait être le père.

« C'est pas merveilleux ! Quand j'avais la trentaine, on disait, Gainsbourg, c'est un vieux, il est fini, il n'a plus rien à dire. Aujourd'hui avec mes 50 « balais », je suis de plus en plus dans la course. Je chanterai mes compositions préférées, celles qui correspondent à ce « feeling » animal et contestataire. Car elles sont toutes réorchestrées, mises au goût du jour. »

Ensuite ?

« J'évoluerai peut être vers une musique d'ordre symphonique, mais dans l'immédiat, après une tournée à Lyon, Strasbourg, Bruxelles, je jouerai dans le prochain film de Claude Berri « Les Hommes de ma vie » auprès de Catherine Deneuve, Gérard Depardieu et Jean-Louis Trintignant et je réaliserai « Black out » avec Isabelle Adjani et Jane. »

Black out, une histoire de coupure de courant en plein centre de Los Angeles. Pas étonnant de la part de ce diable d'homme positif-négatif.

Marion Thébaud.

Le Figaro - 15/12/79

À Kingston en Jamaïque, Gainsbourg enregistre son premier album reggae "Aux armes et cætera", avec les musiciens de Bob Marley et Peter Tosh

---

GAINSBOURG... ET CÆTERA
Aux Armes et Caetera - 30 cm n° 9101.218 - MC n° 7102.738

Le problème ayant toujours été pour moi de chercher des pulsations neuves, me décidais-je un jour de soixante-cinq, ou était-ce soixante-six peu importe, à traverser le channel et aller respirer l'air vicié des studios londoniens, cocktail de bière brune, stout, de thé au lait, tea break et de cendres de tabac au menthol, et dans un premier puis un second temps, électrisé par le dialecte cockney du bassiste, du batteur et leur feeling plus relaxe à mon sens que ceux que j'avais trouvés jusqu'alors, réussissais-je quelques jolis coups, docteur Jekyll et monsieur Hyde, la javanaise, Melody Nelson, vu de l'extérieur, rock around the bunker, l'homme à tête de chou, my lady héroïne, sea, sex and sun le coup du disco and so on, et le plus beau, que je ne suis pas prêt d'effacer de ma mémoire, ni la société des auteurs et compositeurs de ses tablettes, je t'aime moi non plus, je parle de coups bien sûr, certains des coups au cœur et d'autres, et pourquoi pas, des coups tout court.

Vinrent les punks qui m'étonnèrent un temps, Sid Vicious, le seul à mes yeux parce que, pensais-je avec prémonition, dangereusement logique et suicidaire, j'avais hélas vu juste, tête brûlée d'un mouvement qui m'aurait d'ailleurs subjugué, si je ne l'avais été quelque trente ans auparavant par Dada, Breton et la nausée de Sartre.

Que mettre, alors, sur ma platine sinon et toujours, Screamin' Jay Hawkins, Robert Parker, Otis Redding, Jimi Hendrix et puis ce qui m'avait réellement secoué ces trois dernières années, ska, blue-beat, rock-steady, reggae reggae reggae reggae.

Et je rêvais de Jamaïque, de sa musique sur laquelle si aisément on peut cracher ce que l'on a, instinctive, animale, primaire, pure et contestataire, violente, sensuelle et lancinante, si proche de l'Afrique, si loin du gris anglais et du bleu ciel de Nashville et L.A.

Bien. Je suis de retour de Kingston avec les musiciens de Bob Marley, des musiciens Rastas, mes amis de dix jours, que je revois encore Robbie Shakespeare, The I Threes, les trois filles de Bob Marley, entre autres : "Sly", "Sticky", "Mao", danser autour de la console, lors des mixages de mes titres.

1978 - 1980

Cet album événementiel, rapidement adopté par une jeunesse antiraciste découvrant le talent poétique et musical de Gainsbourg, est condamné par une France réactionnaire incarnée par Michel Droit, journaliste au *Figaro*. Celui-ci, comme ses pairs, ne pardonne pas à Gainsbourg d'avoir revisité la sacro-sainte « Marseillaise », intitulée « Aux armes et caetera » en allusion au refrain ainsi retranscrit dans le grand Larousse encyclopédique en six volumes où Serge recueillit les paroles. «(...) *on ne compte pas les artistes lyriques ou de variétés ayant chanté La Marseillaise (...). En revanche, la vomir ainsi – et je pense à un autre verbe moins châtié mais plus imagé – la vomir ainsi par bribes éparses, jamais nous n'avons entendu cela. (...)*»[84], déclare Droit, n'hésitant pas à qualifier notre artiste de « *provocateur à l'antisémitisme*»[85].

Touché à l'intérieur de son être vibrant d'un passé d'enfant juif persécuté, Serge lui répond dans une lettre ouverte, intitulée « L'étoile des braves », publiée dans le *Matin Dimanche* du 17 juin 1979 : « *Peut-être Droit, journaliste, homme de lettres, de cinq dirons-nous, membre de l'association des chasseurs professionnels d'Afrique francophone, cf. Bokassa 1er, officiant à l'ordre national du Mérite, médaillé militaire, croisé de guerre 39-45 et croix de Légion d'honneur dite étoile des braves, apprécierait-il que je mette à nouveau celle de David que l'on me somma d'arborer en juin 1942 noir sur jaune et ainsi, après avoir été relégué dans un ghetto par la milice, devrais-je trente-sept ans plus tard y retourner, poussé cette fois par un ancien néo-combattant, et serais-je donc jusqu'au jour de ma mort (...) un Juif de moins en France (...).* »

Derrière son masque de personnage provocateur apparemment imperturbable, Gainsbourg dissimule en fait une sensibilité à « fleur de mots », blessée par les injures discriminatoires. D'ailleurs, quel être humain pourrait se montrer imperméable à de tels propos bassement insultants ? « *On pourrait imaginer que Serge en rigolait. Il était profondément blessé, comme si quelqu'un lui disait en face que son visage non seulement le gênait, mais nuisait à sa respiration. Or, il pensait que même s'il choquait, on l'aimait.* »[86], confie Jane.

Et puis, qu'y a-t-il d'outrageux dans le fait qu'un interprète reprenne, à sa façon et dans un habillage musical qui lui sied, un hymne, fût-il national, dont il n'a pas déformé les paroles ? Des paroles en outre violemment désuètes : « *Qu'un sang impur abreuve nos sillons...* »

84. 85. *Le Figaro*, 1er juin 1979.
86. *Platine*, N° 34, octobre 1996, p. 22.

1978 - 1980

La version jamaïcaine de La Marseillaise, "Aux armes et cætera", provoque les foudres de Michel Droit, journaliste symbolique d'une France ségrégative et réactionnaire

« LA MARSEILLAISE » DE SERGE GAINSBOURG

M. Michel Droit : l'honneur de descendre d'un peuple persécuté

M. Michel Droit publie, dans le Droit de vivre, organe de la LICA (Ligue internationale contre le racisme et l'antisémitisme), une « lettre à un ami juif », dans laquelle il explique sa position hostile à la Marseillaise du chanteur Serge Gainsbourg :

« Ce que je reproche à Gainsbourg peut se résumer ainsi. D'abord, de s'être livré à une mauvaise action, comme Français, en profanant, à des fins mercantiles, notre hymne national. Mais aussi d'avoir pris, comme juif, l'inadmissible risque de fournir ce que j'appellerai un supplément de vitamines aux plus détestables incriminations des antisémites.

» Bien sûr, on me rétorquera, et on l'a déjà fait : « Mais si » Gainsbourg était Picard ou » Normand, catholique ou pro- » testant, vous n'auriez fait au- » cune allusion à son apparte- » nance provinciale ou reli- » gieuse. » C'est tout à fait exact. Mais il y a une évidente raison à cela. En effet, il n'existe pas, en France, d'antipicardisme ou d'antinormandisme. Quant aux guerres de religion, elles sont fort heureusement terminées depuis près de trois siècles.

» Ce n'est pas à vous que j'apprendrai, en revanche, qu'il demeure chez nous, hélas ! un antisémitisme latent qui a misérablement résisté à six millions de martyrs. Et aujourd'hui même on le voit réapparaître, ici et là, sous différentes formes. Parfois insidieusement édulcoré. Parfois impudemment affiché. (...)

» J'estime ainsi que lorsqu'on a l'honneur, parfois redoutable, de descendre d'un peuple persécuté depuis des millénaires, et qu'on exerce, en plus, un métier public, a fortiori un métier de créateur, on a également l'impérieux devoir de veiller à ce qu'aucun de vos actes publics, aucune de vos créations, puissent être utilisés contre la communauté à laquelle on appartient par les pires adversaires de celle-ci. »

Une lettre de M. Michel Droit

A la suite de la publication de lettres de lecteurs dans le Monde du 31 juillet, M. Michel Droit nous adresse une réponse qui nous paraît devoir mettre un point final à cette controverse :

Il n'est pire sourd, dit-on, que celui qui ne veut pas entendre. Et cette remarque, prise dans son sens le plus large, peut évidemment s'appliquer à plus d'un lecteur.

Je viens d'en avoir trois preuves nouvelles en découvrant, dans le Monde, trois lettres inspirées par ma réaction à l'odieuse Marseillaise de Serge Gainsbourg. Une fois de plus, il me faut donc bien répondre. Avec pourtant, je le confesse, une certaine lassitude.

Ainsi m'étais-je un jour permis de faire observer que Serge Gainsbourg était le premier citoyen français à se constituer une petite fortune en « interprétant » la Marseillaise — que tant de nos compatriotes ont chanté avant d'aller mourir — ou plutôt en la profanant. Bon. Cela, on me l'aurait à la rigueur pardonné. Mais n'avais-je pas cru devoir ajouter que les sinistres bataillons de l'antisémitisme, que six millions de martyrs n'ont pas réduits à l'inaction ni au silence, pourraient bien tirer de cette opération, tout à la fois blasphématoire et commerciale, de misérables arguments susceptibles de fournir quelques nouvelles vitamines à leurs plus méprisables campagnes ? Or, il paraît que redouter cela et le faire savoir était impardonnable.

Je n'ai jamais soutenu, bien sûr, que Serge Gainsbourg n'avait pas le droit de faire ce qu'il a fait et qui le regarde quelles qu'en soient les conséquences. Mais c'est à moi qu'on n'envoie pas dire que j'ai largement outrepassé mes droits en manifestant mes sentiments à cet égard et en écrivant donc ce que j'ai écrit.

Nous avons la chance de vivre dans un pays libre et adulte. Je pensais qu'on y pouvait ainsi exprimer certaines choses graves sans se faire aussitôt prêter des sentiments contraires à ceux que l'on n'a jamais cessé de manifester au cours de sa carrière et de sa vie. Eh bien, si j'en crois mes derniers correspondants, il semble que je me sois trompé.

Comme se trompent sans doute les dirigeants de la Ligue internationale contre l'antisémitisme et le racisme qui m'ont amicalement invité à venir m'expliquer là-dessus dans leur journal le Droit de vivre.

Seraient-ils antisémites sans le savoir, eux-aussi ?

Je commence à me le demander.

THEATRE Le PALACE
8, rue du Faubourg-Montmartre · 75009 Paris · Tél. : 246.10.87 · 770.44.37.

Depuis son spectacle au Théâtre de l'Est Parisien, en première partie de Barbara, et la tournée éprouvante qui s'ensuivit, remontant déjà à 1965, Serge Gainsbourg s'était refusé à monter sur les planches d'un music-hall. Fort du succès de son album, couronné disque de platine en moins de six mois, et de son incursion scénique encourageante auprès du groupe Bijou, il décide de se produire, du 22 au 31 décembre 1979, au Palace. Le Palace, une salle destinée à accueillir un jeune public friand de rock branché, tout à fait appropriée au style de concerts qu'il désire donner.

Accompagné par des stars internationales du reggae, dont Sly Dunbar (batterie) Robbie Shakespeare (basse), Sticky Thomson (percussions), Gainsbourg, devant un parterre fleuri de têtes illustres et de teenagers en délire, interprète un répertoire savamment relevé à la sauce rasta : « Aux armes et caetera », « Relax Baby Be Cool », « Marilou reggae dub », « Daisy Temple », « Brigade des stups », « Elle est si », « Pas long feu », « Les locataires », Docteur Jekyll et Monsieur Hyde », « Harley Davidson », « Javanaise remake », « Des laids des laids », « Vieille canaille », « Bonnie And Clyde », « Lola Rastaquouère rasta »...

Face à l'affluence du public parisien, Serge Gainsbourg, dont la renaissance est assurée, reçoit de nombreuses propositions de contrats. Ainsi, en janvier, organise-t-on une tournée qui doit faire escale dans les principales villes francophones : Lyon, Strasbourg, Bruxelles...

Après quinze ans d'absence scénique, **Gainsbourg est programmé au Palace** avec ses musiciens rastas

1978 - 1980

Toutefois, notre chanteur reçoit des menaces, de plus en plus radicales, de la part d'anciens parachutistes, outrés par sa version de « La Marseillaise », qui trouvent en lui une cible idéale.

À Lyon, le 3 janvier, le concert se déroule sans encombre. Le lendemain, Gainsbourg est programmé à Strasbourg où l'Union nationale des parachutistes a demandé aux associations patriotiques *« d'empêcher le chanteur de profaner La Marseillaise. Elle rappelle que c'est de Strasbourg que Rouget De Lisle avait lancé son chant de guerre pour l'armée du Rhin, qui allait devenir La Marseillaise. »*[87] La Fédération nationale des anciens combattants en Algérie, Maroc, Tunisie s'associe aux paras.

Bravant le danger, Serge décide toutefois d'honorer son contrat. Mais, refroidis par une alerte à la bombe dans leur hôtel strasbourgeois, ses musiciens ne répondent pas à l'appel.

Seul sur scène, face à une foule formée de fanatiques et de bérets rouges, il s'adresse ainsi au public : « *Je suis un insoumis qui a redonné à "La Marseillaise" son sens initial et je vous demande de la chanter avec moi.* » Affrontant sa peur, il entonne *a cappella* l'hymne national repris en chœur par des parachutistes interloqués, avant de quitter la salle sur un bras d'honneur.

Notre héros au poing levé prendra sa revanche lorsque, en décembre 1981, à l'occasion d'une vente aux enchères organisée à l'hôtel Rameau de Versailles, il se procurera pour la somme de 135 000 francs une version manuscrite de « La Marseillaise » dont Rouget De Lisle a ainsi transcrit le refrain : « aux armes etc. » « *C'était une question d'honneur. J'étais prêt à me ruiner. Je serais allé jusqu'à un million.* »[88]

87. *Le Monde*, 5 janvier 1980.
88. *Le Matin*, 14 décembre 1981.

MUSIC-HALL

Gainsbourg : au Palace, citoyen !

« J'imagine que c'est la dernière fois que je monte sur une scène. Ça fait dix-huit ans que ça ne m'est pas arrivé… » Du 22 au 30 décembre, Serge Gainsbourg va chanter reggae sur la scène du Palace, accompagné par les musiciens de Peter Tosh et de Bob Marley, avec lesquels il a enregistré à Kingston, Jamaïque, son dernier album : « Aux armes ecætera ».

Ce titre a curieusement réveillé sous quelque béret trop étroit un antisémitisme qui ne devait pas dormir bien fort : « Ne dites surtout pas son nom ! Il vous fera le coup du droit de réponse, il n'a jamais autant écrit à l'œil de sa vie. »

« Ça a l'air bête de dire que cette affaire m'a ennuyé, parce que j'ai quand même vendu trois cent cinquante mille albums, mais, au Palace, je donnerai "ma" Marseillaise, avec tous les couplets de Rouget de Lisle. Ça fera quinze minutes. »

L'Express - 22/12/79

Sur la scène du Palace

Les paras anti-Gainsbourg : « Il existe encore des Français »

Vendredi soir à Strasbourg, ils ont réussi à faire peur aux musiciens jamaïquains du chanteur. «Nous ne pouvons pas accepter cette "Marseillaise" profanatrice », ont-ils expliqué

Ils l'ont eue, leur *Marseillaise*. La vraie, la « conforme », la patriotique. Celle qu'eux, les paras, ont chantée en Algérie ou en Indochine. Etaient-ils contents, ont-ils tous compris que, peut-être, on se fichait d'eux ? En tout cas, vendredi soir, dans l'immense Hall Rhénus à Strasbourg, lorsque Serge Gainsbourg seul, sans accompagnement, a entonné, sous des projecteurs tricolores, les premières notes de l'hymne national, ils se sont dressés comme un seul homme, au garde-à-vous, pour chanter avec lui *(notre dernière édition de samedi)*.

Le concert s'est arrêté là. Car les musiciens jamaïquains de Gainsbourg, effrayés par les forces de police et par des alertes à la bombe, avaient refusé de jouer.

Serge Gainsbourg chantant « la Marseillaise » dans la versi de Rouget de L'isle

— GAINSBOURG —
Rouget-de-l'Isle a gagné

Serge Gainsbourg a chanté *La Marseillaise*, vendredi soir à Strasbourg, non pas sur le rythme reggae, mais le poing levé, dans la version de Rouget-de-Lisle, avant de quitter la scène où il devait se produire.

Le chanteur a, en effet, dû annuler son récital dans la cité rhénane — où est né l'hymne national — à la demande de ses musiciens jamaïcains, impressionnés par les remous et la polémique engendrés par le concert.

Une fausse alerte à la bombe avait en effet eu lieu quelques instants auparavant dans leur hôtel et des menaces anonymes avaient été proférées contre eux. Pour des raisons de sécurité, ils ont préféré remballer leurs instruments plutôt que de courir le risque d'être mêlés, avec leurs familles, à des incidents.

Avec une demi-heure de retard sur l'horaire prévu, Serge Gainsbourg est donc monté sur la scène du Hall Rhenus, dans le parc des expositions de Strasbourg, gardé par d'importantes forces de police et d'un service d'ordre privé appuyé par des maîtres-chiens, pour donner des explications aux quelques mille spectateurs. Laissant éclater son amertume, le chanteur a déclaré : « *Un groupe d'extrême droite a fait annuler ce concert, mes Jamaïcains viennent de Kingston et ce n'est pas leur problème* ».

Au garde-à-vous

« *...Ils ont été effrayés par l'importance des forces de police et une alerte à la bombe dans leur hôtel... Ils sont des révolutionnaires comme moi qui suis un insoumis, et c'est dans ce sens que je vais chanter La Marseillaise.* »
Il a alors entonné l'hymne national, le poing levé. Une cinquantaine d'anciens parachutistes venus distribuer des tracts tricolores et défendre « le Chant sacré » ont ôté leurs bérets rouges et se sont mis au garde-à-vous.

Gainsbourg a ensuite regagné les coulisses et pris immédiatement la direction de Bruxelles où il devait se produire samedi soir. Quant aux parachutistes, qui avaient pour certains décidé d'empêcher par une intervention physique « La Marseillaise-reggae », ils ont dû quitter la salle violemment hostile sous la protection de la police, tandis que des fumigènes empestaient l'atmosphère.

L'Humanité - 07/01/80

Le Matin - 07/01/80

En tournée, Gainsbourg reçoit des menaces de la part d'anciens paras scandalisés par sa reprise de La Marseillaise...

A Strasbourg, après la bataille de « la Marseillaise »
Gainsbourg en veut plus à ses musiciens qu'aux paras

Qui l'eût cru et pourtant... Ce sont deux cents parachutistes, leurs célèbres bérets rouges vissés sur la tête, leurs décorations sur la poitrine, qui ont repris en chœur, dans un impeccable garde-à-vous, « la Marseillaise » chantée par Gainsbourg. Il est vrai que ce n'était pas la version reggae, mais celle de Rouget de Lisle. Ainsi a pris fin, au grand désappointement des trois mille fans du chanteur, à la satisfaction des bérets rouges et la grande colère du chanteur trahi par son orchestre, une polémique de huit jours.

De notre correspondant Jean-Michel Eulry

Le Figaro - 06/01/80

1978 - 1980

LA MARSEILLAISE

Partition originale rédigée par Rouget De Lisle

Une des versions manuscrites de La Marseillaise que Gainsbourg s'est procurée pour la somme de 135 000 F

Bas les pattes devant « la Marseillaise »

Lorsque, il y a quelques années, Alain Delon avait acquis aux enchères publiques le manuscrit — ou du moins l'un des nombreux manuscrits — de l'Appel du 18 juin, nul n'avait pu nourrir le moindre doute sur la pureté des intentions et la transparence de cœur de notre grande star nationale et de plus patriote. De fait, c'est à l'Institut Charles de Gaulle que Delon avait fait don d'un texte qui, appartenant à la France, revenait tout naturellement aux gardiens du tombeau que somme une croix de Lorraine ! Nul ne peut, au contraire, être assuré du sort que réserve le sinistre Gainsbourg à la partition originale de « la Marseillaise », écrite de la propre main de Rouget de l'Isle, qu'il a arrachée l'autre soir de haute lutte, à l'hôtel des ventes de Versailles, pour la somme rondelette de 135 000 F ! Certes, l'immonde personnage s'est engagé à mettre sous verre le joyau historique qui est désormais sa propriété légale et à l'accrocher au-dessus de son piano. Mais peut-on faire confiance à l'auteur de « la Javanaise », au profanateur qui a osé mettre d'autres paroles, un autre air et un autre titre à l'hymne national et faire un tabac avec « Aux armes et caetera » ? L'homme, qui n'a pas craint de trousser de petits couplets sur l'air sacré et d'abreuver ses microsillons d'un chant impur, est capable de tout : aussi bien de cracher chaque matin sur ce que Rouget de Lisle, lui-même, appelait ses « vieilles sornettes », que de s'essuyer les pieds dessus, d'opérer un détournement en sol mineur, bref, de lui faire subir les derniers outrages ? Cela dit, ne sommes-nous pas tous un peu responsables ? Dans un pays où tant de bons Français font passer la frontière à leurs millions pour les soustraire aux féroces soldats d'un gouvernement illégitime, comment se fait-il qu'aucun patriote n'ait trouvé au fond de ses poches 135 000 F pour empêcher un rasta de mettre ses sales pattes sur « la Marseillaise » ! Pauvre France, comme dirait Jean Cau !

Dominique JAMET

Le Quotidien - 15/12/81

Un Gainsbourg peut en cacher un autre...

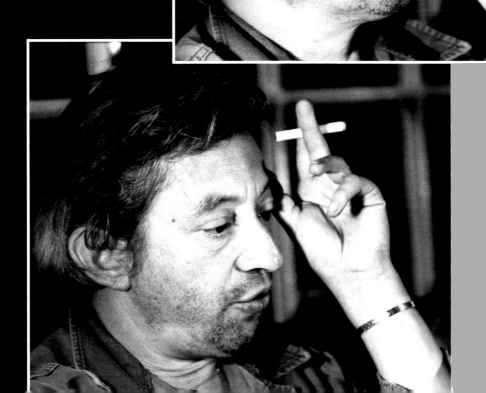

De Gainsbourg à Gainsbarre

1980 - 1983

Fort de sa consécration, Gainsbourg s'érige en mythe vivant...

Il fait son entrée au musée Grévin

En cette orée des années 80, grâce à son considérable succès discographique et un usage de la provocation – qui déchaîne parfois des scandales inattendus –, Serge Gainsbourg, ayant conquis le cœur des « p'tits gars » et des « p'tites pisseuses », va s'ériger en mythe vivant.

Pour se préserver des regards indiscrets des fanatiques et des intentions malveillantes de ses détracteurs, il a désormais clos d'un rideau métallique la façade de son hôtel particulier du 5 bis de la rue de Verneuil.

Son image emblématique a aujourd'hui acquis une valeur marchande. La publicité d'ailleurs s'en empare pour vanter la qualité luxueuse d'un célèbre costume, en procédant à une campagne d'affichage dans la France entière : « *Un Bayard ça vous change un homme – n'est-ce pas, monsieur Gainsbourg ?* »

1980 - 1983

Gainsbourg veut être maître avant Dieu

France Soir - 03/03/84

DONNANT, donnant. Serge Gainsbourg a offert de belles vacances de neige à Charlotte, la fille qu'il a eue avec Jane Birkin. Dans quelques semaines, Charlotte interprétera deux chansons en compagnie de son papa. C'est ainsi que dans le show-biz fonctionnent les bonnes familles.

Mis en appétit par la douzaine de films publicitaires grassement payés qu'il a déjà signés et par le succès mitigé d'« Équateur », son premier long métrage, Serge Gainsbourg se sent de plus l'âme d'un Coppola :

— Le cinéma est l'un des rares médias où l'on soit maître avant dieu. Et puis je préfère ne pas faire l'acteur puisque sous prétexte que j'ai une gueule de troisième couteau on ne me propose que des rôles de troisième couteau. L'adaptation pour l'écran de « J'irai cracher sur vos tombes », de Boris Vian me tente beaucoup.

Pour l'heure, le plus laborieux des paresseux travaille à un journal complètement imaginaire que lui a commandé Gallimard :

— J'ai toujours refusé de livrer à un éditeur puis à des lecteurs, mon journal intime. Le style « qui-baise-qui » ne m'intéresse pas, bien que j'ai, dans ce domaine, déjà effectué un véritable parcours du combattant. Je ne tiens pas de liste à jour et je préfère garder pour moi tout seul mon jardin secret.

Pour qu'il soit vraiment secret il faudrait peut-être sur-élever légèrement le mur de la vie privée...

Sa "valeur marchande" est utilisée par la publicité

Drink Gainsbourg and Becker !

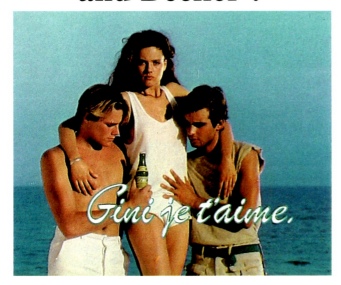

On a d'abord pensé à Jean-Jacques Beineix, le réalisateur de "Diva", pour réaliser les deux films (la Plage et le Loft) avant d'opter finalement pour Serge Gainsbourg. « On lui a donné les principaux éléments à intégrer et il a fait le reste. » Au feeling toujours, sans story-board, ni découpage précis. Gainsbourg, qui est la véritable vedette de ces deux films (images, musique, voix et signature à l'écran), a apporté tout le poids de sa personnalité, son univers ambigu et transgressif (le couple à trois). Chaque plan du film laisse transpirer une atmosphère un peu lourde, très intense, présente. « J'ai travaillé sur ces deux films comme sur un long métrage », dit-il. L'association Gini-Gainsbourg devrait se poursuivre pour le prochain film qui sera tourné en septembre.

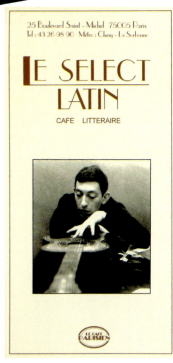

Première, n°77 - 08/83

1980 - 1983

"Mets ton masque à gaz Sokolov
Que tes fermentations anaérobies
Fassent éclater les tubas de ta renommée
Et que les vents irrépressibles
Transforment abscisses et ordonnées
En de sublimes anamorphoses"

Au printemps 1980, Serge publie son premier et unique roman, *Evguénie Sokolov*, à la NRF (Nouvelle Revue Française), créée en 1908 par Eugène Montfort et André Gide, du beau monde en effet ! Dans ce conte parabolique, notre écrivain en herbe raconte l'histoire, pamphlétaire et scabreuse, d'un peintre solitaire dont le génial vibrato du dessin est dû à une malformation : « *Chaque flatulence agit par impulsions sur son bras et donne à sa main la fonction de sismographe.* » Ce récit à succès – réédité chez Folio –, de facture autobiographique, permet à Gainsbourg de régler ses comptes avec sa carrière de peintre avortée, tout en brossant le portrait d'un artiste pétomane qui se détruit sciemment pour une gloire qui le détruit à son tour. Évocation symbolique de la métamorphose de Gainsbourg en Gainsbarre, personnage inventé de toutes pièces, évoluant selon la dynamique subversive et vendeuse de la provocation. « *J'ai envie de secouer les gens et quand vous les secouez, il en tombe quelque chose... pièces de monnaie, pièces d'identité, livret militaire.* », déclare Serge au micro de Bernard Pivot.

1980 - 1983

Sur le tournage de *La Fille prodigue* de Jacques Doillon, jeune réalisateur dont le charme ne lui est pas indifférent, Jane Birkin, au plus bas de sa carrière cinématographique, observe un Serge Gainsbourg qui lui échappe. Savourant son ascension fulgurante, il rentre ivre mort aux heures du petit matin où il déchaîne parfois des violences conjugales, et exhibe son image cynique à la télévision où on l'invite de plus en plus fréquemment pour gonfler l'audimat. Bref, il n'est plus disponible pour celle qui, au creux de la vague, a besoin d'être protégée par des remparts d'amour. « À mon avis, le changement s'est produit au moment des concerts au Palace ; il y avait Gainsbourg, Gainsbarre s'y est greffé. Gainsbarre, c'est le vantard. La majorité parle, tout d'un coup. Avant, il y avait cette marginalité, la difficulté, le côté mal-aimé. C'est lui aussi, ça. Mais Gainsbarre a pris le dessus, c'était fatal, c'était normal que ces événements changent quelque chose. Désormais, Serge appartenait au public, je devais l'admettre, même si j'éprouvais parfois une certaine nostalgie. », déclare Jane Birkin.

En septembre 1980, Jane Birkin, emmenant avec elle ses deux filles, Kate et Charlotte, quitte Serge Gainsbourg. Événement marquant la fin d'une idylle légendaire de douze années dont la presse s'empare.

Sensible à son profond désespoir – qui demeurera irrémédiable –, Jane propose de renouer avec Serge. Orgueilleux et fataliste, celui-ci refuse. Ainsi se répand-il en propos pathétiques, le 9 novembre, sur l'antenne d'Europe 1, dévoilant sa véritable personnalité d'écorché vif : « *À 52 ans je vis mon premier chagrin d'amour. Et je sais qu'il est aussi violent et même plus que si j'en avais 20. Si certains qui m'écoutent me prennent pour un cynique, ils doivent savoir que cela fait des mois que je pleure des larmes brûlantes, de vraies larmes (…). Je n'ai jamais été aussi malheureux qu'aujourd'hui.* »

Son hôtel particulier a quelque peu changé depuis le départ de Jane Birkin : Serge Gainsbourg a entassé une foule d'objets dans le living — les uns beaux, les autres étranges, de quoi faire pâlir d'envie plus d'un antiquaire ! — et, dans le boudoir désert, il a installé une magnifique collection de poupées, comme pour le meubler de fantômes !...
Il a l'air de vivre perpétuellement avec une cigarette aux lèvres et un verre à la main, mais travaille en réalité sans arrêt : simultanément, il prépare un film, écrit un livre, achève un album de photos, toutes réalisées avec un objectif grand-angulaire, écrit des chansons pour lui mais aussi pour Catherine Deneuve, bientôt pour Isabelle Adjani et... toujours pour Jane Birkin !
Lorsqu'il parle de cinéma, Serge Gainsbourg s'exprime facilement, sans l'ombre d'une hésitation et de manière tout à fait audible... Mais il suffit qu'on aborde des sujets plus personnels, qu'on évoque sa vie privée, et sa voix devient à peine perceptible, ses propos prennent des allures de confession : cette extrême pudeur prouve que la blessure de la séparation n'est manifestement pas encore tout à fait cicatrisée...
Pourtant, sur le plan professionnel, il a toutes les raisons de jubiler : à 53 ans, il jouit d'un immense succès, d'une cote de popularité plus élevée que jamais ! Témoin : le disque de platine qu'il vient de recevoir pour 400.000 albums vendus ! Or, de son propre aveu, Serge Gainsbourg n'avait pas eu le moindre disque d'or en trente ans de carrière !

Gainsbarre dépare, Birkin se barre, Gainsbourg s'égare...

— Ah, il ne faut pas toucher à Jane! Elle n'est plus là, mais elle est toujours dans mon cœur, on ne vit pas impunément douze ans avec un être humain sans qu'il y ait des séquelles indélébiles.
— Le fait d'avoir été quitté ne vous a pa rendu agressif?
— Non, je ne suis pas agressif, j'ai beaucoup souffert, j'ai même pleuré des larmes physiques, longtemps! Je ne pensais pas qu'on pouvait pleurer à 52 ans... Maintenant j'en ai 53, les blessures se cicatrisent, mais les cicatrices sont à jamais dans ma tête. J'en ai drôlement bavé, c'était si imprévisible...
— Pensez-vous que le temps arrange toujours les choses?
— Je ne le pense pas. Je suis revenu à la polygamie, c'est-à-dire comme je vivais avant Jane, mais pas de gaieté de cœur...
— Pensez-vous que c'est vraiment fini entre vous?
— Oui, certainement.
— La solitude, est-ce quelque chose que vous assumez bien?
— Oui, je crois. A mon age, ce n'est pas mal, la solitude. Arrivé à ce stade de connaissance des femmes et de blessures, la solitude n'est pas mal, d'autant plus que cela n'implique pas nécessairement l'absence de jeunes filles... La seule différence, c'est qu'elles passent comme lors d'un défilé de haute couture.
— Donc, vous n'envisagez pas de revivre à deux...
— Non, parce que je pense que Jane sera la dernière femme qui ait compté dans ma vie. C'est ce que je pense aujourd'hui. Mais peut-être que la promiscuité, le temps, me feront changer d'avis.
— Est-ce bien, à vôtre age, de recommencer à vivre de cette façon, c'est-à-dire comme un jeune homme?
— Eh bien voilà... Vous donnez la réponse : comme un jeune homme! Avoir des jeunes filles qui pourraient êtres mes filles, ce n'est pas désagréable, en définitive.

Cinérevue, n°41 - 08/10/81

1980 - 1983

Avec Gérard Depardieu

Durant cette période, Serge, qui n'a pas tourné en tant qu'acteur depuis 1975, accepte de figurer, aux côtés de Jean-Louis Trintignant, Gérard Depardieu, Alain Souchon et Catherine Deneuve, à l'affiche de *Je vous aime*. Dans ce film de Claude Berri, il campe un chanteur qui, noyé dans les nuits blanches d'alcool et de tabac, fait souffrir son amante à qui il en fait voir de toutes les couleurs. Ce rôle, en phase avec sa récente séparation, attise en lui de vives blessures amoureuses qui sensibilisent la belle Catherine, épaule confidente et consolatrice. « *Elle ne m'a pas seulement aidé à sortir d'une mauvaise passe : peut-être est-ce grâce à elle que je ne me suis pas flingué.* »

Gainsbourg renoue avec le cinéma en jouant dans "Je vous aime" de Claude Berri

1980 - 1983

Avec Catherine Deneuve,
épaule confidente
et consolatrice,
qui l'aidera à se remettre
du départ de Jane

Avec elle il chante « Dieu fumeur de havanes », un joli slow, mêlant deux voix empreintes de sensualité – inscrit au générique du film –, couronné d'un succès honnête :

```
Tu n'es qu'un fumeur de Gitanes
Je vois tes volutes bleues
Me faire parfois venir les larmes aux yeux
Tu es mon maître après Dieu...[89]
```

Le 27 décembre 1980, ils l'entonnent en duo sur le plateau de *Stars*, mémorable émission animée par Michel Drucker au cours de laquelle Serge, simulant un état d'ivresse, fait mine de surprendre Catherine Deneuve en tentant de la caresser indécemment. En se livrant à cette scabreuse facétie – bientôt entérinée par d'autres, plus « scandaleuses » –, Gainsbourg prouve qu'il a définitivement maquillé son désespoir sous les traits de Gainsbarre.

En 1981, il compose pour sa nouvelle égérie l'album *Souviens-toi de m'oublier* – où figure « Dépression au-dessus du jardin », texte sublime – qui, conçu à la hâte, sera l'objet d'un échec retentissant, au grand dam de son créateur.

[89]. « Dieu fumeur de havanes » (Serge Gainsbourg), 1980.

— Prenez-vous un malin plaisir à jouer des personnages agressifs et déplaisants, comme dans « Je vous aime », de Claude Berri?
— D'abord, cela m'a changé les idées, car vous savez que j'ai eu des malheurs sur le plan personnel, et puis comme c'était assez proche de moi, je n'avais pas à jouer un rôle de « décomposition », en quelque sorte.
— Pour interpréter ce personnage, n'avez-vous pas pris plaisir à charger un peu?
— Peut-être! En fait, non... Je peux être plus violent! Je m'exprime en pleines et déliées... Et je dis que la violence, ce sont des pleurs.
— Mais préférez-vous jouer un personnage proche du vôtre?
— Je ne pense pas que je pourrais un jour tenir un rôle de composition. On me prend pour ce que je suis. Une performance d'acteur, je ne sais pas ce que c'est!

Cinérevue, n°41 - 08/10/81

1980 - 1983

Après avoir écrit les paroles de "Manureva", **Serge collabore à l'album "Amour Année Zéro" d'Alain Chamfort**

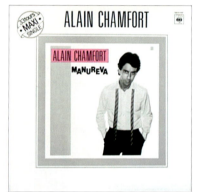

Dans le même temps, après lui avoir écrit les paroles de « Manureva » (1979) – un hommage au navigateur Alain Colas, emporté par sa passion déferlante, gravé sur un 45 tours couronné d'un succès colossal –, Serge accepte une nouvelle collaboration avec Alain Chamfort qui enregistre l'album *Amour année zéro*. Il lui écrit plusieurs titres, dont les superbes « Bambou » et « Malaise en Malaisie », puis, entraîné dans le tourbillon de ses dérives alcooliques et son désespoir amoureux, abandonne le chanteur, groggy, à sa création solitaire…

Ecce homo...

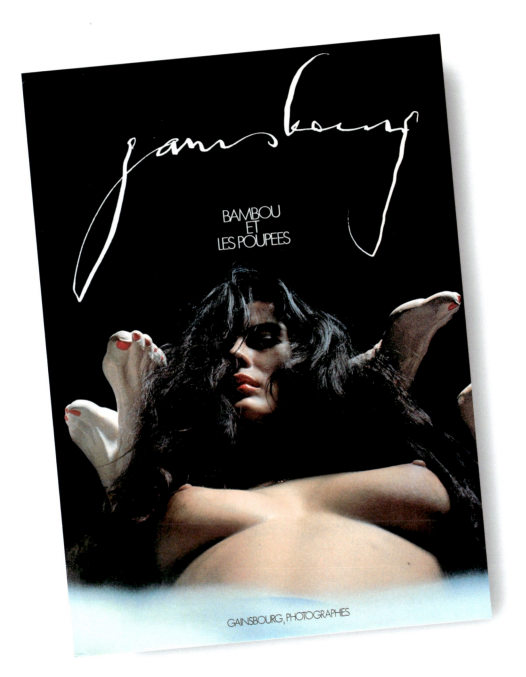

Au printemps de 1981, Gainsbourg annonce officiellement sa liaison avec une Eurasienne de 21 ans, mannequin chez Paris-Planning, une créature évanescente d'une beauté plastique proche de la perfection, qu'il rencontra, fin 1980, à L'Élysée-Matignon – un night-club fréquenté par les plus éminents représentants du show-business et les autres…

Avec Caroline, dite « Bambou », la femme de sa mort, Serge scellera une union amoureuse mouvementée façon « Je t'aime moi non plus », hantée jusqu'à sa fin par les silhouettes d'Éros et Thanatos. « À mon petit papa que j'aimerai toujours », ainsi avoue-t-elle ses sentiments à un Gainsbourg fasciné par cette jeune junky plongée dans les affres de l'autodestruction, qui déploiera tout son amour pour la sortir avec succès de l'enfer de la drogue.

Afin de la présenter au public de façon créative, notre esthète lui consacre un ouvrage illustré, *Bambou et les poupées*, consacrant sa beauté charnelle capturée entre les griffes de ses photos et ses mots.

BAMBOU AIME GAINSBARRE

Si on déconnait, on dirait que dans son landau Bambou regardait les régiments qui passent. Que, plus tard, aux premières chaleurs de ses quinze printemps, elle rêvait, les genoux serrés, des Hussards de l'amour, de leur grand sabre au clair (de sa lune) et de leurs charges érotiques... Qu'après l'Ecole des enfants de croupe, elle fit Sein-Cire, dans la promotion Gainsbourre...

Mais on ne débloque pas. Vous voyez Bambou en plein kaki, dans le régiment de Chambrée-Meuse ? Avec un lit de camp vrai lit de con. Un battle-dress qui ne dresse personne, Gainsbarre excepté. Et un casque (encore que, pour les pompiers) ?

Bambou jouant au petit soldat, c'est encore une idée de Gainsbourg, une manière qu'a ce zèbre-là de régler ses comptes avec ses fantasmes en jouant la loi de Joffre et de la demande. Tout ça, en fin de conte, pour dire merde à Vauban. Le coup de Bambou : un argument-Massu. Moi, j'ai dit Bigeard ? (Le tir est réglé différemment, il bas de soie, dans le livre Bambou et les poupées, Editions Filipacchi).

Avec Bambou, créature de rêve, Gainsbourg scelle une liaison d'amour à mort

« Serge, je l'ai rencontré à L'Élysée-Matignon. À l'époque, j'étais mannequin chez Paris-Planning. Il y avait des soirées comme ça, et je n'y allais jamais. Ce soir-là, j'y suis allée. Je dansais sur la piste quand le patron de la boîte est venu me dire : "Il y a un monsieur Gainsbourg qui exige que vous alliez à sa table." J'ai dit : "Ah, ce vieux con ! qu'il aille se faire foutre", et je suis retournée m'asseoir. Serge a amené son champagne, son seau et tout, et il a dit : "Bon tu ne veux pas venir à ma table, je viens à la tienne." Ça a commencé comme ça. J'ai pas de gueur d'ondes. »

Il sortait des normes, et ça l'amusait. Je trouvais ça plus vrai. Quand on s'est connus, il m'a dit : "Ma petite cocotte, on est sur la même longueur d'ondes." Je crois qu'il allait très mal, et je n'allais pas très bien. On s'est aidés. Il se rappelait davantage du passé que du présent, de toute son enfance et de l'étoile jaune qu'il avait portée. Serge est né en France, et il a vécu la guerre. Il se souvenait des choses lointaines. Peut-être parce que c'était trop moche. Il regrettait la peinture. Il pensait qu'il avait choisi la facilité. S'il était encore là, je suis sûre qu'il aurait fait une toile d'enfer. Juste une, pas deux. C'est ce qu'il voulait. Quand je l'ai connu, il vieillissait, il se foutait de son aspect physique. En fait, il ne s'en foutait pas. Il savait que tout ce qu'on a à l'intérieur, ça ressort sur la gueule un jour ou l'autre. Serge avait une pureté que peu de gens ont, et qu'il a gardée. Il allait souvent mal, il était toujours en dépression. Il disait : "Peut-être que je suis à côté de mes pompes, que je suis un vieux con, que ce que je fais c'est de la merde et j'en suis pas conscient, mais j'espère que tu me le dirais." C'était aussi une façon de se rassurer, comme tous les gens incertains. Il se trouvait tellement laid qu'il ne pensait pas pouvoir vivre une grande histoire d'amour avec une très belle femme. Il était très attaché à ses parents. Et à ses enfants, quand il décidait d'être père, Serge était vraiment un papa extraordinaire, avec plein de principes. Ses principes, je les garde. C'est de la dignité avant tout. C'est peut-être pour ça qu'il a inventé Gainsbarre, une façon de dire qu'il y avait vraiment deux personnages en lui, et qu'il en était conscient.

1980 - 1983

En 1981, Gainsbourg enregistre "Mauvaises nouvelles des étoiles", son second album reggae...

En septembre 1981, Gainsbourg se rend aux Bahamas pour enregistrer *Mauvaises nouvelles des étoiles* – titre emprunté à un tableau de Paul Klee ornant les murs de son hôtel particulier –, un nouvel album jamaïcain réalisé avec les mêmes musiciens que le précédent.

Dans « Ecce homo », le titre-phare du disque, notre artiste met en scène, à l'intention des « p'tits gars », son double dont il dit « *Quand Gainsbarre se bourre, Gainsbourg se barre* ». Consensuel, Serge privilégie ici la récréation au détriment de la réelle création. À travers l'ambiance musicale, caractérisée par un usage systématique du talk-over ponctué par les harmonies limitées du reggae dont il semble exploiter le filon, et la poétique, fondée sur des rejets parfois douteux, on a l'impression qu'il s'autoparodie. Mais reconnaissons toutefois que l'ensemble, présentant l'image légère mais légendaire du chanteur qui renaît de ses cendres, est sympathique dans son aspect drôle et destroy :

```
On reconnaît Gainsbarre
A ses jeans et à sa bar-
Be de trois nuits ses cigares
Et ses coups de cafards 90
```

Cet opus contient des réussites convaincantes. Parmi elles : « Mickey Maousse », chanson habilement écrite par un expert en matière de double sens, conciliant la candeur du candi et la licence du non-dit – cf. « Les sucettes » –, juteuse comme un fruit de la passion jeté sur une jeunesse avide de provocation :

```
J'ai un Mickey Maousse
Un gourdin dans sa housse
Et quand tu le secousses
Il mousse
J'ai un Mickey Maousse
Une paire de pamplemousses
En avant toutes et tous
Je pousse 91
```

90. « Ecce homo » (Serge Gainsbourg), 1981.
91. « Mickey Maousse » (Serge Gainsbourg), 1981.
92. « Shush shush Charlotte » (Serge Gainsbourg), 1981.
93. Dont il dit dans « Negusa Nagast » : « *L'homme a créé des dieux l'inverse tu rigoles/Croire c'est aussi fumeux que la ganja…* »
94. « Juif et Dieu » (Serge Gainsbourg), 1981.
95. « La nostalgie camarade » (Serge Gainsbourg), 1981.

Ou ce titre tendre et touchant dédié à Charlotte, Lolita dont il est l'auteur, qui vient d'atteindre ses 10 ans et ne cessera de l'émouvoir et l'émerveiller :

```
Tu es une petite Charlotte
Aux pommes à l'aube aux aurores boréales
Quand tu t'enfiles tes céréales
Avant le lycée polyglotte
Tu as peur d'être en retard et je te dis
Shush shush shush Charlotte 92
```

Dans cet album, Gainsbourg se fait également plus grave. N'ayant pas digéré les propos antisémites à son égard de Michel Droit – cf. pp. 116-117 –, ni les menaces violentes des anciens parachutistes, il s'offre un délicieux droit de réponse destiné au premier et aux seconds :

```
Et si Dieu 93 était juif ça t'inquiéterait
petite
Sais-tu que le Nazaréen
N'avait rien d'un Aryen
Et s'il est fils de Dieu comme vous dites
Alors Dieu est juif
Juif et Dieu 94
```

```
Qu'est-ce qui t'a pris bordel de casser
la cabane
De ce panoupanou puis sortir ton canif
Ouvrir le bide au primitif (…)
Qu'est-ce qui t'a fait prendre cette fille
diaphane
Contre son gré et sous ses griffes 95
```

Cette dernière chanson, « La nostalgie camarade », ressuscitant la cruauté d'un passé colonialiste, déchaînera de nouveau les foudres des anciens paras. Par la suite, Gainsbourg les narguera en arborant leur insigne ou une barrette d'officier supérieur.

1980 - 1983

Durant les années qui vont suivre, Gainsbourg utilisera régulièrement le petit écran comme un outil médiatique exhibant Gainsbarre, son double éthylique, expert dans l'art du scandale. Pourquoi cette provocation à chacune de ses apparitions ? « *Je ne suis pas agressif ! Je suis un provocateur. La provocation fait bouger les gens, fait avancer les choses. C'est presque un devoir pour un artiste. Et cela n'a rien à voir avec l'agressivité. Je suis un garçon gentil !* »

Cette provocation est sans doute due à un inguérissable manque d'amour, manifesté par un besoin de se faire remarquer à tout prix, quitte à susciter la haine – qui n'est que de l'amour à l'envers – et à un désir de lutter contre la raison raisonnable. Et peut-être aussi à une obsession, celle d'appâter, d'épater son public formé majoritairement d'adolescents.

Ainsi, en choquant les personnes appartenant à la force de l'âge, Serge est-il assimilé à une jeune génération qui l'a adopté. La provocation devient donc son élixir de jouvence, son antidote contre la mort qui s'avance, menaçante.

Lorsque Gainsbourg utilise avec dextérité son cynisme décapant pour combattre les institutions, écorcher les mentalités pudibondes, bien-pensantes ou réactionnaires, sa provocation répond à une nécessité « hygiénique ». En revanche, ses dérapages verbaux et ses attaques personnelles ont porté atteinte à l'intelligence et la dignité d'un Gainsbarre égaré dans le labyrinthe de l'alcool – je pense notamment à son altercation avec Guy Béart, le 26 décembre 1986, au cours d'un numéro d'*Apostrophes* consacré à la chanson et à ses propos insultants à l'égard de Catherine Ringer, dans une émission de Michel Denisot diffusée sur Canal +, le 4 mars de la même année.

Le samedi 3 janvier 1982, Serge est invité sur TF1 dans *Droit de réponse*, un débat télévisé animé par Michel Polac, fondé sur la confrontation de diverses personnalités d'opinions divergentes. Autour de l'éminent professeur Choron, François Cavanna, Renaud, Jean-François Kahn… et certains journalistes d'extrême droite discutent au sujet de la mort du magazine *Charlie-Hebdo* – aujourd'hui réédité. Dans une ambiance de foire à la bière, agitée et cacophonique, apparaît alors un Gainsbarre très éméché, lâchant des flatulences, gonflant des baudruches phalliques et insultant ainsi les collaborateurs de *Minute* : « *Les paras, je les ai mis au pas.* » Sa prestation décalée a-t-elle atteint sa cible ?

> … pendant que Gainsbarre enchaîne, avec plus ou moins d'éclat, ses diverses provocations… notamment relayées par la presse américaine

Paris Passion, n°59 - janv./fév. 59

1980 - 1983

Plus sérieusement, le 11 mars 1984, Gainsbourg se trouve sur le plateau de l'émission dominicale, *7 sur 7*, afin de commenter l'actualité hebdomadaire. Dans une époque où le gouvernement socialiste a instauré un impôt sur les grandes fortunes à 74 %, Serge s'insurge contre le « racket » de l'État en saisissant un billet de 500 francs qu'il enflamme : « *Il faut quand même pas déconner ! Ça c'est pas pour les pauvres, c'est pour le nucléaire !* ». Puis il l'éteint en montrant à la caméra le tiers qu'il lui reste. Cette « démonstration » illégale – il est formellement interdit de détruire des billets appartenant à la Banque de France – ne lui vaudra pas de poursuite juridique dans la mesure où, le Parquet de Paris jugeant son geste comme une « plaisanterie douteuse », le blanchira. Par contre, dans un contexte marqué par le « charity business », ce geste considéré comme indécent vis-à-vis des chômeurs et des smicards, provoquera un scandale – la presse publie des articles diffamants et, rue de Verneuil, les lettres d'insultes affluent. Un scandale démesuré quand on sait que le spectacle des agriculteurs contestataires déversant sur les routes des tonnes de fruits et légumes, sous l'œil de téléspectateurs démunis, ne choque plus personne... Somme toute, Serge, dont on connaît la générosité discrète, n'a fait qu'effleurer le tabou de l'argent qu'il n'a dérobé à personne. On peut même considérer qu'il a réalisé un coup de maître en protestant courageusement contre le fisc, fort envahissant dans l'hexagone.

En expert du cynisme, Gainsbarre poursuit ses actes délicieusement immoraux.

Le 5 avril 1986, dans son émission *Champs-Élysées*, Michel Drucker le présente à la célèbre chanteuse américaine Whitney Houston qui adresse à notre artiste une formule de politesse. Non indifférent à son charme juvénile, Gainsbarre, « l'eau à la bouche », rétorque : « *I want to fuck her* » face à un animateur troublé qui traduit ses propos de façon imagée : « *Il dit qu'il aimerait bien vous compter fleurette.* » Gainsbarre persiste et signe : « *Pas du tout, j'ai dit que j'aimerais bien la baiser.* » Jeune, naïve, et habituée à l'ambiance pudibonde et affectée des grands shows américains, la chanteuse est littéralement consternée !

En 1984, Gainsbourg publie l'album *Love On The Beat* – sur lequel nous reviendrons –, contenant la sulfureuse chanson, écrite sur un thème de Chopin : « Lemon Incest ». En donnant la réplique à Charlotte, Gainsbarre effleure là, de ses lèvres chastes et pudiques, le tabou suprême : celui de l'inceste. Ce duo iconoclaste en choquera plus d'un et de façon disproportionnée. Certes, les mots susurrés par sa fille dans le souffle sensuel d'une montée d'orgasme sont troublants ; aussi troublant que le clip exhibant un Gainsbourg torse nu frôlant une Charlotte aux jambes dévêtues. Mais le refrain, clair et formel, dissipe tout ambiguïté : « *L'amour que nous n'ferons jamais ensemble/Est le plus rare le plus troublant/Le plus pur le plus émouvant...* »[96] Il s'agit donc là de l'expression d'un lien affectif profond entre une fille et son père, amant symbolique idéal dans les fantasmes communs d'une enfant en construction amoureuse. Notons à quel point Gainsbourg est doué pour mettre en scène la fausse dérive des sentiments.

Dans son ultime album, *You're Under Arrest* (1987), Gainsbourg reprendra « Mon légionnaire », cette chanson créée par Marie Dubas, puis popularisée par Piaf en 1937. En jouant avec sa tentation homosexuelle, il se mue avec aisance en icône gay made in eighties, attirée par l'ardente virilité de l'uniforme militaire : « *J'sais pas son nom, je n'sais rien de lui/Il m'a aimé toute la nuit mon légionnaire...* »

---

96. « Lemon Incest » (Serge Gainsbourg/Chopin), 1984.

GAINSBOURG, BOMBE SEXUELLE

Pochette travelo boche chlorotique et onguleuse, atmosphère de back-room cloaqueux, son funk ; c'est le nouveau masterpiece de Monsieur Aux Armes Etc : Love On The Beat. LP cul, interview sex, photos intimes.

Hurlements

S.G. — Hé... évidemment, une gonzesse, ça prend son pied, ça hurle, hein... J'ai une vision qui est toujours dans ma rétine, quand j'étais gamin, d'une petite putain, mignonne, qui n'a pas arrêté de *mâcher* du chewing gum sous moi. Ça, c'était atrocité. Bon, il y a des filles qui envoient quelques gémissements, qui couinent comme des rats... c'est pas bien. Il faut des hurlements. Une fille silencieuse, c'est... effrayant. On lime dans le néant.

Calibre

S.G. — Si une fille est un cloaque immonde, moi je suis un cure-dent. Mais si elle est coincée, moi je suis un nègre. Nègre Ray Ban, dans le nez, gourdin. Ça, c'est encore des légendes monstrueuses, parce que j'en ai vu qui avaient que dalle : fantasmes de gonzesses et de pédérastes. Donc calibre, c'est fourreau. Il y a trois fourreaux : celui avec les dents, celui que le judéo-christianisme permet pour procréer, et puis l'autre. Précieux... évidemment, c'est plus restreint, et plus contracté, donc plus intéressant pour moi... Quand j'ai été initié au sadisme par le mec du même nom il y avait un héros, dans *Juliette, Les malheurs de la vertu* — c'est pas Juliette... non, *Justine!* — il y avait un mec, un noble d'ailleurs, qui se mettait en fureur dès qu'il voyait un con ! Il voulait voir des culs. Il se mettait en fureur !... Eh bien, je suis un peu comme ça. Parce qu'un cul, moi je dirais, c'est pullman ; et un con c'est le wagon à bestiaux.

Performance-limite

S.G. — Moi, j'avais mes plans à trente, trente-cinq balais : je pouvais m'enfiler cinq gonzesses à la suite mais en décidant de ne pas envoyer la sauce. On a des balls, des pamplemousses quoi, et le corps ne peut pas régénérer le foutre comme ça. On n'est pas des kalachnikofs ! On est bazooka, voilà. Pan ! Donc être self-control, c'est ça mon plan. Et quand j'étais un tombeur frénétique, à la Cité Internationale des Arts, c'est-à-dire en... 67, les dés étant pipés parce que j'étais déjà Gainsbourg, donc, j'ai connu des filles qui en étaient à coucher devant ma porte — c'est assez lamentable et dégueu — pour se faire tirer. Je disais : « *next* », et je ravalais ma salive... Et puis je me disais enfin : « *Dans celle-là, j'envoie la purée.* »

Si ! Un jour, j'ai tiré sept coups !... Mais je ne sais pas comment j'ai fait. J'étais gamin. Oui, ça faisait hyper chier, et la gonzesse avait mal.

Pudeur

S.G. — Je ne veux pas voir ma queue dans la glace, je me cache avec ma main. Je cache aussi mon cul. J'aime pas... Oui je suis narcissique, mais certainement pas vers le bas-ventre, ah non ! Absolument pas. Je ne me suis pas encore habitué et je ne m'habituerai *jamais* à avoir une queue et des couilles. Je trouve ça immonde, et je vais en crever !

Parents

S.G. — C'était hyper strict chez moi, russkoff, judéo-russkoff strict, oui. Il y a juste un jour, mon père, parce que j'avais pissé sur le coin des goguenots, qui m'a dit : « *Tiens ta queue et dirige ton jet.* » Enfin, il n'a pas dit « *queue* », il a dit « *tutu* ». Il a dit : « *Tiens ton tutu, dirige ton tutu, mais ne pisse pas sur les côtés.* » Voilà, c'est toute la misérable approche sexuelle que j'ai faite avec mon père.

Initiation

S.G. — Comment ça a commencé ? Je me suis branlé, comme tous les gamins. Devant des photos, Paris-Hollywood... En sépia, avec les poils pubiques effacés, parce que c'était interdit. Assez tardivement : 14,15 ans. Mais à 13 ans — je faisais de la peinture —, un jour arrive une gonzesse pas mal, tu vois, une espèce de boudin, pas terrible mais pas immonde, un mannequin de peinture, (parce que mon père m'envoyait faire de la peinture à l'Académie Montmartre). Arrive cette fille, je la fais entrer, parce que j'avais déjà la galanterie dans le sang, devant moi et elle se fout à poil. Bordel ! Pour moi, vierge, moi petit garçon vierge. Poser. Elle se fout à poil, putain ! Alors là, je peux dire, 13, 14 ans, je me suis dit : « *Il doit se passer quelque chose avec une fille, je ne sais pas ce que c'est...* » Alors je tournais le dos, pudiquement, à cette fille, mais elle m'a bouleversé. C'était un strip-tease nul, mais plus il était nul, plus il était bouleversant. C'était soutien-gorge, culotte petit-bateau, elle était mignonne. Je me suis dit : « *Il doit y avoir un va-et-vient avec une gonzesse.* » Enfin, j'ai pas bandé, mais j'étais bouleversé.

Lymphatisme

S.G. — Je me branlais, mais je n'arrivais pas à me finir parce que j'étais un petit garçon. Il y avait un peu d'eau. Je me disais : « *Qu'est-ce que je suis en train de pisser ?* » J'étais vraiment un con.

Putes

S.G. — Je vois une pute, à 17 ans, à Barbès. Il y a cinq gonzesses et je suis extrêmement troublé. Barbès, parce que j'étais fauchman ; j'avais dû chouraver quelques pièces à ma maman... Qu'est-ce que ça pouvait faire ? 10 balles... et il y a là un groupe, mais aussi beau que les toiles de Delacroix quand il fait des filles du bordel. Il y avait des très jolies filles et j'ai choisi la plus tarée, dans mon angoisse, la plus moche. Mais la plus gentille, sûrement. Et je me souviens encore — elle doit être morte, pauvre gamine —, la porte fermée, angoisse, putain ! Et je rentre dans cette chose immonde, cette espèce d'huître tiède, je me dis : « *C'est horrible !... Qu'est-ce que je suis en train de faire ?* » C'était l'abjection totale. Bon, je rentre chez mon père, je me mets dans les goguenots et je me branle.

Veste

S.G. — J'ai failli baiser une des petites filles de Tolstoï. Elle avait un parfum, comme ça, agressif, elle était vierge, et je l'emmène dans la chambre où je faisais de la peinture. C'était avant l'armée, j'avais, je ne sais pas, 19 ans. Elle était vraiment vierge, c'est-à-dire qu'elle avait un... rétrécissement. Elle était sous moi, elle prend peur. Je respecte en émoi à l'époque c'était « l'émoi », et je dis « *Oh, tu veux pas ? Demain. D'accord ?* ». Et le lendemain, elle n'est pas venue et là, c'était atroce. La souffrance. Peut-être, de là, vient ma misogynie. Parce que je me suis dit : « *Comment !?... J'aurais pu y aller hier, j'aurais pu la pénétrer, comme un animal et...* » Une salope intégrale quoi !

Vengeance en 60. En 1960, je fais *L'eau à la bouche* et me réclame l'Algérie. Époque dangereuse. J'y vais. Là, le dirlo de la télé se fait flinguer, il prend trois bastos dans le buffet — il en est pas mort —, enfin, ma télé ne se fait pas. Mais je reçois une carte de visite : *Olga Tolstoï* (et un autre nom). Elle s'était mariée. Et puis je vois une espèce de connasse s'amener, je la reconnais à son sourire : « *Vous ne vous souvenez pas ?* » Et elle commence à trembler... elle voulait se faire tirer. Et là je l'ai envoyée se faire chier. Donc, vengeance, 20 ans après.

Putes (suite)

S.G. — J'ai eu une petite qui avait... qui avait du strabisme. Elle m'intéressait. Misérable petite gamine qui faisait le tapin à l'Étoile, par là, mais tellement misérable, qu'elle était, je dirais, adorable. Et puis, elle m'a raconté sa vie, ses malheurs, des choses immondes, parce que les mecs peuvent être immondes, elle m'a raconté des choses atroces, une vie de chienne !... Elle est morte parce qu'un mec, un mac, l'a embarquée, qui voulait lui faire faire le tapin à Marseille, enfin sur la Côte ; elle a sauté de la voiture. Ça, c'était une copine ; elle me faisait bander. C'était la misère, et la misère c'est parfois bandant.

Films pornos

S.G. — J'en ai vu un, il y a vingt ans. C'était à Hong-Kong, hyper-dangereux et hyper-interdit. Film en 8, même pas en super 8, en 8 ! Avec un étudiant qui prenait trois yen, enfin je ne sais plus, trois dollars, et on m'a mis au parfum : il fallait faire tout un détour, dans un immeuble hyper-crade en béton, passer par un mec dans une cuisine, des goguenots, pour arriver enfin dans cette projection. Où j'ai trouvé deux amerloques hypocondriaques. Ils prenaient ça au sérieux. Moi, j'étais venu avec un machino pour me marrer mais j'ai été bouleversé. Parce qu'il y avait une fille qui se faisait tringler par un chien. Alors, là, attention !... Silence dans la salle, attachez vos ceintures. C'était noir et blanc, bien crade, bien dégueu, on sentait qu'elle aimait pas ça, qu'elle faisait ça pour le film, le blé, et elle était belle justement ! Et le chien, lui, je ne dis pas, mais c'était une espèce de doberman. Dur, dur, très éprouvant ! Il l'a prise, comme un chien prend une chienne : il lui a blessé les reins et les épaules par les griffes, mais elle assurait. C'était violent ; le chien la griffait mais en même temps elle prenait son pied.

Perversion

S.G. — Je me souviens d'une gamine, que j'ai fait tringler par deux mecs et puis je suis passé. Je l'ai haïe. Elle ne voulait pas, et j'ai dit « Mais si, mais si ». Et après je disais « salope » et j'ai failli lui retourner deux baffes. A la fin j'étais pas écœuré, j'étais pire que ça ! C'était blessé. C'était une ordure, cette fille !

Sémantique

S.G. — Ce qu'on appelle un « soupeur », mille pardons, maintenant, c'est un mec dans une partouze. Le type envoie son télégramme, son foutre, et un autre le dégage. Il dit « Excusez-moi, monsieur ». Et il vient becqueter dans les jambes de la partouze. C'est le néo-soupeur. Il est content ! Plus c'est crade plus il est content ! « Excusez-moi monsieur... — Mais je vous en prie ! — Vous en êtes un autre !... » Carrément abject.

Vieilles peaux

S.G. — J'avais, je crois, 22, 23 ans, et je me suis tapé une vioque de cinquante balais et elle était d'une douceur ! La peau était d'une douceur fabuleuse. J'ai tout largué, elle m'a dit « Encore ! Encore ! » et j'ai dit « Salut la vioque », dehors. Enfin, moi dehors ; elle, elle était restée coucher à l'hôtel. Mais j'ai été étonné par la douceur de sa peau. Oui, je l'avais soulevée dans un cabaret où je chantais ; elle avait cinquante balais, mais très agréable, cinquante balais de maman, comme ça... Maman, MAMAN ! J'arrive !

Une nuit chez Salvador

S.G. — C'est chez George Hugnet (un mec de la clique Surréaliste) que j'ai piqué les clés de l'appartement de Salvador Dali où j'ai passé huit jours, à tringler la fille de *** qui était ma gonzesse, entre des Miro, des Klee, des Dali... Oui, clandestinement. Je pense qu'il était à Cadaquès, à l'époque. Ça devait être 48-47. Sublime vision ! Un salon tapissé d'astrakan, des goguenots comme un salon, boulevard Saint-Germain. Fulgurant pour moi, qui faisais de la peinture. Entrer chez Dali comme un corsaire, comme un malfrat ! La salle de bains ! Comme dans la décadence romaine, un drap dans la baignoire. C'est-à-dire qu'on ne lavait pas la baignoire, on lavait le drap ! Et des centaines de petits flacons. Un lit carré. Tout noir.

Donc, j'ai piqué, entre Miro, Rouault, Braque, mais tout ça par terre, je marchais dessus ! Enfin, j'évitais... Rouault, Picasso, Klee... des Dali à tout va ! Magnifique ! Je ne sais pas si j'ai baisé d'une façon géniale, je ne me souviens pas de la baise. Je ne me souviens que de ces crobards qui étaient au pied du lit.

Caroline Bambou (24 ans) et Serge Gainsbourg (56 ans)

S.G. — Ben, c'est l'inceste. Extrêmement rare, précieux et unique... C'est élitiste et kamikaze. C'est pas parce qu'elle est jeune, qu'elle est bonne. Là c'est une totale : elle est bonne et jeune.

Charlotte

S.G. — je suis sujet au vertige et je pense que l'inceste c'est le vertige, c'est une caméra à l'épaule, un peu louvoyante, qui ne fait pas bien le cadre... Mais dans le disque, la phrase-clé, c'est l'amour que nous ne ferons jamais ensemble. Il est évident qu'il y a le vertige des approches sexuelles, mais il ne faut absolument pas... Il ne faut pas toucher à ça !

Coprophagie

S.G. — Michel Simon était un scatophage. J'étais copain avec lui. Je lui ai piqué des photos pornos. Des tirages sublimes, attention ! J'en ai gardé. Je me suis baisé sa maîtresse. C'était avant les sex-shop et tous les merdiers, du temps où tout était interdit : poils pubiques, etc. C'était vraiment très précieux et ça me faisait bander. De magnifiques documents que je lui ai volés. Je crois que je me suis branlé dessus. Oui, quelques photos de cu — superbes — que j'ai chez moi... Donc on fait un film ensemble — peu importe, nul ! — : Amitié immédiate. Entre ce vieux monsieur, et moi, qui n'étais pas très frais non plus. Il ne savait même pas que je tringlais sa pouffiasse, une espèce d'abjection, un tas, dans la chambre à côté, à Saint-Denis - sordide. Et il me raconte cette histoire, hallucinante : il était alors un peu fauchman mais déjà célèbre, déjà Michel Simon, c'était avant-guerre, il va dans ce bordel où il voit la mère maquerelle, parce qu'ils étaient copains : « Tu peux pas me loger ? — Si, tu vas aller dans les combles. Y'a deux putes là-haut ». Alors, il couche là-bas. Et un jour, il arrive et il dit : « Mais dis donc, ça sent la merde ici ! ». Il y a une fille qui devient, comme ça, un peu humble, et qui dit : « Michel, on doit vous avouer quelque chose, on a un plan. Y'en a qui en mangent. (A la petite cuillère bien sûr, pas plus, pour pas crever !)

Et on a un tel succès qu'on ne peut pas assurer. Alors on fait venir les copines, on met au frigo et on réchauffe au bain-marie ».

La mort à Venise

S.G. — Klein, c'est une idée de moi, motivée par tout ce merdier. Mais rejet total, physique, de constat policier et nazi, qu'est la photographie, avant retouches. Parce que là, je me dis : « Ça y est, c'est rapman : je ne peux plus être un pédéraste ! ». Je ne perds pas encore mes légumes mais enfin, un de ces quatre... On perd ses légumes quand on se fait défoncer ! C'est atroce. Il y a un côté « vieille fiotte » qui me fait chier. « Vieil homosexuel », ça me révulse. Autant deux homosexuels dans la Grèce Antique ou même actuellement, deux beaux petits garçons qui s'enfilent à tout va, c'est mignon. Autant, quand ça commence à mon âge, on se pose des questions : « A qui vais-je plaire ? ».

Gays

S.G. — J'ai toujours été malheureux avec les garçons. D'abord, j'avais une répulsion, pour la peau. Ensuite je me sentais... je ne dirais pas amoindri, merde, pas fautif non plus... Comment je pourrais dire ? Distant, voilà ! J'étais très pudique, et ça ne marchait pas. Ça, c'est une vie que j'ai loupée. Dans ma jeunesse, dans l'armée, j'aurais pu... me faire baiser ou baiser... J'ai baisé des mecs, d'ailleurs.

A partir de vingt ans. J'ai certainement fait le trottoir, une ou deux fois dans ma vie ; si on met la honte et la timidité ensemble, c'est un additif érotique... C'était ce que j'appelle des « rencontres fortuites » ; où je n'avais pas envie d'une pute, où j'avais envie d'un mec, et ça c'est toujours mal passé. Je me suis tapé de très jolis garçons, mignons comme tout, et puis fait enfiler. Trois fois. Et ça n'a pas marché. Mais j'ai toujours ce genre, c'est pour ça que je baise bien. Je dirais que la plus belle déclaration d'amour de ma vie m'est venue d'un garçon, pas d'une fille.

Il m'avait vu chanter, dans un cabaret où je commençais à chanter. J'avais trente ans, il venait tous les soirs. Un beau jaune. Il venait pour moi. C'était même extrêmement gênant, parce qu'il était là chaque soir pendant trois mois. Et un jour, il m'agresse pas, mais,... : « Monsieur Gainsbourg ». Je dis : « Oui, on peut faire un bout de chemin ensemble, on peut marcher dans la nuit ». Et là ; il commence à analyser ce que je fais, ce que je faisais — c'était en 59-60 — d'une façon fulgurante ! Je le mets dans mon pieu. Et là, il faut tout dire, j'ai pas fait le mec, j'ai fait la gonzesse. Et je l'ai foutu dehors : abjection totale ! La merde partout ! J'ai pas pris mon pied, je l'ai foutu dehors. Il voulait recommencer, il me dit : «: Je t'ai loupé ». Enfin, j'étais dans l'horreur ! Alors que je venais d'entendre quelque chose d'extraordinaire ! Que les garçons m'aient loupé, moi, j'en ai nostalgie.

Libération - 19/09/84

1980 - 1983

Mon zizi est partout ma tete est dans actuel

LES OBJETS FETICHES DE GAINSBOURG

Ça, c'est ma pomme. Dessinée par Charlotte quand elle avait huit ans. Je l'ai traitée comme si c'était un crobard de Raphael : grand encadreur, plaque de métal gravée du nom de l'artiste.

Gainsbourg est le roi de la promotion. Furieux de sa gueule, il a assumé le rôle de bouffon et orchestré ses provocations. Il a failli nous avoir : interviews à la chaîne, se débitant en tranches, sans abattre ses cartes. Libé ? Le plan cul et pédé. Lui ? Souvenirs tragiques. L'Echo des Savanes ? Va pour super bouffon. Va pour les souvenirs culturels. Montand, Dali, Michel Simon, Boris Vian, des histoires tendres ou vaches, mais nous n'en avions rien à foutre des ragots ou des vannes. Comme Serge Gainsbourg racontait bien, nous avons tenu la première bouteille de Pernod. Puis vint le champagne et, au bout de trois heures, une sorte de Gainsbourg intime. C'en était presque gênant. Cette ivresse lucide qui tournait à la confession, au cri douloureux, à l'amour maternel.
Des bourrasques de sentimentalisme slave, une finesse du regard héritée de la grande période du Quartier Latin quand, pendant des décennies, on y refaisait le monde en côtoyant des géants, une culture soigneusement amassée et un sentiment de révolte contre la médiocrité qui expliquent la violence émouvante du texte qui suit. Ceci n'est plus une interview : ce furent sept heures de monologue, nous l'avons rendu tel quel, juste resserré.
J.-F. B.

Je ne sais plus. Je me suis mis un masque et je sais pas comment l'enlever. Je ne sais plus comment l'enlever. Les dés sont pipés, les cartes sont biseautées, les gonzesses sont tirées. C'est pas si rigolo que ça. J'ai construit mon image avec énormément d'attention mais je suis un petit maître dans un art mineur. Je sais ce que je suis. On me reconnaît dans la rue et puis je suis un guignol, non, un clown, non, retirons clown et guignol, et mettons bouffon ! C'est plus joli. Je joue mon rôle comme ça, mais je le joue avec sincérité. Voilà la vérité. Je suis aussi copain avec les loubards qu'avec les flics. C'est peut-être la sincérité... Qu'est-ce que j'en ai à cirer, pourquoi je vais truquer puisque je vais crever. Cinquante-six balais. Vous vous demandez ce qu'il y aurait si j'arrêtais de jouer mes rôles. Tu as raison de poser la question. Trouver la suite après tout ce siècle assez tragique.

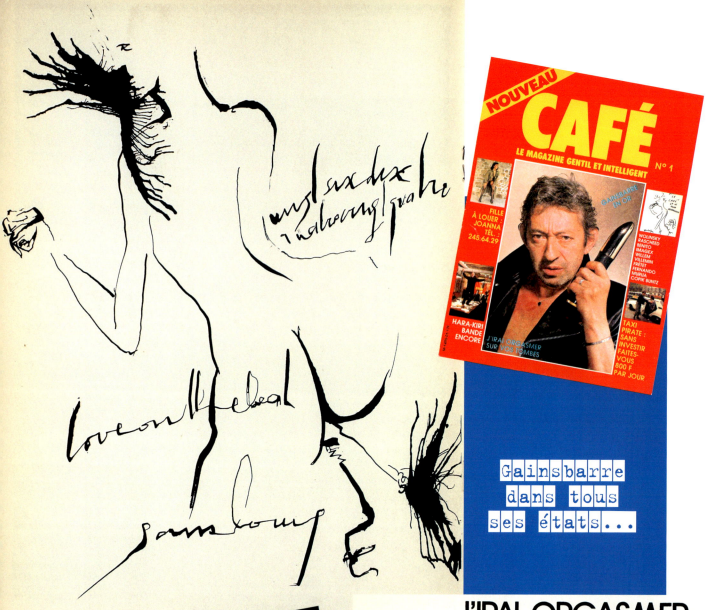

Gainsbarre dans tous ses états...

PSY-CHAUD: GAINSBOURG L'AMOUR, GAINSBARRE LA TARE

Pour la première fois, et en exclusivité pour Lui, avant sa série de concerts exceptionnels au Casino de Paris à partir du 20 septembre, l'illustre prophète de « Je t'aime, moi non plus » a accepté de mettre son inconscient à la portée de toutes les bourses, et de se mettre psychiquement à nu devant deux disciples non conventionnés du bon docteur Sigmund : les professeur Florentin et docteur Crosson. Ceux-ci ont ordonnancé une psychothérapie de choc qui a fait pousser à Serge plus d'un cri... primal ! Adeptes du sado-masochisme enfin inversé, accrochez-vous !

Lui, n°260

J'IRAI ORGASMER SUR VOS TOMBES

SI SERGE GAINSBOURG ADAPTE « J'IRAI CRACHER SUR VOS TOMBES » DE BORIS VIAN AU CINÉMA, UN GUITARISTE JUIF PENDANT LA MONTÉE DU NAZISME REMPLACERA LE NÈGRE BLANC DE L'AMÉRIQUE D'APRÈS-GUERRE

Café : Idéalement que devrait être la sexualité ?
S.G. : Une évasion cosmique. That's great ! That's great, man.
Café : Que pensez-vous de l'importance de la masturbation physique et intellectuelle ?
S.G. : La masturbation physique, on ne peut pas se louper, et l'intellectuelle, là c'est une autre grimace.
Café : Qu'espérez-vous le plus ardemment d'une relation avec une autre personne ?
S.G. : Dans ardemment il y a A.R.D., HARD. Classe. Classieux.
Café : Aimez-vous caresser ? Qui carressez-vous ? Les hommes, les femmes, les amis, les parents, les enfants, vous même, les animaux, les objets ?
S.G. : Tout rapport tactile est sexuel. Tout rapport tactile est essentiel. Et de deux, no comments.
Café : Pendant l'amour, vous sentez vous libre de faire tout ce dont vous avez envie, ou bien avez-vous peur de choquer vos partenaires ?
S.G. : Ma partenaire. I'm free, man.
Café : Quand vous avez un orgasme vous sentez vous beau ou laid ?
S.G. : La femme est toujours belle. Un mot de Sartre : « L'œil glauque de l'homme qui bande.»
Café : Existe-t-il une expérience sexuelle que vous n'avez jamais eu et que vous voudriez tenter ?
S.G. : J'hésite entre à poil et à plumes.
Café : Complétez cette phrase : L'homme atteint l'orgasme quand son pénis est frotté de haut en bas, la femme atteint l'orgasme quand...
S.G. : Il y a le tiercé, c'est-à-dire les filles clitoridiennes, vaginales, ou anales. Et quand on obtient le triangle équilatéral, ça fait mal. Bonjour les turbulences...
Café : Si je vous dis : Le Romantisme ?
S.G. : Je sais pas.
Café : L'Art suprême ?
S.G. : La Baise.
Café : L'Artiste suprême ?
S.G. : Mickael Angelo.
Café : L'Homosexualité ?
S.G. : I know.
Café : L'Inceste ?
S.G. : De citron.
Café : La violence ?
S.G. : Proche de l'Orgasme.
Café : La Folie ?
S.G. : J'aime pas celle là.
Café : La Mort ?
S.G. : Arrêt sur image, Black and White.
Café : « Un homme pur doit être libre et suspect.» Cocteau.
S.G. : Cocteau est un con, il n'y a pas de pureté, il n'y a que des abjections, pas d'objections, des Abjections !
Café : «Comprendre c'est polluer l'infini.» Artaud.
S.G. : Gallilée a dit : «Comprendre c'est égaler.» C'est une espèce d'orgasme cosmique.
Café : «J'irai cracher sur vos tombes.» Boris Vian.
S.G. : Je peux aller plus loin, J'irai orgasmer sur vos tombes. Yé man...

Café, n°1

1980 - 1983

À travers ses provocations, certains voient en Gainsbarre un habile adversaire du "politiquement correct", d'autres un artiste à bout de souffle

GAINSBOURG FIN DE PARCOURS

GAINSBOURG ON T'AIME BIEN SÛR. TU NE LE SAIS QUE TROP. MAIS TU COMMENCES À NOUS POINÇONNER LA TIRELIRE QUAND ON A SUBI TON DERNIER CLIP INCESTUEUX ON SE SENT CITRON PRESSÉ. TU DEVIENS VULGAIRE, TU NOUS GÊNES. TU VOUDRAIS ÊTRE CALLIGULA ET TU N'ARRIVES QU'AU NIVEAU DU PROFESSEUR CHORON. TU ES OUT ! TES STRIPS NE SONT PLUS TRÈS COMIQUES. C'EST LA DÉCADANSE.

Globe, n°13

Serge Gainsbourg

L'ESTHÈTE DE LA PROVOC

«Gainsbourg est très exactement le genre de provocateur insidieux qui vous met la peau en feu, sans jamais conduire la besogne jusqu'à son terme», écrivait en 1968 Georges Conchon, en guise d'argument central d'un éloge à rebrousse-poil de l'«agaceur public». Voilà précisément ce qui rend l'auteur des «Sucettes» aimable, parfait, défendable à tous points de vue. Sa seule présence physique a toujours été une injure au «bon goût» de la classe moyenne. Hagard, livide, l'homme à la tête de chou susurre, cynique, ses sarcasmes érotiques, mais apparaît aux côtés des plus belles : Juliette Gréco, Mireille Darc, Anna Karina, Bardot, Deneuve, Adjani, Birkin, Bambou et les autres.

Les dents grincent, les anathèmes fusent, on le cloue au pilori? Autant de bonnes raisons pour Gainsbourg de dépasser les bornes.

Sa chanson «Je t'aime moi non plus» est condamnée par le Vatican, interdite sur les radios française, anglaise, italienne, retirée de la vente au Brésil, en Suède, en Grande-Bretagne, réprouvée moralement par la maison de production Philips elle-même, qui vend le master aux enchères? Tant mieux, les bénéfices des ventes permettront à Gainsbourg d'en faire un film!

Sa «Marseillaise» reggae démasque les pensées profondes de Michel Droit, qui dénonce «l'atteinte à l'honneur national» portée par ce rejeton d'une famille «russe» et «juive» de surcroît, une façon de lui remettre l'étoile jaune? Gainsbourg encaisse et contre-attaque en s'offrant, pour la coquette somme de 135 000 F, le manuscrit original de Rouget de Lisle. Mieux, quand les paras gonflés à bloc par la cabale intolérante tentent de l'empêcher de chanter l'hymne national à Strasbourg, Gainsbourg affronte seul la foule hostile, le poing levé, la chanson entre les dents. Voilà bien un monsieur qui inspire le respect, même et surtout s'il ne respecte rien. Pas plus l'argent, lorsqu'il fait flamber un billet de 500 F en direct à «7 sur 7», que l'opinion des journalistes de *Minute,* invités sur le plateau de «Droit de réponse». Toute sa vie, Gainsbourg s'est mouillé contre la connerie, jusqu'à devenir totalement imbibé... Peut-on lui reprocher ses excès, quand ils ont précisément contribué à dévoiler les rouages les plus abtus de l'inconscient collectif?

François Bensignor

AUTHENTIQUEMENT TOC

Serge Gainsbourg est déprimant. Prêt à tout pour conserver sa notoriété, il scandalise pour scandaliser, gratuitement. Tout y passe, le cul, la drogue, la «Marseillaise», les nazis, l'inceste, et j'en passe... Rien que du tape-à-l'œil, dès qu'on gratte on s'aperçoit qu'en fait ce goût à piocher systématiquement dans des sujets tabous vient du manque d'inspiration, et non d'une envie de dénoncer l'insupportable. Résultat: depuis quelques années déjà, d'une idée, cet habile manipulateur de mots et d'images tire un 30 cm au lieu d'une vraie bonne chanson. Si le poinçonneur des Lilas est mort, le concept Gainsbourg est parfait. Il se vend, et même bien. Mais c'est une image et non un chanteur sincère que le public y trouve. Il est la réincarnation d'un rêve de publiciste: authentiquement toc. Il ne dérange personne, car, pour déranger, il faut non seulement choquer, mais qu'il y ait une résonance authentique qui réveille la culpabilité des bien-pensants, et non un simulacre. Avant tout, il est à plaindre, car cet homme est sûrement beaucoup trop intelligent pour être dupe ou de mauvaise foi, au moins envers lui-même. Il sait parfaitement qu'à force de noyer son chagrin il a aussi sûrement achevé son âme. Il ne nous reste plus qu'une carcasse d'homme, un pantin qui s'agite sous les fils de son talent.

Patricia Scott-Dunwoodie

Sergio allume un autre clope et tout ce qui bouge sur l'écran...

TAUPE 50

PHOTOS CLAUDE GASSIAN

ONCE AGAIN (SBOURG)

Confidences sur le couvre-lit. Gainsbarre nous a installés dans sa chambre, devant un écran géant. Mission : regarder le Top 50 et y mettre un peu de désordre.

C'est un Gainsbourg qui pète la forme. Quasi sobre, fumant peu (même s'il a pris la précaution de monter quatre paquets de Gitanes), il prépare, coulos, l'avenir et le Zénith, toujours « avec des Ricains, mais cette fois, j'vais pris deux blacks pour chanter. Et pis, j'vais être plus funk, même sur les anciens titres. On sera cinq et deux choristes... Plus moi. Ça fait... trente, selon les mathématiques inférieures... J'suis un peu à cran parc'qu'y m'faut des inédits. Et, comme d'habitude, j'ai rien branlé, et je les ferai à la dernière minute, les doigts en sang, au piano. J'te donne un truc « Fauchman », mais j'ai pas encore la musique :
« J'suis plein aux as
De la sale race
Des seigneurs.
Toi, tu as la classe
Avec ton ras
oir. Tu est un saigneur. » Crrrrouic !
J'sais pas c'que j'vais en faire. Peut-être j'le jeter... Et y'aura sûrement « Once Again (sbourg) ».

LEAUTAUD (QUE JAMAIS)

R&F – Et le film sur Léautaud ?
S.G. – Ben, j'suis tombé sur deux escrocs et j'les ai envoyés chier. C'est sans regrets. J'ferai un film d'auteur après ma tournée... Deux escrocs... J'avais Aurore Clément, Jeanne Moreau, je voulais Anna Karina, et moi, j'faisais Léautaud... Et puis j'avais une cinquantaine de chats. Ça aurait senti la pisse partout... Bon... Oublions. On va pas laisser traîner un scénar.

VITATOP

Et c'est parti pour une heure et demie de Top 50. Trente-huit titres, pour être précis. Insertion. Lecture.

Elsa. « Quelque Chose dans mon Cœur »
(Marc Toesca apparaît sur l'écran. Prostestations de Gainsbourg :)
« Ah non ! Non ! On va pas se faire chier avec ça. » (Je lui présente Marc Toesca. Il se calme. Elsa démarre.)
S.G. – Ben, je regarde. Ooooh ! Elle est mimi, la pisseuse. Qu'est-ce qu'on va dire, là-dessus ? Bouche à pipes, comme Mitsouko. Elle a quoi ? Seize ans ? J'lui en donnerais dix de mieux. Comment elle s'appelle, cette oiselle ? Elsa ? (Il bricole le magnétoscope) J'vais mettre un peu de couleur. On dirait qu'elle va crever... Ouais... Imbaisable ! Allez, next !
R&F – Et la chanson ?
S.G. – Imbuvable. (Marc Toesca réapparaît) Ouais, ouais, allez, ta gueule !

Mylène Farmer. « Sans Contrefaçon »
S.G. – Ah, oui ? C'est un garçon ? Qu'elle montre ses couilles... (Il se ravise un peu) Oh, c'est mignon... C'est qui ? Mylène Farmer ? Vois pas... (Il ricane) Ça craint, allez, next ! (Il se met à chantonner : « Je suis un garçon »)
C'est pas un garçon ! Elle est mignonne, la petite... Ah, elle lui roule une pelle. Mais si c'est un garçon, il est pède ? Et qui c'est qui mord l'oreiller ?

Jean-Jacques Goldman. « Là-Bas »
S.G. – (Pensif) Belle gueule. En plus, il a du sang... bé, bé, bé, du sang de youtre. Comme moi... Très belle mélodie. Moi, j'aime bien Goldman... Belle gueule. (Il se lasse quand même) Bon, allez, on accélère, ça fait chier !

Guesch Patti. « Etienne »
S.G. – (Redécouvrant Marc Toesca) Qui c'est, c't'oiseau-là. (Guesch Patti apparaît. Il ricane) Elle va montrer ses nibards, ou quoi ? Ah, elle a quelque chose en dessous... Elle est classée combien ? (N° 2) Pourquoi pas ? Jamais entendu parler... C'est une gravosse. Elle est pas si bien roulée... Tiens, un plan pède... Oh, elle vient d'faire une langue fourrée à j'sais pas quel oiseau. Encore un plan pède... Hummmm... Bon. Intirable. Intirable. (Notons qu'il a regardé le clip jusqu'à la fin.)

Nina Simone. « My Baby Just Cares For Me »
S.G. – (Il écoute) Y m'rapelle... C'est Nina Simone ? (Effaré) Elle devrait se remettre à s'shooter... J'sais pas si elle s'est jamais shootée... Évidemment, si c'est une gonzesse, ça change tout. Si c'était un mec, j'achetais. Allez, les balais... Allez, la grand-mère. Trop jazzy. Ça fait chier... En plus, c'est ternaire. Non, non ! On accélère, là.

Michel Sardou. « Tous les Bateaux s'envolent »
S.G. – Ça fait deux fois qu'y m'dit – parole d'homme – qu'y va m'envoyer de l'absinthe. J'ai toujours pas... I don't care about this guy. Je l'dis en anglais, c'est trop tard. Je l'dis comme ça ce sera moins dur...

Demis Roussos. « Quand je t'aime »
S.G. – (Furieux) Ah ! C'est le Grec ! (Il hurle) Dehors ! (Hurlant plus fort) Dehors, j'ai dit !!! Je sens qu'y sent fort, ce mec, je veux dire, y suinte...

Serge Gainsbourg. « You're Under Arrest »
S.G. – Ah, ben, faut qu'ça monte, hein ?

Sabrina. « Boys »
S.G. – (Il monte le son. Long silence) Ooooh, elle a des nibards ! La vache ! Y sont pas en code, y sont en phare... Mignonne... Elle est bien roulée. Ça, c'est bon. Putain ! elle montre ses nibards ! Ça y'est, trop tard, j'ai joui... (Je rembobine) Oh, la vache, les nibards ! Très bien. Je donne mon OK pour cette salope. Tirable. (Second clip qu'il a regardé intégralement.)

Terence Trent d'Arby. « If You Let Me Stay »
S.G. – Tu m'fais penser que j'ai du champ', au... (Silence intéressé) Américain ? Ben, voilà, ils nous baisent... Moi, j'le mettrais N° 1. Il est combien ? (n° 49, ce jour-là). Oui, mais va grimper. Bouge bien, superbe voix, good looker. Lui aussi, bouche à pipes... Il est évident qu'il rappelle, dans le feeling, Jackson, mais il a sa petite gueule d'amour... Quand j'ai réalisé Le Printemps de Bourges (le film), j'ai pris tout l'monde, au montage, j'ai eu que Jerry Lee Lewis, Johnny Clegg, Southside Johnny, Ray Charles... Les petits Frenchies, y tenaient pas la route. J'ai coupé. J'ai appelé ça « Springtime In Bourges ». (La bande a défilé, Marc Toesca est sur l'écran.) Who's that guy ???

Barry White. « Sho You Right »
S.G. – J'suis pas fana...tique de Barry White. Y roule trop des mécaniques...

George Harrison. « Got My Mind Set On You »
S.G. – Où sont les Beatles ? Non ! Je suis un inconditionnel de John Lennon. Moi, c'est John Lennon forever. (On regarde quand même le clip.) J'le mettrais en 6, quand même, l'enfoiré !

Pierre Bachelet. « Vingt Ans »
S.G. – Quand j'ai refusé la musique d'« Emmanuelle », on l'a pris, lui. Il est donc devenu... rien. Il est là, mais j'sais pas où. Faudrait une boussole... Il est bien placé cet oiseau ? (N° 25) Vingt-cinq ? Qu'il y reste...

Simon et les Modanais. « Etoile des Neiges »
S.G. – (Après j'ai dit ! J'veux bien) Dehors ! Dehors, j'ai dit, j'veux bien qu'y ait des remakes, mais pas sur des merdes.

Jean-Luc Lahaye. « Débarquez-moi »
S.G. – (Silencieux. Se fait tirer l'oreille pour répondre) Booofff... Sympa... That's it.

(Parenthèse Top 30. Marc Toesca cite des noms que Gainsbourg happe au passage :) Hé, Madonna ! Au cul, la vieille... Ouais, Johnny Clegg ! (Il couvre la voix de Toesca et hurle) Johnny Clegg ! Johnny Clegg ! Johnny Clegg ! Johnny Clegg ! Johnny Clegg ! Johnny Clegg !... Sting ? Ah, y faut qu'y remonte... Indochine ? C'est des copains. Ça mange pas de pain... azyme. (Et, hurlant de nouveau) Johnny Clegg ! Y va s'faire buter...)

Depeche Mode. « Behind The Wheel »
S.G. – Johnny Clegg, je le mettrais en 3. Ceux-là, j'les mets en 2. J'aime bien la boîte à rythmes, la mélodie aussi... les harmonies... Ah, oui... les Anglais. C'est très bien. Un peu crade. J'aime bien. J'aime pas quand c'est trop clean. (Encore un clip qui trouve grâce et sera regardé en entier.)

Gypsy Kings. « Bamboleo »
S.G. – J'suis pas client du tout. Ça gonfle.

Léopold Nord et Vous. « C'est l'Amour »
S.G. – Il est classé ? Je le classerais 2033... Non, 1033.

La Compagnie Créole. « Ma Première Beguine Partie »
S.G. – Allergique.

Black. « Wonderful Life »
S.G.? – (Attentif dès les premières images) Beau plan, là. A la Hitchcock. Moi, j'le mettrais en 4. Bon feeling. Gueule de con, mais... Jolis plans, sur ce clip, très jolis. (Il regarde encore une minute) OK, on peut accélérer, j'ai compris.

Herbert Léonard. « Sur des Musiques Erotiques »
S.G. – (Geste de la main, signifiant « à dégager ») Disons que... il m'arrive parfois d'être aphone.

Gainsbourg jauge le Top 50 avec une mauvaise foi provocante... Ainsi porte-t-il un jugement plus indulgent à l'égard de Jean-Luc Lahaye que de Claude Nougaro!

Sampan. « Dernier Matin d'Asie »
S.G. — (L'air totalement dégoûté) Oh, d'accord ! Tiens, voilà Jane... (défilent Carole Laure, Lalanne, l'Affaire Louis' Trio...) Ça, ça me fait hyper chier. Mélodiquement, harmoniquement et sur les lyrics. Chier, chier, chier... (On accélère. Toesca signale au passage : « France Gall perd dix places ». Gainsbourg, hurlant :) Elle avait qu'à faire un remake des « Sucettes à l'Anis » !

L'Affaire Louis' Trio. « Chic Planète »
S.G. — Quelle nationalité, ces oiseaux ? Ha ! Ha ! Ha ! Oh, c'est pas mal. Avant de voir aut'chose, j'les mettrais en dixième position. (Il se lasse) Bon, allez, on peut accélérer.

Dorothée. « Docteur »
S.G. — Dorothée, j'ai une allergie intégrale.

Jeanne Mas. « La Bête Libre »
S.G. — Oui. Elle est à la masse. (Il ricane) J'vais m'faire des amis... Rien à foutre !

François Feldman. « Slave »
S.G. — Encore un youtre ! Et slave... Moi, j'aurais dit slave and slave (prononcez slève, à l'anglaise = esclave). J'voulais faire ça...

Corynne Charby. « Pas vu pas pris »
S.G. — J'ai l'impression qu'elle a toujours se doches... D.O.C.H.E.S. Ses oursins, ses ragnagnas, ses anglais... la sanguine... (et il ajoute, très satisfait) ça, c'est de moi, la sanguine.

Madonna. « Who's That Girl »
S.G. — Elle est mignonne... J'sais pas si elle va faire le parcours du combattant comme j'ai fait...

Vaya Con Dios. « Just A Friend Of Mine »
S.G. — Ah, c'est un remake, ça. (Je lui dis que non) Je regrette... (Il chantonne) Je le chantais, ça. (Il cherche) Ça me fait penser à... Ouais... Pas dégueulasse. Elle aussi, bouche à pipes. Belle voix... Non, ça c'est un plagiat. J'le classerais, mais loin... Malgré la réminiscence flagrante de... (Finalement, on retrouvera le titre un peu plus tard. Il s'agirait de « Sixteen Tons ».) En fait, elle est imbaisable... Bouche à pipes, quand même...

Julie Pietri. « Nouvelle Vie »
S.G. — Je pense qu'y faudrait la sortir, mais faut pas ouvrir la porte...

Vanessa Paradis. « Manolo Manolete »
S.G. — (Très intéressé) Qu'est-ce que c'est, la p'tite mignonne, là ? (Je le briefe, « Joe le Taxi », Roda-Gil, etc...) Roda et Gilles ? J'connais pas ces deux blaireaux. (Pensif) « Joe le Taxi »... La poupée est hyper tirable. (Je lui rappelle l'âge de Vanessa) Ouais, elle est jaune devant, marron derrière. Elle sent la pisse... (Longs gloussements).

Michael Jackson. « The Way You Make Me Feel »

S.G. — Jackson, y klaxonne toujours. (Il se marre, ravi.)
(Nouvelle parenthèse Top 30, entrecoupée des commentaires de Gainsbourg. Les Communards (« Ouaiaiaiaiais !!!)... Bachelet chute (« Bien fait pour sa gueule ! Et moi, où j'suis ??? Septième ? Ah, surtout, bouge pas !»).

Claude Nougaro. « Nougayork »
S.G. — (Explosé et hurlant) Ah, j'aime pas le nougât, ça colle aux dents ! Qu'est-ce que c'est, ça ? Non mais, y a un problème. (Il est mort de rire) Y a un problème. L'accent, le feeling toulousain... non, méridional avec le feeling du Bronx, j'sais pas... Bon, j'vais pas l'faire pleurer. Donc, soyons plus vache avec cet oiseau-là. On avance.

Les Communards. « Never Can Say Goodbye »
S.G. — (Très, très intéressé) Ah, cui-là, moi, j'me l'place. Attention, bein ! 'tention ! J'suis un inconditionnel. J'mettrais quand même... il monte le son) Mets-le... Qui est premier ?(dans son classement, c'est TTDA) Et en 2 ? Tu les mets en 2 et l'autre tu l'descends en 3. (Il monte encore le son) J'hésite... Si j'les mettais en premier... Allez, mets-moi ce p'tit con en premier. (Marc Lavoine à commencé à chanter. Il n'y prête aucune attention, absorbé par son classement.) Allez ! Les Communards en premier !

David Hallyday. « He's My Girl »
S.G. — Connais pas. C'est à peine si je connais son père. Et pour adoucir cette affaire, je dirai que Johnny est un garçon charmant... euh... un charmant garçon... Non, un garçon charmant.

Los Lobos. « La Bamba »
S.G. — Allergie.

M/A/R/R/S/. « Pump Up The Volume »
S.G. — (Subjugué) Ah, ah, ah ! Ça d'vient sérieux... Ouh là là, attention, ça fait mal ! Ouh, la vache. Le clip est superbe. (Il se masque les yeux) J'r'garde pas les images pour pas être influencé. Mets-le moi en 2, celui-là, tout d'suite, direct. C'est M/A/R/R/S, c'est ça ? Allez, en 2, direct. Superbe. Superbes arrangements, le clip est superbe. (Il monte ENCORE le son) Moi, j'aurais mis avant les Communards. (Le Clip de M/A/R/R/S est terminé, on aperçoit Samantha Fox, « Surrender ». Il lève un œil vers l'écran :) Qu'est-ce que c'est, ça ? C'était superbe ce que j'viens d'entendre. Là, (pour Sam Fox), tu mets, entre parenthèses, haussement d'épaules. (Il a déjà oublié Samantha et repense à M/A/R/R/S) T'as vu le son que j'ai ?

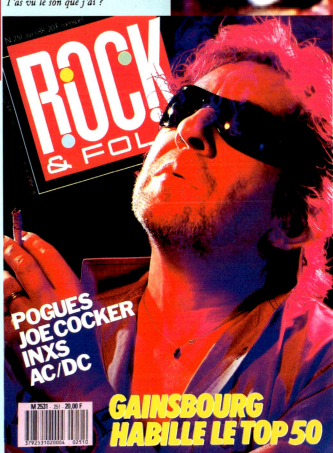

POGUES
JOE COCKER
INXS
AC/DC

GAINSBOURG HABILLE LE TOP 50

1980 - 1983

Grâce à la voix de Jane Birkin et aussi d'Adjani, **Gainsbourg distille le plus pur de lui-même**

Revers de la médaille, Gainsbarre exprimera durant toute ces années, la part féminine propre à chaque homme à travers les voix de ses interprètes favorites à qui il donne en offrande le plus pur de lui-même.

En témoignent deux sublimes albums parus en 1983.
Baby Alone In Babylone, le troisième opus de Jane Birkin, semé de saphirs craquant sous celui du tourne-disques, magnifiés par sa voix sensuelle.

Parmi eux, la chanson éponyme, écrite sur un thème de Brahms, mettant en scène une starlette égarée dans le labyrinthe de Los Angeles dont les néons reflètent une gloire insolente dont elle n'a pas accès ; son rêve américain se brise en éclats de lumière dans les dédales de sa solitude :

```
Baby Alone In Babylone
Noyée sous les flots
Des sunlights de Malibu
Petite star inconnue
Tu n'as vu que l'étoile
De la police fédérale[97]
```

« **L**es dessous chics », ballade métaphorique associant le goût de Serge pour les soyeux sous-vêtements féminins et sa pudeur des sentiments dissimulant une dignité princière :

```
Les dessous chics
Ce serait comme un talon aiguille
Qui transpercerait le cœur des filles[98]
```

Ou bien encore « Fuir le bonheur de peur qu'il ne se sauve », texte faisant écho à « Quand tu aimes il faut partir » de Blaise Cendrars, constituant en quelque sorte la devise de Gainsbourg : s'en aller au moment où l'ardeur amoureuse est à son paroxysme, avant que le quotidien ne dévore le bonheur. Ce bonheur qui ne tient qu'à un fil et que, toute sa vie, notre funambule a tenté de conserver intact. Cette chanson, se concluant de façon optimiste – cas exceptionnel chez Gainsbourg –, évoque de toute évidence sa rupture avec Jane, consommée avant que ne se consument les sentiments. Pour son ancienne amante, Serge a choisi un langage franglais, cousu main dans de la dentelle de Calais :

```
Fuir le bonheur de peur qu'il ne se sauve
Que le ciel azuré ne vire au mauve (...)
Se dire qu'il y a over the rainbow
Toujours plus haut le ciel above
Radieux[99]
```

Cet album, couronné par le prix de l'académie Charles Cros, connaîtra un brillant succès.

---

97. « Baby Alone In Babylone » (Serge Gainsbourg/Brahms), 1983.
98. « Les dessous chics » (Serge Gainsbourg), 1983.
99. « Fuir le bonheur de peur qu'il ne se sauve » (Serge Gainsbourg), 1983.

1980 - 1983

Tout comme celui destiné à Isabelle Adjani – qui en a co-écrit certains textes –, où figure notamment «Beau oui comme Bowie», une chanson qui, sur un riff de guitare décapant, déroule des jeux de mots habilement maîtrisés :

```
Mâle au féminin
Légèrement fêlé
Un peu trop félin (...)
Tout ce que tu as
C'est tout ce que je hais
Bien trop sûr de toi
Tu sais que tu es[100]
```

Ou bien sûr «Pull marine», ballade d'un liquide azuré, évoquant les sentiments délavés quand ils s'en vont à la dérive :

```
Si nous deux c'est au fond dans la piscine
La deux des magazines
Se chargera de notre cas
Et je n'aurai plus qu'à
Mettre des verres fumés
Pour montrer tout ce que je veux cacher[101]
```

100. « Beau oui comme Bowie » (Serge Gainsbourg), 1983.
101. « Pull marine » (Serge Gainsbourg-Isabelle Adjani/Serge Gainsbourg), 1983.

Et maintenant Gainsbourg fait chanter Adjani

SON film, « Equateur », sort dans les cinémas. Avec le sens du rythme qui le caractérise, Serge Gainsbourg entre au même moment dans un studio d'enregistrement. Il n'y entre pas seul puisque pendant six jours il va diriger une de nos actrices les plus célèbres, non devant les caméras, mais devant les micros. Eh oui, Isabelle Adjani chante !

« Elle a une voix superbe. Je lui ai composé un album très « speed ». Mais il y a aussi des chansons romantiques, tendres et émouvantes. Quel été j'ai eu entre le disque que j'ai fait pour Jane Birkin, « Baby alone in Babylone », et celui que j'ai fait pour Adjani et qui n'a pas encore de titre : ça été l'enfer. »

France Soir - 19/08/83

1980 - 1983

"Équateur", le second film réalisé par Serge Gainsbourg

Mon propos est de dessiner et de cerner à la sépia, la détérioration progressive d'un être profondément idéaliste et parfaitement intégré dont la lucidité constante et la faiblesse de son romanesque iront à l'encontre de ses pulsions humanistes parallèlement à l'exaspération de ses amours contraintes. Probablement années 50, colonialisme en filigrane.

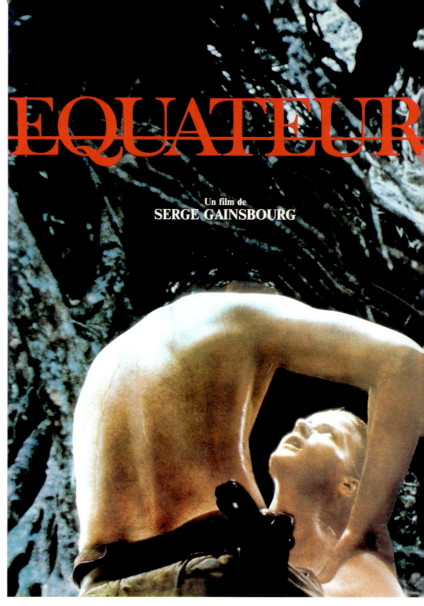

En 1983, après un rôle de figuration dans *Le grand pardon* d'Alexandre Arcady (1981), Gainsbourg renoue avec le cinéma en réalisant son second film, *Équateur*, adapté du roman de Georges Simenon : *Le coup de lune*. Après l'échec relatif de *Je t'aime moi non plus*, il décide de contrôler pleinement l'élaboration de ce nouveau long métrage – car s'il doit déplaire, il veut en assumer l'entière responsabilité – dont il dirige la mise en scène, écrit les dialogues et compose la musique. Serge et Bambou, amoureux comme deux jeunes tourtereaux, s'envolent pour Libreville au Gabon, accompagnés des membres de l'équipe du film – exposés aux nombreux insectes porteurs de maladies tropicales – dont voici la trame.

Timar (Francis Huster), un jeune homme bien de sa personne, vient chercher du travail dans le Gabon des années 50 où il rencontre Adèle (Barbara Sukowa), une jeune allemande farouche avec qui il scelle une relation amoureuse. Celle-ci, bientôt coupable d'un meurtre, fait condamner un « nègre » à sa place… Dans une moiteur équatoriale étouffante, l'histoire met en scène des colons décadents, vulgaires et racistes, sur fond d'érotisme désespéré et de scènes d'amour sous la moustiquaire.

« J'aimais cette passion tragique sur fond de racisme dans le bouquin de Simenon, je n'aurais jamais adapté un Maigret, je n'aime guère les structures policières. Dans *Équateur*, il y avait une parabole qui m'est proche ; les rapports impossibles entre deux races humaines, l'une masculine, l'autre féminine. J'ai traité les scènes érotiques avec distance, derrière des moustiquaires. Pour le rôle d'Adèle, Sukowa s'imposait : c'est une femme dominatrice et instinctuelle, un peu comme Lana Turner dans *Le facteur sonne toujours deux fois*. »

Projeté en avant-première à Cannes, le film est littéralement hué. Lors de sa sortie parisienne, le 24 août 1983, face à un public clairsemé, il suscite des critiques acerbes : « *Il était permis de rêver sur le roman de Simenon et d'en tirer une image difficilement supportable de l'Afrique coloniale, lyrique et vengeresse. Celle que nous propose* Équateur *est malheureusement d'une violence qui n'a de singulier que sa timidité. Le cinéma, depuis plus d'un an, nous en a montré d'autres, et de plus cruelles.* »[102]

Touché en plein cœur par ce nouvel échec, Gainsbourg s'attelle rapidement à la réalisation des albums de Birkin et d'Adjani – déjà mentionnés – et songe à l'enregistrement de son prochain opus.

---
102. *Le Matin*, 19 août 1983.

Serge Gainsbourg : on n'est pas sérieux quand on a 55 ans

Il prépare deux disques. Son film « Equateur », l'histoire d'un pourrissement, sort demain - et pourtant il tend vers la pureté d'un enfant

■ *« Et maintenant je veux faire de « J'irai cracher sur vos tombes » une comédie musicale »*

Serge Gainsbourg fait scandale avec la nudité de Francis Huster

Il présente aujourd'hui son film, « Equateur »

« Les techniciens noirs m'appelaient « le survivant ». Tout le monde sauf moi a été malade. Francis Huster et Barbara Sukowa ont eu un virus dans les yeux et les autres du paludisme. »

« Je me refuse à couper quoi que ce soit dans « Equateur ». Et pour la télé, on fera un trucage. »

« Nous avons tourné dans des conditions épouvantables, dans une chaleur — c'est le cas de le dire — équatoriale. On avait chaque jour des problèmes d'argent. Un vrai cauchemar. J'étais si stressé que le film a gagné en tension. Vraiment, j'étais au plus bas dans la forêt vierge. Et aujourd'hui, au Festival de Cannes, je suis au plus haut. »

« Je suis toujours un peu choquant, il faut s'attendre à ça avec moi. On voit Francis Huster tout nu dans « Equateur ». Et alors ? On voit bien le derrière de Robert De Niro dans « Raging Bull » ! Et si j'ai filmé Huster en train de faire l'amour avec Barbara Sukowa dans trois positions différentes, c'était pour ne pas me répéter. »

France Soir - 09/05/83

LE QUOTIDIEN DE PARIS. — « Coup de lune » de Simenon traduit un long pourrissement. Quel est votre apport ?

Serge GAINSBOURG. — Il est visuel. Ça suinte de partout. Les acteurs sont extrêmement éprouvés par le climat et l'ambiance, le stress, les maladies et les bestioles. Ils ont joué autrement qu'ils auraient joué à Paris en studio. Mais j'ai eu un parti pris de claustro. C'est-à-dire de ne pas tomber dans le piège de l'exotisme. Des extérieurs, j'aurais pu faire des ballades avant d'entrer dans le huis clos pour aérer. Je ne l'ai pas voulu. Et j'ai pris aussi le parti pris de ne filmer que des hommes. Il y a Sukowa, mais c'est la seule femme. Des hommes, donc, et des enfants. Les hommes sont très beaux. Et tous les enfants du monde, les plus petits enfants de toutes races, sont sublimes.

C'est la première fois que vous faites apparaître des enfants dans votre œuvre, qu'il s'agisse de musique, de littérature ou de cinéma ?

Exact. C'est la pureté. Ça ne s'est pas fait de façon gratuite ni fortuite et ils collent à Huster dans ce film, puisque Huster est un idéaliste. C'est pourquoi les enfants sont toujours dans les plans d'Huster et jamais dans ceux de « la femme fatale ».

Il y a une équation qui semble vous coller à la peau. C'est Equateur = Gainsbourg = nouveau scandale. C'est une constante épidermique ?

Si à Cannes ça a été un événement, c'est dû à des événements parasitaires, à des structures de salle, des visions et des auditions défectueuses, et, comme j'étais hors compétition, j'ai eu droit à la salle moyenne. Moyenne dans tous les sens du terme. Il y a eu une bousculade, même une émeute à l'entrée, et c'est ce qui a fait le scandale. Mon film n'est absolument pas scandaleux et je ne voudrais pas que l'on parte là-dessus, sous cette optique. Les spectateurs seraient déçus.

Dans « Je t'aime, moi non plus » il s'agissait de la domination d'un homme sur une femme. Ici, la situation inverse ?

Les extrêmes se touchent. Enfin se touchent... Faut pas être porno. Quoique... En fait, je n'ai jamais lâché la caméra. Car je suis devenu réalisateur de pub où j'ai obtenu de nombreux prix, notamment pour « le Physique et le Figuré », commandé par le Comité français des produits de beauté. La technique, je prétends la maîtriser. Je suis plus mûre dans ce film, plus rigoureux sur les mouvements de caméra et le style de la photo.

Quant au sujet ?

Oublions la nouvelle. C'est quand même un film d'auteur. D'aucuns pourront dire que je suis parti d'une nouvelle qui n'est pas de moi, mais je prétends avoir fait un film d'auteur. Le colonialisme c'est l'alibi. Pays lointain : cela ne me dérange pas. J'aurais pu choisir la Sibérie, puisque je suis d'origine slave, donc l'éloignement. Mais au contraire, il n'y a pas ici de distanciation géographique. L'époque n'est pas flagrante. Elle est simplement sous-jacente parce que l'on sent la fin du colonialisme.

Et ça sent quoi ?

Ça sent la fin de l'empire romain germanique avec tout ce que cela comporte de magouilles crapuleuses, etc. Mais ça n'a pas changé.

On s'attendait à une musique plus proche du style de Gainsbourg...

En tant que metteur en scène, j'ai engagé un compositeur qui se trouve être Gainsbourg, et je lui ai dit de fermer sa gueule. Et d'être efficace sur deux ou trois points précis. C'est tout. Bien sûr, il pouvait prendre le pied des tam-tam, mais cela ne collait pas à l'image, celle-ci suffisant en soi. Ça devenait un pléonasme.

Au début, vous parliez d'une musique hollywoodienne, comme John Ford ou Howard Hawks...

Ça ne collait pas parce que j'ai une facture plus moderne.

A propos de facture, n'y a-t-il pas eu quelques problèmes du côté du budget ?

J'ai eu de très gros problèmes, que j'ai résolus... moi-même.

Vous n'avez pas revendu « la Marseillaise » quand même ?

Si je la vends, je la vends à la Ville de Paris. Non, je la donne.

Si « Equateur » est un bide, vous renoncerez au cinéma ?

Je n'aime pas ce mot, c'est trivial. Mais je ferai mon troisième film. Ça, c'est sûr. Il sera musical. Soit ce sera « J'irai cracher sur vos tombes », soit un autre. Mais dès l'instant où je proposerai aux producteurs un musical, il est évident que j'aurai les capitaux. C'est l'évidence mathématique. Mais j'espère que ce sera « J'irai cracher sur vos tombes ». Je dois présenter à la femme de Boris Vian huit pages manuscrites d'une transposition du sujet que je ne peux pas dévoiler, mais qui n'est pas « J'irai cracher sur vos tombes ». Quant à « Call Girls » que je devais réaliser, il ne se fera pas. De même que « Black Out », parce que le producteur m'a lâché.

On peut l'écrire ?

Et comment ! Il m'a fait perdre plus de deux ans. Après avoir pris des cuites avec Robert Mitchum, après avoir déjeuné avec Dirk Bogarde au-dessus de Grasse, il m'a lâché. Il y a certains producteurs qui sont des ordures. Ils ne comprennent pas que notre vie est en train de passer. Je trouve ça dégueulasse. D'accord, il s'est mis depuis peu avec Scorcese avec Bob de Niro. Il m'a amené Bob de Niro chez moi, juste pour prendre un verre. Pas pour tourner, pas pour faire un casting. Je n'admets pas qu'un producteur frime, en roulant des mécaniques, juste pour faire la foire en présence de Bob de Niro. Bien sûr, je suis un rigolo quand je fais la foire. J'ai même un certain charme quand je suis un peu pété. Donc, j'étais très bien avec Bob de Niro. Mais de là à me lâcher, alors qu'Adjani était d'accord ! Jane aussi, et j'avais failli avoir Mitchum. Puis il m'a lâché. Je ne sais pas pourquoi. Qu'il aille se faire foutre ! Je ne dirai pas son nom. Je pense que c'est un trafiquant d'armes. Il trafiquerait même plus dans les armes que dans le cinéma.

On peut garder tout ça ?

Hum... oui, on peut le garder. Il m'a même emmené à Las Vegas. Pour frimer. D'ailleurs, tout le monde connaît son nom, puisqu'il a promis également un film à Polanski.

Propos recueillis par Yves MESSAROVITCH

New Jersey on the beat

1984 - 1988

Les membres du groupe
Southside Johnny
& The Absury Jukes

Précurseur des modes et importateur des musiques métissées depuis les années yéyé, Serge est l'objet d'une révélation musicale à l'écoute de *Trash It Up*, un disque du groupe Southside Johnny & The Absury Jukes. Il tient absolument à ce que son nouvel album baigne dans ce même son funk new-yorkais teinté de rock made in New Jersey. En avril 1984, il prend contact avec l'éminent « producer » et guitariste du groupe, Billy Rush, un pair de Bruce Springsteen, et se rend avec Bambou aux États-Unis.

Dans l'euphorie, l'album, *Love On The Beat* est donc enregistré dans le New Jersey et mixé à Manhattan, en une dizaine de jours, avec un gang de musiciens électriques dirigés par Billy Rush. Parmi eux Larry Fast (synthétiseurs), accompagnateur de Peter Gabriel, Stan Harrison (saxophone) et George Simms (chœurs), tous deux complices de David Bowie.

MÊME UN GUITARISTE BURINÉ DU NEW JERSEY, OÙ POURTANT ON EN A VU D'AUTRES, N'ÉCHAPPE PAS A LA FASCINATION DU GRAND SERGE. PREMIÈRE GACHETTE DU GAINSBOURG GANG, BILLY RUSH RACONTE SON BOSS VENU D'AILLEURS.

Billy Rush

Il est arrivé dans un break Buick, le genre avec des poils de chien et des jouets d'enfants sur les banquettes. Une demi-heure que je me les gelais à la gare de Belmar. Pour vous situer, Belmar n'a pas vraiment de gare, juste une baraque en bois, grande comme vos chiottes, juste de quoi y clouer le panneau indiquant qu'on est bien descendu à la bonne station. Une cabane fermée à l'année, pas de personnel encasqueté ici, de toute façon, sur la North Jersey Coast Line, on prend son billet dans le wagon, auprès du contrôleur.

A deux heures de New York, on est déjà en plein cœur de l'Amérique profonde, proprette, calme, toute en rues perpendiculaires et bâtiments bas. Dans les pick-ups qui passent, des ricains moyens à chemises à carreaux me regardent d'un air surpris, un touriste à Belmar est aussi incongru qu'une merde de chien sur le tapis rouge d'une réception à la Maison Blanche ! Le long de la baie, les petits bateaux blancs semblent frigorifiés ; en face, Asbury Park, célèbre dans le monde entier pour son rejeton born là-bas, offre le même spectacle de tranquillité morne.

Billy Rush vit au bord de l'eau, avec femme et enfants, dans une maison typiquement US également claire et clean, désespérément confortable, aseptisée et rassurante. On se croirait plus facilement chez un agent d'assurance que dans le home d'un musicien, à part bien sûr cette pièce attenante au living et transformée en studio d'enregistrement.

— « Pas à dire, on est loin de St-Germain-des-Prés » !
— « Ah oui, tu as remarqué, hein » !

— Tu sais ce qu'il représente en France ?
— Quand j'essaie d'expliquer ça aux gens d'ici, il ne veulent pas le croire. Déjà qu'un mec de son âge soit dans ce type de musique, ça les dépasse. J'étais là quand il a fait ce truc avec Whitney Houston, on était tous là ! Cette histoire est irréelle en Amérique, quand je la raconte, les gens ne peuvent pas le croire ! Cette fille est la plus grande star du moment, et lui... Serge fait ce que chacun rêve de faire, et qu'on ne fait jamais. Lui il le fait.

Stan m'a raconté des trucs aussi dingues. Quand il tournait avec Duran Duran, il était à Paris dans un genre d'Holiday Inn ; voyant ça, Serge lui a offert une suite au Raphaël ! A cinq du mat, saouls comme des Polonais, ils sont rentrés chez lui, et il lui a mis la bande du nouveau disque qu'on venait de terminer, et tu sais comment il écoute chez lui, tellement FORT. Un quart d'heure après, Stan informe Serge que les flics sonnent à la porte. Stan était mort de trouille, mais il s'est cru dans une autre dimension quand cinq minutes plus tard il a réalisé que tout le car de flics était installé sur le sofa, en train de boire du champagne et de commenter « Mon Légionnaire » !

— Est-ce toi le responsable de ce nouveau son ?
— Je ne sais pas. Je faisais mes trucs, comme je le sentais, c'est venu tout seul. Mais c'est pour ce son-là qu'il est venu à New York, le son de 84, avec la Lynndrum reine et cette dance music... Donc j'ai une grande part de responsabilité dans le son, c'est certain. Mais ce qui est génial dans le travail avec Serge, c'est la liberté. On a tous joué avec des tas de gens en studio, et à chaque fois il fallait se plier à leur concept. Mais Serge veut que chaque musicien joue exactement ce qu'il ressent le mieux, son propre style, son propre point de vue. Moi par exemple j'ai joué des guitares que je n'avais jamais pu enregistrer auparavant, mais que j'adore faire. Il te veut TOI, et c'est pour ça qu'on est tous heureux de jouer avec lui.

Pour la tournée, ils ont tous répondu présent, il n'y a pas le moindre fossé entre lui et nous, il est vraiment AVEC nous. Et on a tous un grand respect parce que c'est un musicien et un homme avec énormément de talent, et qu'en plus il fait son propre truc.

1984 - 1988

Dans le New Jersey, Gainsbourg rencontre Billy Rush – un pair de Bruce Springsteen – pour enregistrer "Love on the beat"

Pochette réalisée d'après une photo de William Klein

À la rentrée, le disque est commercialisé, arborant une photo du chanteur – réalisée par William Klein – maquillé outrageusement, cheveux plaqués en arrière, affublé de faux ongles, à l'image d'un travesti échappé d'un bar de Berlin durant « la nuit des longs couteaux ». Ces couleurs déton(n)antes donnent celles de l'album, déclinant le thème du sexe dans toutes les postures, les positions et les tendances.

L'album s'ouvre sur « Love On The Beat », un hymne à l'acte sexuel, détaillant les étapes de la carte du corps. Éveil du désir, introduction vaginale, anale, orgasme sadique assourdi de mots insultants sont décrits avec une poésie rimbaldienne et des vers « triés sur le violet » issus de la « langue maternelle » de l'auteur :

J'aime assez tes miaous miaous
Griffes dehors moi dents dedans
Ta nuque voir de ton joli cou
Comme un rubis perler le sang[103]

Sur la bande FM, musique féline écorchant les âmes puritaines, les cris orgasmiques de Bambou, rythmés par le « beat » de la caisse claire funky, se répandent durant 8 minutes 5 secondes.

Avec « No Comment », une chanson narcissique dévoilant la sexualité du chanteur de façon crue et « con-sensuelle », Gainsbourg poursuit sa traversée érotique. Dans « Kiss Me Hardy », il met pour la première fois le doigt – si j'ose dire – sur une face inconnue de sa sensibilité – prolongée par « I'm The Boy » –, celle de l'homosexualité mise en lumière par une allusion à Francis Bacon, son peintre préféré, pédéraste devant l'Éternel :

À Frisco non loin de Sodome
Là aussi
J'ai connu un très beau jeune homme[104]

Confession ou fantasmes inspirés par une époque où la communauté gay s'érige en élite branchée ? « *J'ai toujours été malheureux avec les garçons. D'abord, j'avais une répulsion, pour la peau. Ensuite je me sentais... je ne dirais pas amoindri, merde pas fautif non plus... Comment je pourrais dire ? Distant, voilà ! J'étais très pudique et ça ne marchait pas. Ça, c'est une vie que j'ai loupée. Dans ma jeunesse, dans l'armée, j'aurais pu me faire baiser ou baiser... J'ai baisé des mecs d'ailleurs...* »[105]

103. « Love On The Beat » (Serge Gainsbourg), 1984.
104. « Kiss Me Hardy » (Serge Gainsbourg), 1984.
105. *Libération*, 19 septembre 1984.

1984 - 1988

"Lemon incest" ou le vertige de l'inceste exprimé avec pudeur et élégance

Autre chanson érotico-sulfureuse interprétée en duo avec Charlotte : « Lemon Incest » – déjà mentionnée p. 142 –, évoquant chastement le vertige de l'inceste. Mieux vaut exhiber, de façon esthétique, un tel fantasme, frôlé à fleur de mots, que dissimuler un acte réel commis à fleur de peau. « *C'est pur. J'avais promis à Charlotte de lui payer le voyage à New York, pour l'enregistrement. La séance a commencé, on chantait ensemble, et soudain j'ai eu la gorge serrée, les larmes aux yeux. Elle s'appliquait, elle voulait tellement ne pas décevoir son papa... Et cette voix, cette fraîcheur, cette perfection, avec ses imperfections qui font l'émotion. J'ai dirigé Charlotte comme j'avais dirigé Jane Birkin, sa mère, Deneuve ou Adjani. C'est moi qui joue la mélodie de Chopin, au synthétiseur.* »[106]

| 106. *Télérama*, 26 septembre 1984.

1984 - 1988

Une des plus belles chansons de l'album est bien « Sorry Angel » qui, gravée sur un 45 tours, gravira le sommet du Top 50. Tragique et confident, ce regard arrêté sur les rives féminines de Birkin que Serge a toujours dans la « peau-ésie », est poignant de sincérité :

```
C'est moi qui t'ai suicidée
Mon amour
Moi qui t'ai ouvert les veines
Je sais
Maintenant tu es avec les anges
Pour toujours
Pour toujours et à jamais[107]
```

« **C**'est un propos d'autant plus atroce que la musique est belle. Je l'ai écrite dans la nuit, et au début, c'est moi qui me suicidais dans le texte. À la dernière minute, j'ai tout changé, je suis devenu le bourreau. »[108]

Face à Jane, il la chantera dans *Je t'aime moi non plus*, une émission diffusée le 7 août 1985 durant laquelle il est interviewé par son ancienne amante. L'émotion est à son comble !

Certifié de platine, cet album confirme encore le succès colossal de Gainsbarre.

107. « Sorry Angel » (Serge Gainsbourg), 1984.
108. *Télérama*, 26 septembre 1984.

Gainsbourg vrai

Au-delà de la provocation habituelle, des trucs et des numéros, Serge Gainsbourg, pour la première fois, nous laisse découvrir quel homme il est vraiment.

Le Figaro - 07/08/85

1984 - 1988

Accompagné par les musiciens américains réunis autour de Billy Rush, Gainsbourg chante au Casino de Paris, face à une foule de teenagers en délire

Après cinq ans d'absence scénique, notre artiste s'apprête à brûler les planches du Casino de Paris, à partir du 19 septembre 1985 et pendant cinq semaines. Pour promouvoir le spectacle, les affiches tapissant les murs de la capitale arborent le mythique portrait de William Klein ainsi légendé : « 140 F devant, 110 F derrière ». Ce pied de nez gainsbourien, humoristique et amoral, ne perd en rien de sa classe dans la mesure où le comprend qui peut.

Avant d'affronter l'escalier de cette salle légendaire – où Cécile Sorel prononça cette phrase gravée dans les mémoires : « L'ai-je bien descendu ? » –, Gainsbourg est pétrifié de trac. Notons que l'enjeu est de taille car, contrairement à son retour au Palace, Serge a échafaudé un répertoire recouvrant toute sa carrière. Notre artiste qui, pour pallier les angoissants trous de mémoire a prévu de s'aider d'un prompteur, se comporte en grand professionnel. Durant les répétitions, il a renoncé à ses fameux « 102 » – double ration du Pastis 51 – pour ne boire que de l'eau. Signe de bon augure, les locations sont complètes jusqu'au 20 octobre ; on doit alors ajouter une semaine de spectacle supplémentaire.

Les rumeurs vont bon train qui annoncent l'incapacité de Gainsbarre, icône éthylique, d'assurer un concert de deux heures. Pour les conjurer, Serge a concocté une habile mise en scène.

Ainsi, le soir de la première, la silhouette de Gainsbarre se profile en haut du mythique escalier, rate une marche et s'écroule au sol. Tandis que la salle est plongée dans un malaise, Gainsbourg apparaît sur scène au moment où sa doublure, un cascadeur professionnel, regagne les coulisses.

Debout, à jeun et se trémoussant au rythme funk-rock New Jersey des musiciens réunis autour de Billy Rush, notre chanteur enchaîne un répertoire riche et varié : « Love On The Beat », « Initials B.B. », « Harley Davidson », « Sorry Angel », « Nazi rock », « Ballade de Johnny Jane », « Bonnie And Clyde », « Vieille canaille », « I'm The Boy », « Dépression au-dessus du jardin », « Lemon Incest », « Mickey Maousse », « My Lady héroïne », « Je suis venu te dire que je m'en vais », « L'eau à la bouche », « Lola Rastaquouère rasta », « Marilou sous la neige »… Au moment où il attaque « La javanaise », chanson écrite avant leur naissance, des centaines de teenagers allument leur briquet et reprennent le refrain en chœur avec un Gainsbourg confondu d'émotion. Billy Rush témoigne de l'engouement, parfois hystérique, de la jeunesse à l'égard de la rock-star : « *La barrière de la langue c'est un truc auquel je ne crois pas dans le rock'n'roll. On ne comprend pas ce que peuvent dire ces mômes, mais quand il est sur scène, dès qu'il fait un mouvement, la salle hurle, et ça on le ressent bien. On a joué sous beaucoup de chapiteaux lors de la dernière tournée et, au bout d'une heure, la condensation était telle qu'il pleuvait sur scène, et toutes ces filles qui tombaient dans les pommes (…). D'un côté, il ne souhaite pas que quelqu'un soit blessé, mais d'un autre, il est ravi que les filles tombent en syncope à ses concerts ! À partir de sept civières, c'était une bonne soirée.* »[109]

Les adolescents, les journalistes et l'intelligentsia applaudissent cette série de concerts bientôt prolongés par « C'est ma tournée », un spectacle donné à travers les principales villes de France et de la francophonie.

[109]. *Best*, avril 1988.

Il prépare sa grande rentrée au Casino de Paris
Serge Gainsbourg : « Ça me transporte et ça me stresse »

AVANT de s'envoler pour New York où il passera le mois d'août en studio en vue de son grand retour au Casino de Paris (un mois à partir du 20 septembre), Serge Gainsbourg prépare en douce sa prochaine fugue au Ritz de Paris. Incognito ? Il le prétend. « En tous les cas, affirme-t-il, c'est l'endroit le plus dépaysant que je connaisse pour prendre des vacances. Passé le hall d'entrée vous ne savez plus si vous êtes à Londres ou à Venise. »

En attendant, une effigie de carton, clope au bec, regard brumeux — son double à s'y méprendre — est déjà dressée sur la façade du grand temple rénové, prometteuse si l'on en juge à la taille : six mètres de haut. Mais laissons à Maître Serge, chanteur, acteur et metteur en scène, le plaisir de nous en dire plus sur ce très proche avenir.

« Il n'y aura ni culturiste, ni clown, ni numéro de claquettes, enfin bref, toutes les friandises à la mode... Non pas que je sois contre, mais c'est pas mon truc. » Une gorgée de « 102 » sans se presser et il enchaîne : « C'est la raison pour laquelle d'ailleurs j'ai voulu un endroit qui ne soit ni trop grand ni trop petit. Parce que je ne suis pas un visuel comme Mick Jagger. Plutôt du genre Sinatra. Est-ce qu'on a déjà vu Sinatra esquisser un pas de danse ? Non ! Et pourtant ça marche ! » Un sourire de malice : « Bon, n'exagérons rien. Je ne vais quand même pas rester coincé dans mon costume. Et puis le Casino de Paris, c'est tellement magique. »

France Soir - 04/07/85

DANS quelques heures, le grand moment commence. Sous l'effigie de six mètres de haut du séducteur brumeux et mal rasé, mais terriblement sexy à en juger au nombre croissant des admiratrices pâmées, les portes du Casino de Paris vont laisser passer la horde qui a réservé ses places depuis le mois de juin ?

Si vous faites partie des gens qui se réveillent à la dernière minute, sachez que devant le joli constat d'un spectacle complet jusqu'à la fin, Gainsbourg, magnanime et généreux, a décidé de prolonger d'une semaine. Mais dépêchez-vous. Car la dernière repoussée au 27 octobre, sera sans appel.

Des photos de Jane

Ce qui achève de ravir Gainsbarre « Vous êtes déjà là vous ? ». Puis dans un éclat de rire : « Vous verrez, vous ne serez pas déçus ! Gainsbarre,

France Soir - 19/09/85

Gainsbourg : « J'ai tordu le cou au stress »
Il débute ce soir au Casino de Paris

c'est le nom gravé sur la plaque de cuivre à l'entrée de la loge qui vit passer les Maurice Chevalier, Zizi Jeanmaire et autres Mistinguett.

Mais à l'intérieur, c'est Gainsbourg qu'on retrouve avec sa panoplie d'objets de luxe, photos de Jane, Bambou, B.B., Charlotte sa fille, Deneuve..., une poupée qui ferme les yeux quand on l'incline dans une boîte transparente capitonnée de dentelle précieuse et de broderie anglaise (souvenir de ses vacances au Ritz), une Victoire en argent massif — ultime vestige de sa Rolls — un réfrigérateur tapissé de rouge pourpre assorti à la moquette, à la bergère et aux fauteuils catapultés depuis la rue de Verneuil.

Le bar, lui, qui ne contiendra bien évidemment que du champagne rosé, histoire de donner plus de panache aux appliques rose-tango années 30, doit arriver cet après-midi. Quant au velours de la salle de bains, il est plus noir que le péché.

« C'est pas génial tout ça ? demande Gainsbourg enflammé. Que voulez-vous, j'ai le culte de l'inutile. C'est ici que je vais écrire le prochain disque de Charlotte. Il faut que je me sente dans mon univers pour être inspiré. Et comme je vais y vivre un mois, j'ai demandé à Raoul Albert, le décorateur de mon clip avec Charlotte sur « Lemon incest » (inceste de citron) qui sort lundi, de tout organiser. Moi, bien sûr, j'avais les idées, je suis le patron quand même ! »

HEU-REUX Gainsbourg ! Fou de joie !... « Je crois que j'ai tordu le cou au stress. En tous les cas jusqu'à ce soir où forcément j'aurai quand même un peu de trac. Mais ce qui m'a vraiment fait plaisir ce matin, c'est le coup de téléphone d'Yves Montand : « Je voulais simplement te dire que je te suis depuis le début et que je t'embrasse. » Au fait, vous savez que j'ai reçu le Grand Prix à Tokyo pour mon film « Total ? »... Un rire... Je vais peut-être avoir des Japonais dans la salle. »

Un cocktail explosif

Qui l'eût cru ? C'est sur « Love on the beat », titre et hit imparable de son dernier album, que notre provocateur a décidé d'ouvrir le feu. Mais au programme non-stop, on aura droit aussi à tout un melting-pot ravageur et savoureux depuis **La Javanaise** qu'il interprétera seul au piano synthétiseur, un grand moment d'émotion, promet-il, en passant par **Docteur Jekyll et Mister Hyde**, **La ballade de Johnny Jane**, (un thème du film « Je t'aime moi non plus »), **I am the boy**, un léger zeste de « Lemon Incest » puisque sans sa fille pas d'inceste... « **L'eau à la bouche** », écrit en 1960, incroyable, revu et sublimé par des musiciens new yorkais, ainsi que sa « **Marseillaise** »...

Bref, un cocktail explosif avec pour toile de fond le fameux escalier devant lequel Serge Gainsbourg tombe chaque jour en extase et sur lequel joueront les lumières de Jacques Rouveyrollis. « Un décor aussi beau, ça tient du sacrilège de vouloir le changer ».

Mais la fierté de Gainsbourg dans ce spectacle, ce sont ses cinq musiciens. Ceux de son dernier album. « Que des grandes pointures », assure-t-il. Quant aux deux choristes, les Simms Brothers, ils viennent tout droit de chez David Bowie. C'est tout dire !

Monique PRÉVOT

1984 - 1988

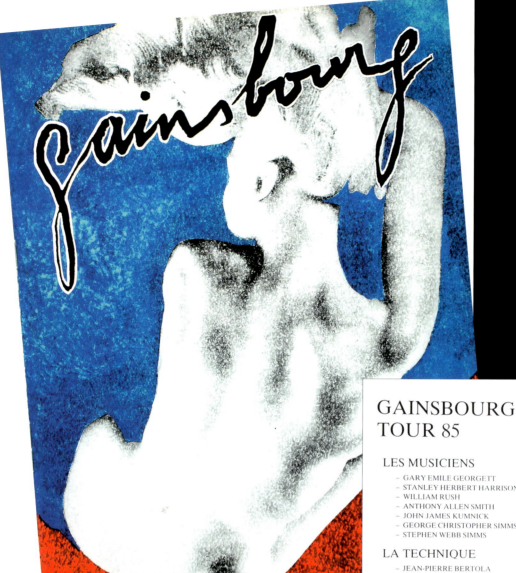

ONE MAN SHOW LA FOULE SE MASSE AUX PORTES DU CASINO DE PARIS OU SERGE G., PORNOCRATE DISTINGUE, TIRE UNE (DERNIERE ?) SALVE
Gainsbourg fait sauter le Casino

Le Matin - 24/09/85

GAINSBOURG FAIT LE MUR, QUELLE EMOTION !

Au spectacle de Serge Gainsbourg, qui s'achève le 27 octobre au Casino de Paris, s'est ajouté celui de sa campagne de pub (une première en matière de communication dans le show-biz), réalisée par une toute jeune agence : Emotion. Sur sa lancée, Gainsbarre entamera une tournée française à partir du 5 novembre.

Libération - 16/10/85

Le Casino de Paris, septembre 1985

1984 - 1988

Printemps de Bourges, 1986

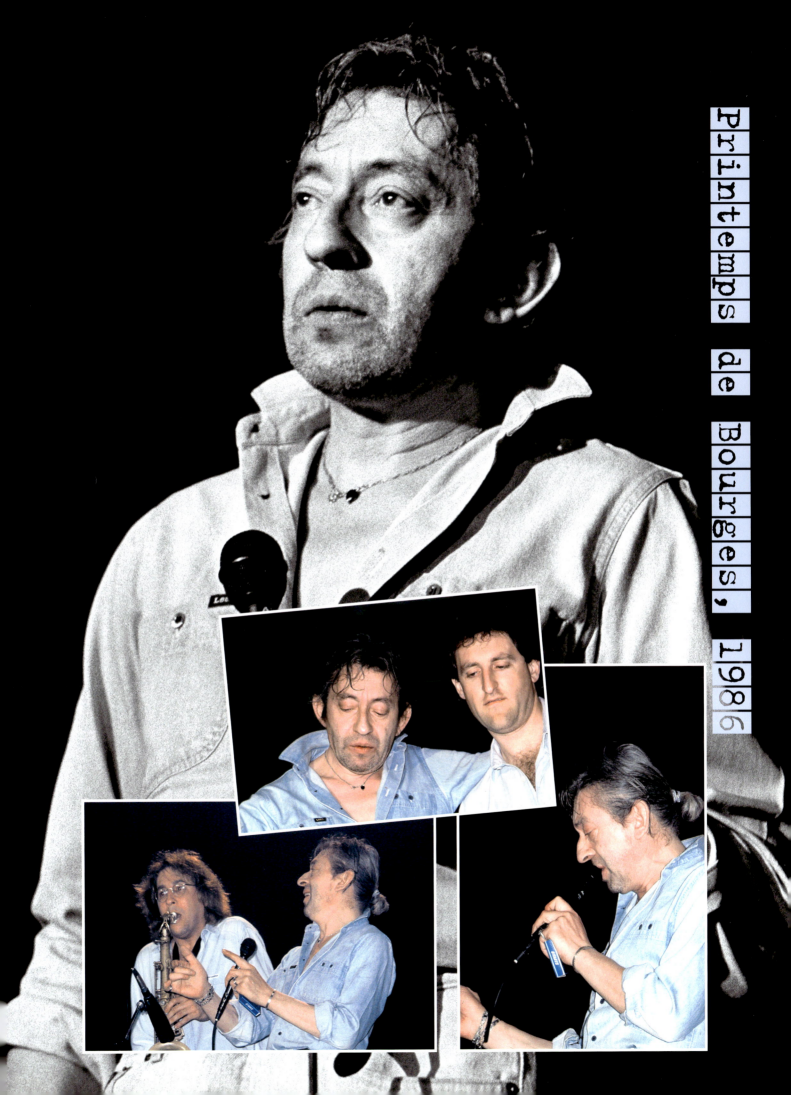

1984 - 1988

Bambou et "Lulu enfant de l'amour/Portrait de Gainsbourg..."

Le 5 janvier 1986, fruit de son amour avec Bambou, vient au monde Lucien dit «Lulu». En père d'ancienne tradition, Serge, ayant refusé d'assister à la souffrance de la femme qu'il aime, a fait les cent pas dans le couloir de la maternité en attendant que «sa chair et son sang» sortent de l'aquarium placentaire comme une grenade éclatée.

Ce fils, qu'il a doté de son prénom, constitue son prolongement, sa pérennité, celui qui pourrait secourir sa propre enfance tourmentée. « *C'est moi. C'est moi et c'est un petit garçon de l'an 2000.* » À ceux qui lui reprochent son trop grand écart d'âge – presque 58 ans – avec un Lulu, livré en pâture aux medias, Serge répond : « *Quand il aura conscience de la célébrité de son papa, quand il aura 20 ans, je ne lui apporterai plus de perturbations avec la presse. Ou je disparaîtrai tôt, et il sera trop petit pour avoir de la peine, et si je suis là encore, je ferai en sorte qu'il ait tout pour éloigner les opportuns. Je veillerai à ça, durement.* »[110]

Serge élèvera son fils selon les principes hérités de ses parents, fondés sur la dignité, la rigueur et la générosité, mais en gâtant particulièrement cet enfant dont il pourrait être le grand-père.

Pour lui rendre hommage, il écrit bientôt «Lulu», la première chanson destinée à Bambou – pour qui, à l'instar de ses différentes compagnes, il réalisera un album en 1989 : *Made in China*, contenant notamment une reprise de «Nuits de Chine».

```
Lulu enfant de l'amour
Portrait de Gainsbourg
Deux cent soixante-dix jours à ce jour
```
[111]

En 1988, Gainsbourg créera «Hey Man Amen» sur la scène du Zénith – où, sur l'initiative de son père, tenant à montrer aux «p'tits gars» la dernière perle de sa création, Lulu, âgé de trois ans, fera une incursion inattendue. Une chanson grave, allégée par un humour enfantin, politesse du désespoir, à travers laquelle notre chanteur imagine l'existence de son fils sans lui. Sa poétique fantaisiste, puisée dans l'encre de sa propre enfance, montre l'intensité du phénomène de projection :

```
À toi de te démerdu
Pauv'Lulu tu m'as perdi
T'inquiète, j'me casse au Paradus
```
[112]

110. *Paris Match*, 28 février 1986.
111. «Lulu» (Serge Gainsbourg), 1986.
112. «Hey Man Amen» (Serge Gainsbourg), 1988.

1984 - 1988

Le 22 février 1986, peu de temps après la naissance de Lulu, Charlotte Gainsbourg reçoit, à 14 ans et demi, le César du jeune espoir féminin pour sa prestation remarquée dans *L'Éffrontée* de Claude Miller, où elle campe avec brio une préadolescente au charme sauvage. Jane et Serge ne cachent pas leur fierté émue face aux prouesses de Charlotte dont le visage se perle de chaudes larmes.

Gainsbourg, qui vient de composer la BO de *Tenue de soirée* de Bertrand Blier, s'attelle à la réalisation de son troisième long métrage, *Charlotte for ever*, dont il signe le scénario et la musique. Ce film opère un jeu de miroir entre la pureté de l'enfance, incarnée par Charlotte, et la déchéance d'un homme désespéré, campé par Serge, mettant en scène le vertige de l'inceste. En voici le sujet : Le père a tué sa femme dans des conditions mystérieuses. La voiture qu'il conduisait s'est écrasée sur un camion citerne et a pris feu. Elle est morte, il a survécu. Leur fille n'est pas certaine qu'il s'agissait d'un accident. Et si papa avait tué maman ? D'où la haine qu'elle lui voue en attendant de découvrir la vérité… Le père, lui, adore sa fille, évidemment, il fait tout pour la reconquérir.

Au cours du tournage de ce film, dont l'esthétique de l'image est fort soignée, Charlotte éprouve des difficultés à évoluer dans une ambiance glauque, si éloignée de l'univers adolescent. La déchéance de son père (Stan), épave éthylique au dernier degré qui vomit et urine du sang, la dérive incestueuse des sentiments, les scènes dénudées offensant sa pudeur… la dégoûtent parfois. Même si elle possède déjà la carrure d'une actrice professionnelle, elle craque de temps en temps face à un Gainsbourg coupable : « *Pourquoi ai-je fait pleurer Charlotte ? Pourquoi ai-je pleuré ? Pourquoi lui ai-je cassé la gueule ?* [de façon fictive] *Je ne sais pas (…). Je dois avoir une violence interne qui doit me motiver. (…) Comment ai-je pu écrire un rôle aussi terrible ?* »[113] Par la suite, il regrettera également d'avoir joué le rôle du père. Au-delà de ces incidents de parcours, le film dégage une complicité entre Serge et Charlotte à laquelle nous n'avons pas accès…

À sa sortie, le 10 décembre 1986, *Charlotte for ever*, qui obtiendra un succès décevant – à peine 30 000 entrées sur Paris –, partagera les critiques. Acerbes, certains affirment que le talent de Gainsbourg s'est noyé dans l'alcool ; conquis, d'autres parlent de pur chef-d'œuvre cinématographique.

[113]. *Le Matin*, 10 décembre 1986.

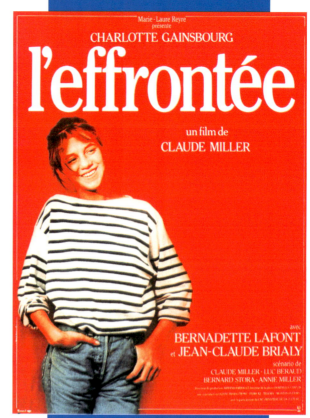

Son rôle dans "L'effrontée" vaut à Charlotte le César du jeune espoir féminin

Charlotte, for ever...

« Charlotte for ever » sort aujourd'hui sur les écrans

Gainsbourg : "Pourquoi ai-je fait pleurer Charlotte ?"

Gainsbourg père et fille. A l'image, comme une série de décharges électriques, le ballet d'un homme mûr et d'une adolescente comme une danse rituelle, violente avant la réconciliation finale... L'inceste peut-être... Ambiance bleu marine et argent. Lumière tendre et opaque. L'impression constante de vaciller entre fiction et réalité. Fiction, l'histoire de Stan et Charlotte, Stan le scénariste minable et Charlotte sa fille qui l'accuse d'avoir tué sa mère pour mieux entendre ses déclarations d'amour, réalité, le regard de Gainsbourg plongé dans les yeux de Charlotte, beaucoup plus qu'un regard d'acteur.

Le regard d'un auteur penché sur son œuvre, chair et images confondues. Le film à l'affiche, Gainsbarre s'est fait la malle. Reste Gainsbourg et Charlotte. Côte à côte, l'œil encore embué des vertiges qu'ils ont tant frôlés, leurs confessions dévidées l'œil vide et la voix blanche, comme au retour d'une tourmente avec presque le mal au cœur au bout des confidences. Et puis, derrière l'exhibitionnisme, le silence, l'émotion, presque physique.

Gainsbourg partage l'affiche avec sa fille, dans "Charlotte for ever", un film qu'il réalise...

LE MATIN. — Serge Gainsbourg mettant en scène Charlotte Gainsbourg et Serge Gainsbourg, même dans un film de fiction et surtout s'il y est question des rapports père-fille, ça fait beaucoup, non ?

SERGE GAINSBOURG. — C'est extrêmement perturbant. Comme quand vous prenez un jet. Il y a des turbulences entre la réalité, le papa et la fille et la fiction, la petite actrice et l'acteur, c'est très minant.

Dans le film, le père aime passionnément la fille mais la fille le hait, jusqu'à la réconciliation finale. Rien à voir apparemment avec la réalité. A froid, comment avez-vous analysé le scénario ?

Je n'ai pas. Je suis parti avec cette idée.

Et au moment du tournage ?

J'avais une seule angoisse, c'est de perturber Charlotte. Pour moi, je n'ai pas eu peur du tout.

Quand vous lui avez fait lire le scénario, c'était avec explication de texte ou sans ?

Je ~~n~~'ai donné comme ça. Elle avait le synopsis et puis

Comment ai-je pu écrire un rôle aussi terrible ?

voilà, je ne sais pas ce qu'elle a pensé. C'est une enfant tellement secrète, décente, extrêmement décente. Elle a accepté le film. Et, quoi qu'on en dise, ce film n'a pas été motivé par ses deux films précédents.

Il a été décidé parce qu'en tant que « metteur » je la voulais. Simplement, je la voulais torse nu parce que je la trouvais superbe. Elle a accepté aussi. Et puis elle est rentrée à la maison en pleurant et en disant « Papa m'a trahie ». Et puis elle a compris. Elle a quand même compris que ce serait à peine visible.

Vous avez parlé avec elle des rapports de haine-passion qui animent le père et la fille dans le film ?

Haine et passion se rejoignent.

Ça aussi elle l'a compris ?

Oui. Sinon, elle n'aurait pas pleuré comme elle a pleuré... Mais ai-je assez de recul pour analyser ce que j'ai fait ? Je ne pense pas. Pourquoi ai-je fait pleurer Charlotte ? Pourquoi ai-je pleuré ? Pourquoi lui ai-je cassé la gueule ? Je ne sais pas. Je ne peux pas écrire de comédie. Je dois avoir une violence interne qui doit me motiver. Une violence latente. Dans ce film-là, dans Je t'aime moi non plus, dans Equateur, je ne peux pas dire « je t'aime », je dis « Je t'aime, moi non plus ». Tout ça, le point est là.

Sur le plateau, êtes-vous parvenu à concilier le métier de père et celui de metteur en scène, le protéger et en même temps lui faire admettre de jouer avec vous, de pleurer ?

Elle l'a accepté, elle l'a fait pour papa. Le regard du papa à sa fille et ce n'est pas celui d'un acteur à une actrice. C'est un regard laser. Le plus stressant était le tournage quand je disais à Charlotte : « *Tu sais que tu dois pleurer.* » Alors elle, elle disait : « *Papa, donne-moi un peu de concentration, un peu de silence.* » J'exigeais le silence absolu et elle se mettait à pleurer. Si elle se met à pleurer, c'est qu'elle a accepté le rôle, non ? Mais moi, ça m'a perturbé. Ça m'a bouleversé. Ce

Essayer de rejoindre Rimbaud en Abyssinie

film m'a bouleversé. Pendant le tournage, je ne pouvais pas supporter de regarder les rushes. Pas à cause de moi, à cause de Charlotte ! Comment ai-je pu écrire un rôle aussi terrible ? Je ne comprends pas.

Vous avez souvent dit avoir mis beaucoup de vous, mais aussi beaucoup des souvenirs que vous aviez de vos parents ?...

Ouais. Quand j'étais plus jeune, mon père qui était un garçon extrêmement intègre était très choqué par mes propos misogynes. Mais moi, j'étais sûr que tout mon parcours c'était ça : attaquer les femmes pour pas qu'elles m'attaquent, à cause de mon physique ingrat, parce qu'on n'était pas encore arrivé aux groupes anglais avec leur sale gueule.

C'était le seul moyen pour moi. C'est peut-être... Quand il a commencé à m'initier à la peinture, c'était pareil, j'ai immédiatement aimé Goya, Velasquez, Bacon, enfin tous les torturés...

Avec *Charlotte for ever*, c'est la première fois que vous tourniez en studio...

Oui, j'ai exigé le studio, pour le son et pour chiader la lumière. Je voulais une lumière extrêmement contrastée et son impeccable. C'est quand même moi le boss.

Le décor ?

Le décor, il y a pas mal d'objets personnels.

C'est vous aussi qui vous en êtes occupé ?

Moi en partie.

Le scénario, c'est vous, la mise en scène aussi, la musique, l'un des rôles principaux... Vous n'avez jamais tourné avec une équipe aussi réduite ?

Tout faux. L'équipe était lourde et le budget assez « expansif », la luma, les hélicoptères pour les scènes de l'accident... Mais c'était pas par « luxe » hein !

Le choix de Roland Bertin et Roland Dubillard ?

Bertin, je l'avais vu à la Comédie-Française. Il a été immédiatement engagé. Dubillard, je l'avais repéré. Il est extraordinaire. Il est pété quand même il crache son texte.

Je t'aime moi non plus, Charlotte for ever, c'est vous. Equateur on dirait plutôt un accident...

C'est un film d'auteur. C'est pas une dérive à partir d'un livre. Mais une dérive quand même. Un film de Gainsbourg. Avec le recul, j'ai un truc étonnant. Je n'ai aucune complaisance envers moi, mais il y avait des plans superbes, d'une majesté...

Trois films seulement en onze ans mais chaque fois dans « l'urgence ». Pourquoi pas davantage ?

L'urgence c'est le stress, le travelling avant. C'est ça ou je me fous une balle dans la tête et on n'en parle plus. Pour le reste, j'ai envie de redevenir un peu sérieux et il n'est pas sûr que le septième art soit sérieux. Bien sûr quand vous regardez des Hawkes, des Huston, des Kubrick, le septième art, mais quand vous voyez des merdes...

Revenons à Charlotte. Est-ce qu'elle a émis des réserves pour chanter les paroles que vous aviez écrites au moment du film et pour le 33-tours qui porte le même nom ?

Non. Je crois qu'elle a aimé beaucoup. Elle fait confiance à son papa.

« Henry Miller, je ne le lis plus, je ne veux plus entendre parler de baise », on a l'impression que vous le faites répondre à Jane Birkin, vous savez, « amour pervers, me susurre Henry Miller ».

Non, au départ cette chanson-là était d'abord écrite pour Adjani... Tu parles d'une lâcheuse. D'ailleurs, Isabelle pour qui j'ai écrit un 30-cm qui a été disque d'or et qui vient de sortir une connerie. C'est pas bien. Non c'est pas bien. Elle aurait dû me prévenir. Mais Jane... C'est une de mes meilleures interprètes. J'en prépare un album pour elle en ce moment.

Birkin, Charlotte, Bambou, comment est-ce que vous gérez toute cette « famille » ?

Difficilement. Je crois que je vais arrêter complètement. Je vais peut-être refaire un show pour moi. J'y pense. J'ai encore d'autres choses à dire en tant que showman. Et puis les gamins m'adorent.

Retour à la littérature et à la peinture, c'est ça ?

I don't know. Mais je ne vais pas arrêter complètement. Je vais peut-être refaire un show pour moi. J'y pense. J'ai

prochaines présidentielles. Tout ça c'est manipulé. C'est dégueulasse. Le projet était dégueulasse. Inadmissible. Et il y a un petit gars de vingt-deux ans qui a cassé sa pipe.

Charlotte nous a dit qu'elle avait fait grève.

Ah bon ?

Vous ne le saviez pas ?

Non. Ah ! ah ! ah !

L'avant-sortie du film, vous la vivez comment ?

C'est très stressant. Pas pour moi. Je sais que c'est un beau film. Mais je ne veux pas que Charlotte soit blessée. Elle ne comprendrait pas. Je n'ai pas pleuré sur mes autres films. J'ai pleuré sur celui-là. Vous savez où elle m'a touché le plus ? Je l'ai emmenée chez Cartier. Et elle m'a demandé l'étoile de David. Pas à porter ostensiblement. Elle est entre ses deux petits seins. C'est pas une joke. C'est pas très marrant. C'est pour papa.

Et l'après-sortie ?

Je n'ai plus de temps à perdre. Il faut que j'attaque les arts majeurs. Essayer de rejoindre Rimbaud en Abyssinie. C'est primordial pour mon mental. Je suis au zénith de ma gloire. Je ne ferai jamais mieux.

1984 - 1988

CHARLOTTE GAINSBOURG
ACTE III

Charlotte Gainsbourg a un don rarissime, celui de la grâce. La grâce dans tout ce que ce mot a de plus unique. Avec elle, l'éphémère se met à durer, la fragilité n'est plus craintive et le charme dessine la beauté. La sensation très forte de rencontrer un être d'exception. Quand elle exprime de sa voix chuchotée les dialogues amoureux et sanglants écrits pour elle, quand elle attend assise par terre dans un coin du plateau que les lumières se mettent en place, quand son visage se fend d'un léger sourire aux bons calembours lancés par son père et qu'il reste de marbre aux mauvais. Charlotte Gainsbourg porte en elle l'harmonie et le mystère. Le mystère de l'harmonie.

Révélée par Elie Chouraqui dans "Paroles et musique", confirmée par Claude Miller dans "L'effrontée" (César 1986 du meilleur espoir), la voilà aujourd'hui embarquée dans un film pas comme les autres, fait tout à sa gloire, "Charlotte for ever", titre qu'elle ne cache pas ne pas aimer. Interview dans sa loge des studios de Billancourt, conjointe à celle de son père. Charlotte Gainsbourg doit être l'une des actrices les plus difficiles à interviewer. Intimidante et désarmante. La grâce a du mal à se plier aux règles trop strictes du questions-réponses. Autant essayer d'attraper de l'eau avec la main. Naturellement insaisissable, elle glisse entre les doigts. Dans sa loge, il y a l'affiche de "L'effrontée" collée sur un mur, une table de maquillage, un Walkman, quelques bandes dessinées et une fenêtre qui donne sur la Seine. Elle parle, chuchote. Si le ton est empreint de timidité, on devine cependant entre les mots une détermination étonnante. A ne pas se laisser emporter par sa propre ascension, à ne pas dévoiler son jardin secret, Charlotte Gainsbourg, c'est sûr, va imprimer de sa marque les décennies à venir. Cela n'est pas pousser à la "starification". C'est simplement de la regarder. De profiter de sa grâce.

Première. Ce film, c'était une envie commune avec ton père ?

Charlotte Gainsbourg. C'était une envie commune, mais c'est lui qui l'a réalisée. Il m'en parlait pendant qu'il écrivait. Il me faisait lire des extraits, des choses comme ça.

P. Une fois terminé, tu as été surprise par le scénario ?

C.G. Je ne sais pas. Pas vraiment. J'étais contente.

P. Tourner avec ton père, c'est très différent ?

C.G. C'est complètement différent. Mais c'est difficile de dire pourquoi. J'attends de voir au fur et à mesure que le tournage va avancer. Ce n'est pas une question d'être plus rassurant. Mon père a toujours un peu tendance à trouver que ce que je fais est bien. Alors, quelquefois, j'aimerais avoir un avis extérieur, un avis plus objectif.

P. Ton personnage est très proche de toi ?

C.G. Non, ce n'est pas vraiment moi. Même pas du tout. J'essaie de garder une distance. De me dire que ce n'est pas mon père qui est en face de moi mais un acteur. Parfois c'est difficile. Quand, dans le film, j'ai dû avoir envie de tuer mon père avec un revolver, ça m'a fait bizarre.

P. Est-ce que le fait d'avoir remporté un César te donne l'impression d'être devenue une actrice au sens professionnel du terme ?

C.G. Non, pas vraiment. Le César, bien sûr, ça fait plaisir, c'est comme d'être reçue à un concours. Mais de toute façon, je ne me considère pas vraiment comme une actrice. C'est très agréable mais en même temps, pour moi, une actrice est quelqu'un qui a une carrière. Je n'ai pas de carrière derrière moi.

P. Et tu as envie d'en avoir une ?

C.G. Je ne sais pas et je ne veux pas le dire. On me pousse toujours à dire des choses que j'ai envie de garder pour moi. On verra. J'ai quinze ans et dire aujourd'hui comment je serai à vingt ou trente ans, ça me paraît très prétentieux.

P. C'est quoi pour toi le plaisir de jouer ?

C.G. C'est d'abord de jouer devant une équipe, devant tous ces gens qui sont sur le plateau. C'est aussi le plaisir de jouer une scène difficile. La fierté qu'on a après. On est heureuse d'avoir fait quelque chose. Une scène difficile, c'est une scène qui s'éloigne le plus de ton personnage, où il faut donner beaucoup. Mais, en même temps, les scènes difficiles sont les plus faciles, justement parce que le plaisir est plus grand.

P. Est-ce que tu assistes aux rushes ?

C.G. Non, je n'aime pas ça. Ou plutôt, j'aimerais bien les voir mais seulement si j'étais seule. C'est la présence des autres qui me gêne. J'ai peur, quand les lumières se rallument, de sentir dans leur regard que j'étais nulle.

P. Est-ce que tu attends particulièrement la sortie de ce film ?

C.G. J'ai très peur de la sortie. Ça va être très différent de celle de "L'effrontée". A cause du titre, à cause de mon père, à cause de l'histoire que raconte le film. La sortie de "L'effrontée" ne m'importait pas autant. Je pensais plus à faire un film qu'au rapport avec le public.

P. Est-ce que maintenant tu aimerais tourner avec ta mère ?

C.G. *[elle sourit].* Je ne sais pas. Ça serait plus dur sans doute. Ça serait gênant pour elle, et pour moi encore plus. Elle, c'est une vraie actrice. Mon père, il fait tout en même temps. On n'a pas à se dire s'il est acteur, metteur en scène, scénariste, compositeur... □

L'actrice prometteuse mettra bientôt son charme sauvage au service de la chanson avec l'album "Charlotte for ever"

Propos recueillis par Christophe d'Yvoire

1984 - 1988

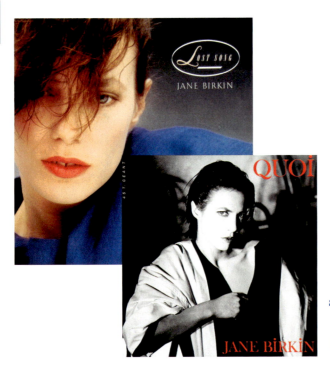

Après la sortie de
"Lost song", sublime album
made in Gainsbourg,
Jane Birkin,
souffle suspendu à fleur d'émotion,
s'offre
au public du Bataclan

Pendant le montage du film, Serge s'est attelé à l'écriture de deux albums, *Charlotte for ever*, destiné à sa fille, et *Lost Song*, conçu pour une Jane Birkin s'apprêtant à fouler pour la première fois les planches d'une scène parisienne : celles du Bataclan.

Pourtant peu disposée à « faire la chanteuse », Charlotte, entourée des musiciens du New Jersey dirigés par Billy Rush, prouve sa capacité à s'adapter à son nouvel emploi. En témoignent notamment deux titres.

« Charlotte for ever », savoureux duo avec Serge, scellant la profonde complicité d'un père et sa fille se frôlant à fleur de mots, magnifié par sa voix à elle, sensuelle et sauvagement féline :

```
Charlotte for ever
De moi tu es l'auteur (...)
Es-tu à ma hauteur (...)
Papa papa j'ai peur
De goûter ta saveur[114]
```

Ainsi que « Élastique », une fraîche et amusante « comptine » made in USA mieux adaptée à son âge, formée d'onomatopées à la façon de « Comic Srip » :

```
J'suis élastique
Dans mes gimmicks
Mais hélas, tic
Je vois tout en toc[115]
```

En 1987, paraît *Lost Song*, l'album de Jane, enregistré à Londres sous la direction musicale d'Alan Hawkshaw, instaurant un dialogue complice entre deux êtres désormais liés par une profonde tendresse.

Succédant à « Quoi », une des plus grandes réussites commerciales de la chanteuse, cet opus sera marqué par le succès de « Lost Song », un titre adapté de « Peer Gynt », une pièce musicale d'Edvard Grieg, sur laquelle Gainsbourg a greffé des mots déclinant à l'infini le thème des amants désunis :

```
Lost song
Dans la jungle
De nos amours éperdues
Notre émotion s'est perdue (...)
On s'adore et puis l'on
Se déchire s'entretue[116]
```

Cette chanson, tout comme « Le couteau dans le play », évoquant les torts respectifs coupables de la rupture amoureuse, tendrait à considérer que Serge n'a jamais réellement accompli le deuil de sa passion ardente pour Jane B. :

```
Je sais c'est moi qui ai
Tout fait oui j'étouffais
Et si j'en claque
Je m'en fous j'suis dac-
Cord pour ma gueule c'est bien fait[117]
```

En mars 1987, Jane est fin prête pour s'offrir, pendant cinq semaines, au public du Bataclan. Sobre et émancipée, elle a brisé son image sexy scandaleuse pour se fondre dans un romantisme exalté, dont témoigne son interprétation quasi-angélique de « Avec le temps » – l'unique chanson de son « tour » signée par un « étranger ».

---

114. « Charlotte for ever » (Serge Gainsbourg), 1986.
115. « Élastique » (Serge Gainsbourg), 1986.
116. « Lost song » (Serge Gainsbourg/Edvard Grieg), 1987.
117. « Le couteau dans le play » (Serge Gainsbourg), 1987.

Hey Man Amen...

En août 1987, Gainsbourg s'envole pour le New Jersey afin d'enregistrer, *You're Under Arrest*, son ultime album studio, réalisé, comme le précédent sous la direction musicale de Billy Rush. Celui-ci témoigne : « *Incroyable. Il a juste les titres de travail pour les chansons genre "Five Easy pisseuses", et bien sûr la mélodie. Il vient avec une idée précise de la chanson, Gary, le clavier, et moi, on travaille avec lui sur les accords, on fait les séquences (…). À Paris il est très speed, ici il est au calme, en famille, il amène Lulu et Bambou, il se repose. En général, il est de super humeur, dans son nuage de fumée, il est bien (…). Serge est un Soul brother pour nous tous. Les vibrations sont similaires entre eux et moi, lui et Stan, lui et les autres. On se connaît bien maintenant, c'est le quatrième album qu'on fait ensemble.* [en comptant celui de Charlotte et le live du Casino de Paris] »[118]

| 118. *Best*, avril 1988.

1984 - 1988

De « Mon légionnaire » à « Suck Baby Suck »

Gainsbourg sur tous les fronts

Le Monde - 03/11/87

Gainsbourg publie un album, prépare un film sur Paul Léautaud, une série de concerts au Zénith. Et va à la Bourse avec son agent de change.

Serge Gainsbourg a perpétuellement l'air de s'amuser, lui qui travaille comme un artisan qui connaît son métier sur le bout des doigts et exécute son ouvrage après une longue maturation. Après avoir écrit pour Charlotte, Bambou et Jane, mis en boîte des clips pour Indochine, des spots publicitaires ou promotionnels et réalisé un film (*Charlotte for ever*), Gainsbourg revient en cavalier seul avec un nouvel album (*You're under arrest*) enregistré en août dernier dans le New-Jersey avec la complicité de Billy Rush et des mêmes musiciens américains en état de grâce que pour *Love on the beat*, paru il y a trois ans.

You're under arrest est le prolongement musical du précédent disque : des mélodies flamboyantes et un son *heavy funk* mené à la perfection. Comme toujours chez Gainsbourg, les musiques ont été composées en quelques heures et les mots imaginés fiévreusement dans le Concorde qui le menait à New-York rejoindre ses musiciens mercenaires : « *J'étais*, dit le chanteur, *comme un peintre japonais qui a sa fleur dans la tête depuis deux mois et qui la cerne en deux secondes avec le pinceau.* »

La voix travaillée par l'alcool, le tabac et les nuits blanches, ayant définitivement adopté le style parlé, *talk over*, Gainsbourg développe aussi le jeu de l'érotisme, pousse à leurs limites les obsessions sexuelles de *Love on the beat* (*Five easy pisseuses, Baille baille Samantha, Suck Baby Suck*) et avec la chanson *Aux enfants de la chance*, « *du nom du dancing de Pigalle où mon père était pianiste dans les années 30* », il met en garde ses jeunes fans contre la drogue :

En 1987, Gainsbourg publie "You're under arrest", un nouvel opus "produit" par Billy Rush, qui s'avérera être son ultime album studio

Serge Gainsbourg, la stratégie de l'ortie

Après Melody et Marylou, Samantha, héroïne en petites « socks » du nouvel album de Serge Gainsbourg *You're under arrest*. Fiches anthropométriques et Lolita junkie, un grand Gainsbourg avant le tournage du *Journal* de Paul Léautaud et le Zénith au printemps. Le chanteur s'est confié au *Matin*. « *J'aime les orties, elles se défendent* », dit-il. Lui aussi pique et se défend.

LE MATIN. — Vous revenez à l'album concept, cette fois autour de Samantha.
SERGE GAINSBOURG. — Après Mélody Nelson et Marylou, voilà Samantha, treize ans, une petite black. Les flics m'ont appris qu'à seize ans, c'est le détournement de mineure, à treize ans, c'est viol...
Samantha est plus jeune que la Lolita de Nabokov ?
Je pense que celle du livre a quinze ans. J'ai voulu mettre en musique le poème de Nabokov : « *Ma voiture épuisée est en piteux état, la dernière étape sera la plus dure, dans l'herbe d'un fossé je mourrai, Lolita et tout le reste est littérature* », mais Kubrick était en train de faire le film et les Américains ont fait barrage pour les droits.

Qui est Samantha ?
Une junkie, drogue dure, belle, irrésistible. Les rapports sont litigieux. C'est pour ça qu'ensuite je me casse à la Légion, j'en ai ras le cul. Le dialogue ? Inexistant. Elle a surtout besoin de fraîche pour ses plans de coke. Et surtout elle est black, il y a une motivation musicale, j'ai observé des petites blacks en Amérique, en Afrique.
New York ?
C'est dans le New Jersey que j'ai enregistré. New York, je me sens un peu perdu. Intellectuellement, je ne peux vivre qu'à Paris, même s'il y a un marasme dans les arts majeurs, mon éducation artistique est française.

Comment cessera le marasme ?
Il y a des sursauts... après les guerres.
Vous êtes le double exact de ce dandy fondamental qu'est le Chevalier des Esseintes de Huysmans, un dandysme jusqu'à la mort...
Je relis Huysmans, toujours. Disons que j'applique un néo-dandysme sur le plan intellectuel. C'est un livre qui est présent dans mon inconscient. Ainsi ici, chaque objet est à sa place précise par rapport à des rythmiques. Je reçois des perceptions esthétiques qui me calment. Je ne supporte pas le désordre extérieur, ça me perturbe profondément.

Le Matin - 03/11/87

1984 - 1988

"Sex, drug and rock & roll" sont au menu de cet album couronné d'un succès colossal

"Il m'a aimé toute la nuit/ Mon légionnaire..."

À l'image de *Melody Nelson* et de *L'homme à tête de chou*, ce disque met en scène un homme mûr à la recherche d'une Lolita. À bout de souffle, à bout de sexe, Serge use de toutes ses forces chancelantes pour illuminer, de sa plume toujours aussi bien affûtée, la saison du déclin qui pointe à l'horizon.

Il raconte ici sa poursuite de Samantha, une préadolescente black et toxico qu'il a élue parmi « Five Easy pisseuses » :

```
C'était la plus noire de peau, de loin
la plus lascive
Ses petites socks
Me mettent en erex[119]
```

Il traque Samantha la sulfureuse, « *Des traces de piquouzes à/[Ses] lèvres une traînée de poudre* »[120], à travers le Bronx, dans un décor de cinéma où défilent les personnages emblématiques de New York : « Thelonius Monk » – fabuleux jazzman –, « quelques punks », les « police blacks », (« You're Under Arrest »), ainsi que « Chuck Berry », « Bill Haley », « Tex Avery »… ou même « Donald Duck » (« Suck Baby Suck »).

Cette évocation de la mythologie new-yorkaise est ici mêlée au sexe cru, orgiaque jusqu'au dégoût :

```
Tequila aquavit
Que de langues sodomites
De doigts troglodytes
Des plombes que je te visite
Absence de coït
O.Kay on est quitte[121]
```

« Aux enfants de la chance » apparaît comme une issue à cet univers de sex, drug and rock'n'roll : « (…) *mon père travaillait dans un dancing très humble. Il faisait danser les gamins. Et l'endroit s'appelait "Aux enfants de la chance". J'avais 10 ans, cela fait donc cinquante ans et je me souviens de ce nom.* »[122] Dans cette fort jolie chanson, Gainsbourg nous met en garde contre les dangers de la drogue en citant les différents produits illicites – ce qui, à son insu, aurait pu produire un effet pervers car, en les passant en revue, il encourait le risque d'inciter son auditoire à en consommer – qui ont eut raison de « Samantha », « héroïne » de l'album ou d'« Édith » Piaf. Ainsi, notre provocateur, conscient qu'il détient une responsabilité auprès de son public de teenagers et de Bambou qu'il a sortie des brumes de la poussière d'ange, revêt-il, de façon inattendue, le visage d'un moralisateur. Il reste toutefois crédible dans la mesure où, appartenant à la « vieille école », il s'est toujours astreint à ne consommer que de l'alcool, ce bain de sens où il puise sa « lucidité ».

```
Je dis dites-leur et dis-leur
De casser la gueule aux dealers
Qui dans l'ombre attendent leur
Heure
L'hor-
Reur
D'mi-
Nuit[123]
```

L'opus s'achève sur « Mon légionnaire » – déjà cité p.142 –, une reprise réussie dont les couplets sont chantés dans un talk-over exaltant la sensualité de la voix de Gainsbourg, mise en images par un clip de Luc Besson, réalisateur du *Grand bleu* adopté par la jeunesse.

Cet album, couronné par un succès colossal, est accueilli par une presse élogieuse : « *La voix elle-même est requinquée, on pige tout, il y a une présence canaille, une complicité avec l'auditeur, Gainsbourg est un pro, et son discours sur vinyle n'a pas la couleur brumeuse de son discours privé. L'histoire est belle, les mots rares, les musiques implacables, ça nous fait un album qui tient debout tout seul, et qui, en prime, nous la met bien profond. À coup sûr, LE disque de cet hiver.* »[124]

---

119. « Five Easy pisseuses » (Serge Gainsbourg), 1987.
120. « Bâille bâille Samantha » (Serge Gainsbourg), 1987.
121. « Glass Securit » (Serge Gainsbourg), 1987.
122. *Times*, 2 mai 1988.
123. « Aux enfants de la chance » (Serge Gainsbourg), 1987.
124. *Best*, décembre 1987.

1984 - 1988

Pour fêter ses 60 printemps, notre artiste s'installe, à partir du 22 mars et pour une semaine, sur la scène du Zénith parisien où il est accompagné par ses sept musiciens américains : Billy Rush (guitare), John K. (basse), Tony « Thunder » Smith (batterie), Gary Georgett (claviers), Stan Harrison (saxophone), Curtis King Jr et Denis Collins (chœurs).

Un nouvel album, un film et le Zénith
Serge Gainsbourg : « On peut changer de maîtresse, pas de chien »

1984 - 1988

Éclairé par le célèbre magicien des lumières, Jacques Rouveyrolis, Gainsbourg, tout de jean vêtu et le visage arborant une barbe de trois nuits, noyé dans les volutes de fumée de sa Gitane, apparaît dans un décor, rouge et bleu, reconstituant un hangar égaré dans la baie d'Hudson. Au menu de cette série de concerts – qui se prolongeront à travers la France, notamment au Printemps de Bourges, en avril –, la plupart des morceaux de ses deux derniers albums made in USA, ses principaux standards relevés à la sauce funky : « Qui est "in" qui est " out " », « L'homme à tête de chou », « Manon », « Valse de Melody », « Bonnie and Clyde », « Couleur café », « Aux armes et caetera », « Les dessous chics »[125] – écrit pour Jane –..., ainsi que trois titres inédits : « You You You But Not You », « Seigneur et saigneur » et « Hey Man Amen » – chanson testamentaire dédiée à Lulu qui apparaît sur scène.

Malgré son déclin physique, dû à trop de nuits blanches éclairées d'alcool d'or, notre sexagénaire, applaudi par des milliers de « fanatiques » frénétiques à la fleur de l'âge, savoure son succès avec délectation. Lucien Ginsburg, dont le chant du cygne s'élève dans un tourbillon euphorique, a définitivement pris sa revanche sur le destin : « *Et vogue le triomphe pour ce fils d'émigré qui se sent d'ailleurs et de nulle part, pour cet homme du présent qui regarde peu en arrière, sinon vers l'enfance, pour ce mystificateur qui traque les mots et arrache leur masque, qui aime le rapport sensuel au langage et manipule constamment l'humour, l'ironie, la dérision.* »[126]

125. Titre créé par Jane Birkin figurant sur l'album *Baby Alone In Babylone* (1983).
126. Claude Fléouter, *Le Monde*, 25 mars 1988.

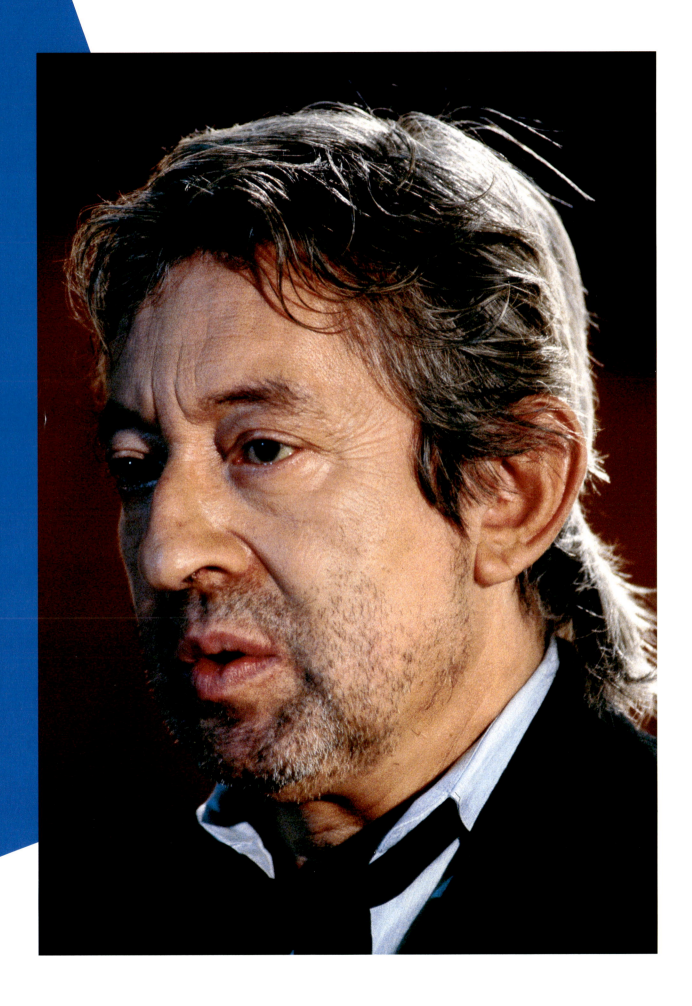

Mauvaises nouvelles des étoiles

Avec Bambou qui enregistre son premier album "Made in China"

Après avoir composé « Amour puissance six » pour Victor Lazlo, un titre passé inaperçu, et réalisé, sous la direction musicale de Billy Rush, *Made In China*, le premier album de Bambou qui ne rencontrera pas le succès escompté, Serge Gainsbourg est en proie, en ce mois de janvier 1989, à de graves ennuis de santé.

Juste avant son hospitalisation, il participe à *Lunettes noires pour nuits blanches*, une émission télévisée de Thierry Ardisson, au cours de laquelle il confie à Bambou : « *Tu me perdras un jour, c'est cruel, mais mathématique. J'crois qu'tu seras la dernière de ma vie, ma p'tite cocotte-minute.* » Raisonnant d'un son pathétique, ces mots indiquent que le compte à rebours a commencé.

1989 - 1991

Le 11 avril, atteint d'une cirrhose qui a favorisé l'apparition d'un cancer du foie, Serge est opéré à l'hôpital Beaujon où on lui pratique l'ablation des deux tiers de cet organe vital. L'équipe hospitalière appréciera son comportement exemplaire.

Durant sa convalescence, il est invité le 10 mai sur le plateau de Canal +, dans *Nulle part ailleurs*, où il fait la promotion de son dernier album live enregistré au Zénith. Là, attribuant son opération à un virus tropical contracté sur le tournage d'*Équateur*, notre mystificateur, qui a dû – pour un temps – renoncer à l'alcool qui le menace de cécité et diminuer sa consommation de tabac, s'étourdit en racontant des histoires drôles.

Pour notre homme, paraissant au mieux de sa forme, qui a décidé d'en reprendre pour vingt ans – le croit-il vraiment ? –, afin de chérir longtemps encore les membres de sa tribu familiale, Lulu, Charlotte et Bambou, une renaissance semble s'amorcer.

Pour Gainsbourg, le compte à rebours a commencé...

Gainsbourg entre le bluff et l'ellipse

Le fauteuil d'Henry Chapier convient mal à l'artiste qui ne s'allonge jamais. Il reste assis au bord, sur la défensive.

BONNES ou mauvaises nouvelles des étoiles ? Après Sabatier, Chapier tente de saisir l'envers du mythe Gainsbourg. Curieux empressement médiatique. Un peu comme si chacun voulait être là lorsque tombera le masque, lorsque le personnage, usé par le temps et vaincu par les vertiges de ce qu'il nomme lui-même le « *compte à rebours* », laissera enfin voir les ressorts de son jeu. « *Pourquoi toute cette comédie ?* », interroge carrément Chapier, comme si l'on était déjà dans les loges, après le dernier acte. « *N'en êtes-vous pas prisonnier ?* » Gainsbourg, bien sûr se dérobe, ricane. Il faut plus que quelques douleurs au foie pour abattre « *un être vivant, libre de ses sarcasmes, de ses conneries et de ses humeurs* ».

Le Monde - 05/10/89

GAINSBOURG : ABLATION PARTIELLE DU FOIE

Serge Gainsbourg, soixante et un ans, qui a subi mardi dernier une longue intervention chirurgicale, a toujours revendiqué ses excès, tant avec l'alcool que le tabac, les deux mauvais génies du personnage Gainsbarre.

Le chanteur et compositeur est hospitalisé à l'hôpital Beaujon de Clichy (Hauts-de-Seine), où son état était jugé hier « aussi satisfaisant que possible » par ses médecins.

Admis dans le service de chirurgie digestive sous une identité d'emprunt, Serge Gainsbourg a été opéré du foie pendant six heures.

« Sur le plan physique, ma détérioration artérielle est évidente », déclarait le chanteur en décembre 1984, tout en ajoutant : « Il y a les statistiques, les chiffres, mais les chiffres me font chier. J'ai déjà enterré deux cardiologues, le troisième est à l'hôpital. »

Vertus du 102

Malgré des accidents de santé passagers (un infarctus en 1973, à quarante-cinq ans), Gainsbourg a toujours refusé de freiner sa consommation d'alcool et de cigarettes. Ce n'est pas lui qu'on risquait de croiser en tenue de jogging dans un centre de thalassothérapie.

A Lucien Bodard qui lui demandait s'il pourrait se priver d'alcool, le chanteur répondait en 1985 : « Sans alcool, pas de lucidité, c'est pour moi impensable d'y renoncer. »

Volontiers prosélyte, il vantait les vertus du 102 (deux doses de Pastis 51 et zéro dose d'eau), ou du champagne, les jours où il affirmait « avoir réduit sa consommation d'alcools durs » pour assurer dans un studio d'enregistrement ou sur scène.

« Le tabac est mon plus vieux compagnon, disait souvent Gainsbourg. A dix ans, je suivais les fumeurs pour ramasser leurs mégots. Je fume entre trois et cinq paquets de cigarettes par jour. Comme disait Hemingway, l'alcool conserve les fruits et la fumée les viandes. »

Espérons pour lui que la médecine pourra lui permettre de voir grandir son petit Lulu.

Le Parisien - 15/04/89

1989 - 1991

Ainsi Gainsbourg projette-t-il à cette époque un regard sévère sur Gainsbarre, coupable des excès qui ont altéré sa santé, blessé ses proches et terni son image publique, qu'il tente de chasser de son horizon. « *Le plus terrible n'est pas d'arrêter de boire. Je suis même étonné d'y arriver aussi facilement. L'opération s'est décidée parce que j'avais subi toutes sortes d'examens lors de la cure de désintoxication que j'avais entreprise à l'Hôpital Américain. Il y a donc une volonté antérieure à l'intervention chirurgicale. Cette volonté était née de la terreur absolue qui m'avait saisi : perdre ma lucidité. J'étais overdosé. Je commençais à avoir des trous de mémoire. J'avais fait des prestations télévisées lamentables. Je n'avais plus de regard. Je disais n'importe quoi. Je ne pouvais pas vivre comme ça. Je ne parlais plus, je balbutiais. Vous m'avez déjà interviewé dans cet état-là. Ça ne devait pas être drôle !* »[127]

127. *Paris Match*, 1er mai 1989.

RECONVERSION

Gainsbourg fait tourner Berri

Gainsbourg réalisateur, « Stan the Flasher », son quatrième film, est, depuis hier, sur les écrans parisiens. Interprète principal : Claude Berri.

Il pète la forme. Malgré son opération en mai 1989, Serge Gainsbourg croit dans l'existence. La preuve : dès qu'il fut remis d'aplomb, il se lança dans son quatrième film en tant que metteur en scène, après « Je t'aime, moi non plus », « Equateur » et « Charlotte for ever ».

« Stan the Flasher » est un cocktail. « Je ne dirai pas détonant, mas étonnant, entre une dépression personnelle et une envie de retoucher à vingt-quatre images-seconde. Stan, c'est Adam qui cherche sa Fève, mais qui n'a plus la sève. Et c'est là où il est bouleversant. C'est un esthète qui souffre de l'ingratitude de sa morphologie. Stan est misogyne et misanthrope. La totale, comme moi. »

Dès le début du projet, Serge pressentit Claude Berri, le producteur-réalisateur de « Jean de Florette » et de « Manon des Sources », mais aussi acteur, qui joue le personnage de Stan, l'exhibitionniste (traduction littérale de flasher). « Le film a été écrit pour lui, pour sa morphologie, pour son potentiel de démence, pour son regard, son look, ses cinquante balais passés, et toute la dynamique interne que je subodorais en lui. »

Sur le plateau, une complicité totale : « Gainsbourg est un poète, et le cinéma rentre dans son œuvre », raconte Claude Berri.

Gainsbarre, lui, trouve qu'« être metteur en scène est d'une simplicité infantile. Il faut quand même être un peu visionnaire. Il est très simple de dire moteur, mais choisir son objectif pour le plan suivant, c'est pas évident. Ça l'est pour moi qui ai fait de la peinture pendant vingt-cinq ans. Comme disait Adjani, je suis un feeling director. Quand la scène est douce, je dis moteur d'une voix à peine perceptible, par contre quand ça doit casser la baraque, pour mettre l'acteur en transe, je pousse une gueulante. »

En ce moment, Serge prépare le nouvel album de Jane Birkin et il rentre aujourd'hui en studio pour le second trente-trois tours de Vanessa Paradis ! « Mes loli tas sont toujours des pisseu ses d'une extrême pureté. Elles peuvent être allumeuses mais elles restent virginales. Elles ont une aura de séduction qui leur est propre ainsi que la conscience de ce pouvoir maléfique. »

Alain Grasset

Le Parisien- mars 90

Gainsbarre renonce à la bouteille, Gainsbourg retrouve sa caméra

Le convalescent tourne « Stan the flasher », une histoire sulfureuse avec Claude Berri, Aurore Clément et Richard Borhinger

« Ne plus boire est un grand malheur. C'est à l'armée que je suis devenu éthylique au premier degré. » Du premier au troisième, il n'y a que deux pas, que Serge franchira avec entrain : Gainsbourg se barre quand Gainsbarre se bourre. Mais les délires éthyliques sont révolus :

« L'alcool, c'est quatre facteurs : la vue, l'odeur, le goût et l'après-goût. Aujourd'hui, il ne me reste plus que la vue. Et encore, celle-ci est mal barrée avec mon problème au nerf optique... »

TRIANGLE ÉQUILATÉRAL. Alors, comme ça, mister Gainsbourg, on a renoncé à l'alcool, comme on renonce à une femme ?

« Pas du tout. Ce sont les femmes qui ont renoncé à moi, comme tous les grands séducteurs. » Gainsbarre poursuit :

« Affirmatif. La vie est un triangle équilatéral dont les sommets sont l'alcool, le tabac et le sexe. J'ai laissé tomber l'alcool, le tabac partiellement. Quant au sexe, on en n'est pas encore là. »

S'il a renoncé à l'alcool, le fumeur n'a pas l'intention de congédier ses gitanes :

« Trois paquets par jour », pavoise-t-il avec la fierté d'un ado évoquant son premier pétard.

« Advienne que pourra. Je suis fataliste. » Gainsbarre reprend le dessus et aligne joyeusement bons mots et aphorismes « gainsbouriens », tout en exhortant l'intervieweur transi à les noter scrupuleusement : « Je suis en forme aujourd'hui », ajoute cet enfant barbu, portant uniforme en jeans, pompes cyclistes blanches et petites lunettes.

DUR A CUIRE. Puis Gainsbourg, sans qu'on ne lui demande rien, enchaîne sur son opération, dont il a visiblement très envie de parler :

« Ce qui me reste de foie est impeccable, quant à mes poumons, d'acier. Ils m'ont fait hara-kiri en pensant que mon cœur lâcherait, mais je suis un dur à cuire. Aujourd'hui, je suis un sursitaire. C'est pour cette raison que j'ai écrit le scénar en 7 jours. Il fallait faire vite. »

1989 - 1991

Retour derrière la caméra

Serge Gainsbourg : le cocktail Molotov

On lui a enlevé une partie du foie. Et pourtant il tourne, plus sulfureux que jamais.

Gainsbourg retrouve le cinoche après trois années d'abstinence cinématographique. Il tourne actuellement aux studios d'Arpajon son quatrième film *Stan the Flasher* (Stan l'exhibitionniste). Il en a écrit le « scénar » et il en signe la mise en scène ainsi que la musique. Il a laissé le rôle principal à son ami Claude Berri : « *C'est le plus grand producteur européen. Il fait l'acteur par amitié pour moi.* » Richard Bohringer et Aurore Clément complètent l'affiche.

Murmure pâteux

L'histoire est, bien entendu, sulfureuse à souhait. Stan, interprété par Berri, est un scénariste à la dérive. Entre deux coups de déprime, il donne des leçons d'anglais en écorchant Shakespeare et il joue aux exhibitionnistes : « *Cela commence comme une comédie légère et cela se termine dans le couloir glauque de l'enfer* », explique Gainsbourg dans un débit lent et sourd, dans une sorte de murmure un peu pâteux. Gainsbarre se marre. Il est toujours aussi scabreux et scato aux entournures.

D'ailleurs, la scène qu'il est en train de tourner annonce déjà la couleur de son film. Vocabulaire et dialogues ne sont pas à mettre entre toutes les oreilles !

En voici quelques extraits au moment où Stan donne une leçon d'anglais chez lui à l'un des élèves, le gros Jojo.

« Jojo (en train de lire ce qui est écrit dans son cahier) : « *To bite or not to bite.* »

Stan : « *Mais merdre à la fin ! C'est to be. To be. Ce que tu peux être con, mon petit gars. Allez, mouche-toi, t'as le nez dégueulasse !* »

Jojo : « *Oui, monsieur.* »

Stan : « *Répète : this is a girl.* »

Jojo : « *Zizi a girl.* »

Stan : « *Non mais tu te fous de ma gueule ! Tu veux que je t'en balance une ?* »

« *Coupez !* », crie Gainsbourg qui poursuit : « *Vous savez, je suis un garçon gentil, mais j'ai parfois des accès de rage et de désespoir. Et c'est cela que je projette à l'écran.* » Gainsbourg se dit mysogine et misanthrope : « *Après tous les coups de cravache que j'ai reçus dans la gueule par ma faute !* », et intuitif et intello : « *Ça fait un sacré cocktail Molotov !* »

---

scénario, dialogues, musique et mise en scène de GAINSBOURG

FRANÇOIS RAVARD présente CLAUDE BERRI · AURORE CLÉMENT · STAN THE FLASHER · un film de G
ELODIE · MICHEL ROBIN · DANIEL DUVAL · GAINSBOURG · OLIVIER GUE
BABETH SI RAMDANE · GÉRARD ROUSSEAU · JEAN LARA · R.FILMS/CAN

PYRAMIDE

Pendant sa convalescence, **Gainsbourg écrit le scénario de "Stan the flasher"**, un film dont Claude Berri est l'acteur principal

Le Figaro - 10/07/89

1989 - 1991

"Stan the flasher" est son quatrième film. Le plus beau. Gainsbourg cinéaste, ça se visite.

ENTRETIEN REALISE PAR JEAN-CLAUDE LOISEAU ET LAURENT BACHET

Voyage éclair à Londres. Gainsbourg y enregistrait les musiques du prochain album de Jane Birkin. Une soirée avec Serge. Pour parler de "Stan the flasher". "Stan the flasher", la vision Gainsbourg du désespoir d'un scénariste raté qui donne des cours d'anglais à une troublante Lolita. Victime de l'impuissance et des tabous, il va devenir un « flasher », un exhibitionniste. « Misogyne et misanthrope. Like mézigue », dixit Sergio. Pourtant, rien de glauque, rien de gratuitement provocant, c'est l'histoire d'une tentation filmée d'une manière rigoureusement pudique, rigoureusement poétique. Durant cette nuit de tempête sur l'Angleterre où l'on apprend la disparition d'Ava Gardner dans cette même ville sinistrée, Gainsbourg va parler avec précision, avec passion. Elégant et courtois, du restaurant à sa chambre d'hôtel, et de sa chambre au bar, de citations en anecdotes, il s'explique. Avec toujours deux paquets de Gitanes à portée de la main.

Huit jours plus tard, nous avons poursuivi la discussion chez lui à Paris, dans sa légendaire « salle de musique » aux allures de musée de la Gainsbourg story. Objets, photos, disques d'or et de platine, extraits d'articles encadrés : toute sa vie, privée et publique, est ici exposée, méticuleusement mise en scène. Et comme il ne laisse rien au hasard, il demande un « sound-check » pour le magnétophone. Il a bien fonctionné. Merci.

Première. Qu'est ce qui vous a donné envie d'écrire le scénario de "Stan the flasher" ?
Serge Gainsbourg. Il a giclé. En huit jours. Je l'ai dicté à une secrétaire, une fille qui est venue ici. Evidemment, après, je l'ai rewrité, et puis, la veille du tournage, j'ai écrit des scènes additionnelles... C'est un sujet que j'ai développé en fonction de mes humeurs, de choses que je subodorais. C'est une apologie de la solitude et de la désespérance. En l'écrivant, j'étais extrêmement dépressif... Alors, il y a un parallèle entre mon héros, mon anti-héros plutôt, et moi...
P. Stan est un incompris.
S.G. Il est rejeté... C'est un mec à la dérive. Son bateau coule. Il ne le sait pas encore mais il le subodore. Sa dernière tentative, son dernier sursaut, c'est une déviation sexuelle. Déviation qui vient de... de l'impuissance, et l'impuissance vient du cérébral, du coeur et de mauvaises irrigations vasculaires. « *Trique or not trique, that is the question...* »
P. Vous avez tout de suite envisagé Claude Berri pour incarner Stan ?
S.G. En écrivant, je pensais à Berri. Je ne voyais que lui. Il m'a donné ce que j'attendais. Il a en lui, en filigrane, un potentiel d'acteur démentiel. Dans tous les registres. Drôle. Déchirant... Il a joué le jeu. Il a joué le Je. On n'a pas discuté. Je lui ai dit : « Voilà, tu craches ça. Si tu le sens pas, je vais rectifier le tir... » Il a dit oui.

Le maître, entouré d'un cercle de « lolicéennes », sur les marches du palais Bardo, parc Montsouris.

Première, n°156 - mars 90

"Stan the flasher", un film mettant en scène l'obsession éternelle de Gainsbourg pour la Lolita de Nabokov

---

Le 20 juin, Gainsbourg débute le tournage de *Stan The Flasher*, son ultime film en tant que réalisateur, qu'il a conçu en huit jours, dans l'urgence fébrile succédant à son opération. Ce long métrage dont il assume une nouvelle fois l'écriture du scénario, des dialogues et la composition de la musique, met en scène Claude Berri (Stan), Aurore Clément (Aurore), Richard Bohringer (David) et Élodie Bouchez (Natacha). En voici l'argument : scénariste raté et impuissant, Stan est un homme désespéré, méprisé par sa femme Aurore. Pour vivre, il enseigne l'anglais à des enfants dont il ne parvient à susciter l'intérêt. Rejeté par tous, cet homme au bord de l'abîme nourrit une passion secrète pour les jeunes lolitas. Parmi elles, Natacha, à qui il donne des cours particuliers et dont il tombe amoureux, ainsi que d'autres qu'il guette, au parc Montsouris, nu sous son imperméable. Cet exhibitionniste finira par être emprisonné. Sa femme le quittera, puis il mettra fin à ses jours.

« Je recherche toujours cette petite Lolita, mais c'est abstrait, n'est-ce pas ? Ce n'est pas une question de baise, c'est une question de puriste. Je pourrais dire que c'est la Vénus au miroir de Titien... »[128]

Ce film, dont on remarquera l'esthétique de l'image et le style du réalisateur, suscitera à sa sortie, le 7 mars 1990, des critiques partagées. « *1h 05 seulement, mais ces 65 minutes sont remplies jusqu'à l'écœurement de tous les fantasmes nauséabonds et séniles du bonhomme, plus pervers pépère que jamais : désespérance à tous les étages, autodestruction, narcissisme, scatologie, petites filles en socquettes blanches livrées au voyeurisme et aux mains baladeuses du héros.* »[129] « *(...) ce qui change tout, c'est la vision du metteur en scène. Le style (...). Et ses plans cadrés au millimètre, filmés dans des mouvements de caméra d'une insidieuse élégance, entrent en parfaite résonance avec un dialogue très écrit, souvent cinglant, qui chavire sur les mots avec un rare bonheur. (...) Gainsbourg (...) devrait, en tout cas, s'attirer le respect de tous ceux qui doutaient de son talent de cinéaste. Il vient de signer un coup de maître.* »[130]

128. France Culture, 15 et 16 novembre 1989.
129. Patrick Laurent, *Rivarol*, 23 mars 1990.
130. Jean-Claude Loiseau, *Première*, mars 1990.

1989 - 1991

En septembre 1989, paraît chez Phonogram l'intégrale des chansons de notre artiste – 207 titres regroupés en 9 CD –, événement annoncé par ce slogan publicitaire : « Gainsbourg n'attend pas d'être mort pour être immortel. » « *Ce coffret, c'est pas ma compilation, c'est mon sarcophage.* », déclare Serge qui, victime d'un nouveau malaise cardiaque, vient de séjourner à l'Hôpital Américain de Neuilly pour y subir des examens. Précisons que, sur le tournage de *Stan The Flasher*, Gainsbarre a renoué avec le démon de l'alcool.

Deux cent sept morceaux.
La somme de trente ans de carrière musicale, dans le détail,
le tout truffé de pas mal de pièces rares.
L'événement de la rentrée,
la totale, et, accessoirement, l'occasion d'un flashback à bâtons rompus.

L'INTÉGRALE
« Bel objet, mais c'est un peu dur. Une vie est passée. Elle n'est pas finie, mais elle est mathématiquement bien attaquée. Je n'ai pas terminé. J'ai encore des choses à faire pour moi, mais aussi pour Jane, Charlotte, Bambou et bientôt pour mon petit Lulu. Donc, ça n'est pas une fin de parcours, m'enfin...
R & F – Ce genre de pavé, c'est un peu comme si Gainsbourg entrait dans la collection de La Pléiade !
S.G. – Ah ! Ah ! Ah ! Je suis déjà à la NRF avec mon bouquin, « Evguénie Sokolov ». Édition prestigieuse ! Oui, c'est pas con, ça ! J'achète ! A part que les mecs, quand ils entrent à La Pléiade, ils ont déjà cassé leur pipe.
R & F – Je crois qu'il y en a au moins un, le poète René Char, qui y est entré vivant.
S.G. – Ah bon ? Et il en a écrit un paquet, comme moi ? Avec mon bouquin, dans le catalogue, je me retrouve entre Genet et Gide. Pas mal !
R & F – Chaud devant !
S.G. – Ouais, bien qu'avec eux, ça serait plutôt chaud derrière.
R & F – C'est ce que j'allais dire.
S.G. – Ouais, à part que c'est moi qui l'ai dit. Faux cul ! »

Rock & Folk, n° 267 - oct. 90

En septembre 1989, un coffret de 9 CD regroupant 207 chansons, immortalise l'œuvre de Gainsbourg

Flash back sur une vi[e] vouée à l'esthétisme.

PIANO-BAR

« Mon voyage initiatique, ça a été le piano-bar. Il fallait bien gagner sa vie. Je faisais les dancings, les bars. Je jouais pour les rupins anglais au casino du Touquet. C'est d'ailleurs depuis cette époque que je hais les tenues strictes, les « dinner jackets », comme ils disent ! J'ai été élevé à la dure. J'ai fait des tournées avec Brel, en jouant certains soirs sur un piano désaccordé. C'était loin d'être comme aujourd'hui. Une tournée, maintenant, c'est somptueux. La dernière fois, on m'a proposé une limousine ! J'ai répondu : « Vous rigolez ! Je veux être dans le car, avec mes musiciens ricains. » Dans le car, je jouais aux échecs et je battais tous les Ricains. Tous ! Je n'aurais peut-être pas battu un Ruskof, un balaise, mais les Ricains... Pour en revenir au piano-bar, c'était juste un gagne-pain.

Mais j'étais déjà fier, à ce moment-là. A l'époque, je devais gagner cinq sacs. Quand j'avais fini de jouer, j'allais au bar – à ce moment-là, je crois que je buvais du whisky – et je payais mes verres avec les cinq sacs. C'est-à-dire que je redonnais au patron ce que j'avais gagné ! Ça, c'est de l'orgueil à l'état pur. A touch of class ! »

PEINTURE

« C'est vrai que j'ai commencé tard ma carrière. J'avais trente ans, mais je n'en paraissais pas autant. J'ai commencé tard à cause de la peinture. J'avais un coup de crayon, et dans les ateliers, ça se savait. Comme exercice, par exemple, je savais dessiner d'un coup de plume une aiguille en appuyant juste ce qu'il faut pour faire son chas. Pas mal ! J'ai essayé tous les styles, cubiste, surréaliste, etc. Je n'ai jamais trouvé ma voie. C'est allé plus vite en musique. Dans les huit jours qui ont suivi ma première prestation rive gauche, intello, une star s'est pointée. C'était une star Yves Montand s'est pointé. Il m'a dit « p'tit gars, à l'époque, impressionnant ! Il m'a dit « p'tit gars, tu vas m'écrire quelque chose », et il m'a tendu un numéro de téléphone, un numéro privé. J'ai rappelé. Je suis tombé sur un secrétaire ou je ne sais quoi. Je me suis dit : « Non, je vais chanter, moi ! »

BORIS VIAN

« Je l'ai rencontré peu de temps avant sa mort. Un jour, Vian s'est pointé au Milord l'Arsouille, une boîte où j'étais pianiste. J'en ai pris plein la gueule, au sens figuré... J'étais blême. Il avait une manière de balancer les mots devant une bande de connards... Je me suis dit qu'il fallait vraiment que j'écrive. Il est mort peu de temps après, à la projo privée de « J'irai Cracher Sur Vos Tombes ». Sa tête est partie en arrière. Le cœur... bop ! »

JAZZ

« Le jazz, c'était ma passion. J'ai reçu un coup de poing dans la gueule un jour quand j'ai entendu Gillespie à la radio. Après, j'ai eu des fixations sur Art Tatum, Jackie McLean, Joe Turner. »

Gainsbourg digresse et montre une photo récente où il est en compagnie de Ray Charles. Une autre histoire : « C'était il y a deux ans, au Printemps de Bourges. J'ai rencontré Jerry Lee Lewis, le Sud-africain, là... Johnny Clegg, et lui, Ray Charles. Là, j'ai pris une grande leçon ! Les plus grands sont les plus simples. J'avais le privilège de pouvoir entrer dans leur loge, de faire ce que je voulais. Tandis qu'avec certains Français... Les mecs, ils essaient de faire un single et ils croient que c'est arrivé. Ils ne te donnent même pas un autographe. Ah, non... Le jour où on ne leur en demandera plus, ils comprendront !

R & F – C'est pour ça que le mur de la façade, rue de Verneuil, n'est jamais repeint ?

S.G. – J'ai repeint, et pendant quelques jours l'angoisse m'est venue : les gamins et les gamines, les pisseuses, elles ne m'aiment plus ? Et puis c'est reparti ! Il n'y a rien de méchant, rien. Ce sont des autographes inversés. On parlait du jazz ? »

CHEZ LES YÉYÉS

« Alors là, j'ai souffert, oh la vache ! L'avènement yéyé, les mecs et leurs guitares électriques... je sentais que pour moi, c'était fini. J'avais fait « Le Poinçonneur des Lilas », la maison de disques me suivait, mais je ramais. Je changeais de look à chaque disque, comme je continue d'ailleurs à le faire – mais maintenant, je change de pays... C'était pas la gloire. Et puis, en 65, paf ! Prix de l'Eurovision, avec la petite (NDLR : « Poupée de Cire, Poupée de Son », France Gall). Alors là, d'auteur maudit je deviens auteur potentiel tubesque. C'est-à-dire que je suis demandé. Attention, c'est pas moi qui demande. Jamais ! Je ne sais pas demander. Là, j'ai commencé à rigoler en tant qu'auteur-compositeur. Maintenant, c'est moi qui les baise. »

LES FEMMES

« Ouais, les plus belles.

R & F – On a l'impression qu'autour de Gainsbourg, il y a plusieurs types de femmes, des muses, des compagnes, des maîtresses, des victimes...

S.G. – Ouais. Si, si, c'est vrai ! Enfin, j'ai souvent été victime aussi de mes propres abus. J'ai eu des périodes de polygamie. J'ai eu des périodes d'éthylisme forcené, je dis bien forcené. J'ai souvent écrit dans un état second. Mais attention : jamais les drogues dures ! Si j'ai écrit « Aux Enfants de la Chance » c'est pas pour rien !

R & F – On parlait des femmes, pas de l'alcool !

S.G. – C'est un additif. La véritable lucidité, c'est « Je t'Aime Moi Non Plus ». Toutes mes chansons d'amour sont négatives. C'est « Je Suis Venu te Dire Que je M'en Vais » ou « Sorry Angel ».

R & F – La version originale de « Je t'Aime Moi Non Plus » est un duo avec Brigitte Bardot. Pourquoi avoir attendu tant de temps pour la sortir ?

S.G. – J'avais besoin de son feu vert. Les gamins ont longtemps cru que la version originale était celle avec Jane. C'est faux. En 67, quand on l'a enregistré avec Brigitte Bardot, elle était mariée avec Gunther Sachs. Il y a eu des fuites en studio, et les journaux à scandale ont commencé à balancer des conneries. On a tout arrêté. Là, je me suis parjuré : je m'étais promis de ne pas le sortir. La matrice était dans un coffre-fort et ne devait pas en sortir. Ça avait été craché en une nuit. Je suis un rapide, j'attends le stress des derniers jours... Avec Jane, « Je t'Aime Moi Non Plus » a été un énorme succès. On a été numéro un en Angleterre, devant les Beatles, les Stones et Presley. Historiquement, c'est la première chanson érotique de l'histoire de la musique légère.

EROTISME

« C'est la clé de mes songes. Un jour, j'ai piqué deux photos érotiques à Michel Simon. Des photos d'avant l'époque des sex shops. C'était un spécialiste... On a pris de la cuite ensemble ! Je les ai toujours dans ma collection, enfermées avec le reste dans des mallettes, pour que mon petit gars ou Charlotte ne tombent pas dessus. Mais tout ça... c'est éprouvant. Ça m'intéresse beaucoup moins. C'est comme les cassettes vidéo. J'ai tout balancé. Sauf une, une vidéo américaine où visiblement, on sent que la fille a été droguée. Terrible ! L'érotisme, je ne vois pas de quoi parler d'autre. J'ai parlé de mecs une fois, il n'y a pas longtemps, avec « Mon Légionnaire ». »

LES SUCETTES

« Ah, la petite (rires). J'en ai baisé plus d'une à son insu, je veux dire sur le plan moral, intello (rires). Il y a eu un p'tit gars aussi, pour qui j'écrivais. Je me suis dit, maintenant, je vais lui écrire sa dernière chanson. Après, il dégage. Ça s'appelait « Plus Dur Sera le Chut ». Et bop, il a dégagé. Je ne dirai pas son nom. C'est trop vache. D'ailleurs, je ne suis pas sûr de m'en souvenir. Hé, hé ! »

ROCK

R & F – Vous avez dit un jour à propos de « Sous le Soleil Exactement » que c'était du rock français avant la lettre.

S.G. – J'ai dit ça moi ? C'est prétentieux. Non, je fais depuis longtemps une fixation sur Cochran, Buddy Holly. Jimi Hendrix aussi, bien évidemment.

Gainsbourg se lève et montre, bien en évidence sur une tablette de verre, un tirage de la photo de la pochette originale de « Electric Ladyland » (les nanas à poil), emballage longtemps censuré. « C'est une des plus belles pochettes que je connaisse. Très fort. »

MARIANNE FAITHFULL

« Elle avait une chanson dans la comédie musicale « Anna », qui s'appelait « Hier ou Demain », mais qui n'est pas dans la bande originale. Pendant le tournage de « Anna », j'ai vu débarquer son jules. C'était Mick Jagger. J'ai revu Marianne Faithfull beaucoup plus tard, quand je suis allé la filmer pour « Les Enfants du Rock ». C'était terrible. Elle était vraiment cassée. Elle attaquait au cognac, plus la coke...

R & F – Et Mick Jagger ?

S.G. – Un jour, dans une boîte, je me retrouve nez-à-nez avec lui. Je ne me rappelle plus quelle heure il pouvait bien être, mais j'étais déjà bien fait. A l'époque, je buvais du Peppermint. Je fais un geste et, d'un coup, le Peppermint tombe sur les tennis blanches de Jagger. Paf ! Tennis vertes ! Il se lève pour me casser la gueule et moi je me mets à gueuler « remember Marianne Faithfull » ! Du coup, il se calme. Ok, pas touche ! Il a passé sa soirée avec ses grolles au Peppermint. Hé, hé ! C'est plutôt usage interne qu'externe. Pour moi, c'est la flotte qui est usage externe. »

TÊTE DE CHOU

« Je n'ai jamais revu Jagger, mais il m'épate, ce mec. C'est un athlète. Il a fait toutes les conneries possibles, et il reste superbe. D'où, pour lui comme pour moi, le même aphorisme : "La laideur a ceci de supérieur à la beauté, c'est qu'elle dure." C'est plus de moi, mais je ne sais plus de qui c'est. L'époque coupe au rasoir, grandes oreilles dégagées, je ne m'aime pas. Je trouve que j'ai une sale gueule. A quarante ans, ça a commencé à s'arranger. A cinquante, c'est bon. Quand on n'a pas ce qu'on aime, il faut aimer ce qu'on a. Par rapport à Mick Jagger, Keith Richards a le handicap des beaux garçons. Je ne veux pas être cruel, mais certains de nos acteurs, en vieillissant, prennent des gueules de raie. Je ne citerai personne, of course ! »

LES PUNKS

« De l'esthétisme. De l'esthétisme suicidaire. Intéressant. Dans tout art, il y a des tendances suicidaires. C'est "Etre ou ne pas être" »...

R & F — Et la provoc ?
S.G. — C'est une dynamique. C'est une vibration. C'est une turbulence. »

REGGAE

« Ça n'est pas Marley qui a fait découvrir le reggae en France (il est arrivé plus tard), c'est moi ! C'était le moment juste pour aller en Jamaïque. Un an avant, c'était trop tôt. L'année suivante, trop tard. A ce moment-là, j'avais besoin de changer de couleur, de devenir black. J'avais écouté Marley et Tosh, cette pulsion nazie, dans son sens strict, à l'extrême. Quand je suis arrivé dans le studio, c'était un peu comme si je n'existais pas. Les rastas ne disaient pas un mot, complètement laconiques. Alors je suis allé au piano. Quand j'ai posé les mains sur le clavier, ils se sont dit : "Ça, c'est un petit Frenchy qui connaît la musique. On ne rigole plus." Ils se roulaient des pétards, des Davidoff ! Ils bectaient tout le temps. Quand quelque paquet de bouffe arrivait au studio, ils arrachaient le papier d'emballage, du gros papier kraft, pour rouler leurs pétards. Dans le studio, c'était chaud, plutôt enfumé. Il y avait la femme de Marley aussi, Rita.

R & F — Du coup, vous y êtes retourné pour un second album.
S.G. — Ouais. Entre-temps, Sly et Robbie étaient devenus célèbres. Ils passaient leur temps à lire le "Billboard", les classements du hit parade. Ils cherchaient à produire. A ce que je sache, ils n'ont pas fait grand-chose. Robbie s'est fait jeter par James Brown. Il faut dire que dès qu'il y a deux harmonies, il est planté. Dès qu'on est un peu sophistiqué, ça coince. J'ai dû jeter pas mal... »

STYLISATION

« Un jour, j'ai décidé, pour aller plus vite dans mon jet de plume, de ne plus mettre de barres aux t, plus d'accents, plus de points. Je ne peux pas supporter un point sur un i. Un poing sur la gueule non plus, mais c'est pas le même trip.

R & F — Même stylisation pour la musique ?
S.G. — Simplicité. Les mômes sont dans le trip de faire des maquettes avec leurs guitares, leurs synthés, leurs boîtes à rythmes. Puis ils partent en studio et, à l'arrivée, c'est pire. Ils se sont trop branlés avant. Moi, c'est un piano avec des fausses notes. »

MARSEILLAISE

« J'ai l'original de "La Marseillaise". Pas ici. Je l'ai prêté au musée d'Orsay.

R & F — Quand « Aux Armes Et Coetera » est sorti, ça a fait scandale et vous avez tenu des discours très anti-militaristes. Aujourd'hui c'est plutôt l'inverse. Vous êtes copain avec les paras et les flics, vous collectionnez les médailles...

S.G. — D'abord, c'est pas des médailles, c'est des pucelles, des écussons. Ben ouais, ça a viré. Ce qui ne passait pas ça chaud, à froid ça passe. Au moment où « La Marseillaise » est sortie, ceux qui m'ont fait chier, c'étaient des mecs d'extrême-droite, Ordre Nouveau ou des anciens paras, pas les jeunes. Et puis je me suis souvenu de ma période militaire, qui était la plus marrante de ma vie. On était entre mecs, on allait voir les putes, on buvait comme des trous. On se saoulait la gueule et je jouais de la guitare. Maintenant, je suis copain avec Gainsbourg, et moi aussi d'être copains avec les flics. Ça me fait marrer. Il y a un duel entre Gainsbourg et Gainsbarre. Gainsbarre envoie des vannes. On a bien le droit d'envoyer des vannes, non ? On a piano, on y voit le petit Lulu dans les bras d'un flic, la casquette du brigadier vissée sur son crâne de bébé.

S.G. — Lui, dans trois ans, je le mets au piano, avec papa. C'est un fanatique de Gainsbourg. « Je veux chanter les chansons de papa ». Il a la voix juste. Dans trois ans, au boulot !

R & F — Et s'il préfère être flic ?
S.G. — Je lui pique sa matraque et je lui en file un grand coup ! »

WHITNEY HOUSTON

« Je n'aime pas les émissions en différé. J'aime le direct. En différé, je n'aurais pas pu dire à Whitney Houston, je n'aurais pas de la baiser. Ils auraient coupé. Et j'avais envie de la citer ! Et l'autre oiseau qui traduit ce que je ne veux pas dire, qui traduit « il veut faire l'amour avec vous », non, ah non ! J'avais dit « fuck you », baiser, pas « make love ». Faut traduire ! Je n'avais pas envie de faire l'amour, j'avais envie de la baiser. Ça a fait du bruit même en Amérique. De toute façon, faut pas déconner, on s'est cogné tous ses musiciens ! Oh, la tronche, bén, bé ! »

APHORISME

« J'en ai un pas dégueulasse : la connerie, c'est la décontraction de l'intelligence. Ah ! »

PEPLUM

« Les films en mini-jupe ? C'est vieux. J'ai fait ça pour voir du pays, c'était tourné en Italie et en Espagne. »

R & F — Gainsbourg au cinéma, c'est avant tout Gainsbourg metteur en scène. La critique n'a pas toujours été tendre avec vos films.

S.G. — Je suis un bon metteur, mais je suis un metteur mal aimé. Un bon metteur se projette lui-même, c'est toute sa bargerie. La production française est assez nulle. Mais c'est vrai que certains critiques ne m'ont rien épargné. Je n'ai pas de regrets. Je n'en veux à personne de m'avoir assassiné. Les mauvaises critiques me touchent autant que les bonnes. Parfois, ça peut me faire très mal... Non, ce que je n'aime pas, c'est quand c'est mal écrit. Un film, c'est six mois de vie et d'heure avant de passer à autre chose. C'est dur. Si le mec a un style fulgurant, je me dis c'est un bon écrivain. Si c'est dégueulasse comme style, je ne supporte pas. Mais il y a aussi des critiques qui me donnent les larmes aux yeux... »

CLIP

« Le clip que j'ai fait pour Charlotte est inattaquable. Le décor de « Lemon Incest », qui passe du noir au blanc... Il faut dire que j'avais une très belle Lolita. Au ciné, si elle veut, elle peut faire une carrière extraordinaire. En plus elle chante, elle dessine très bien, elle se met au piano classique... elle suit le trajet de son père. On va retravailler sur un album. Dans le créneau de vacances scolaires, bien sûr.

R & F — Des projets pour Jane ?
S.G. — Oui, un album. Romantique.
R & F — Et pour Bambou ?
S.G. — Aussi. Le coup de « Nuit de Chine » est vraiment mal tombé. Nuit de Chine, nuit câline... boum, boum, les tanks et les balles dans la nuque...
R & F — Une école Gainsbourg ?
S.G. — Qui me survivra. »

ÉPILOGUE

Est-ce l'absence de fenêtre dans cette pièce aux murs noirs ? Ou bien le fatras des souvenirs, rigoureusement agencés selon un mystérieux principe pictural : Le regard de Bardot, la bouille de Lulu, Un manuscrit de Frank Liszt encadré sur le mur ? Dans le salon sombre de Gainsbourg, le temps s'éloigne et flotte, touches impressionnistes tremblantes sur fond de nuit. Reste, dans un coin, noire de trente ans en survol de la chanson française. Reste l'œuvre.

« Il y a un qui me plaît bien, d'Oscar Wilde : « J'ai mis mon génie dans ma vie et mon talent dans mon œuvre. » — PHI-LIPPE BLANCHET.

1989 - 1991

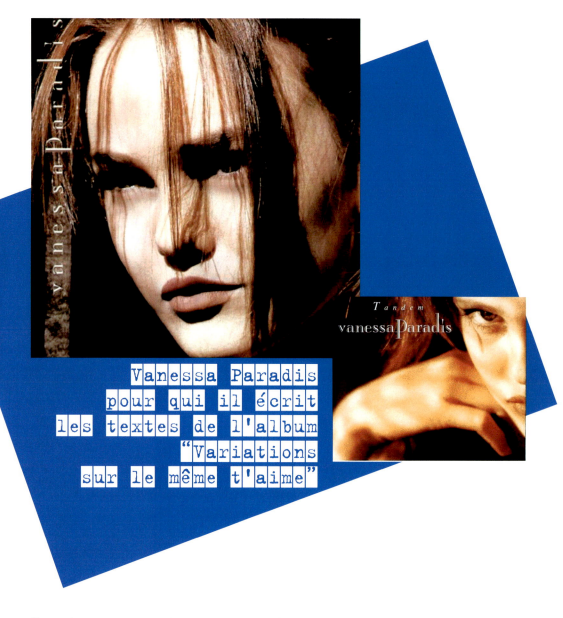

Vanessa Paradis pour qui il écrit les textes de l'album "Variations sur le même t'aime"

Le 2 février 1990, il est honoré par une Victoire de la Musique récompensant l'ensemble de sa carrière au cours d'une émission réunissant Patrick Bruel, Michel Sardou, Laurent Voulzy et Vanessa Paradis qui reprennent en chœur « La javanaise » face à un Gainsbourg ému aux larmes. Ensuite, il écrit – sur une musique de Georges Augier de Moussac – les paroles de « White and Black Blues », une chanson interprétée par Joëlle Ursull, qui atteindra la seconde place au concours de l'Eurovision, avant de s'atteler à l'élaboration de deux nouveaux albums. L'un pour Vanessa Paradis, qui paraîtra en mai, et l'autre pour Jane Birkin, prévu pour septembre.

Avant que Gainsbourg ne soit intégré dans l'équipe de Vanessa, Franck Langolff a déjà signé les musiques des différentes chansons dont Renaud doit écrire les textes. Traversant une période de profonde déprime exacerbée par une santé déclinante, Serge parvient à convaincre « Le Chanteur énervant » – dont on connaît la mansuétude légendaire – de lui céder sa place. Même si Vanessa est fort flattée de figurer, après France Gall, Brigitte Bardot, Jane Birkin et Bambou, sur la liste d'or des Lolitas gainsbouriennes, les rapports entre les deux artistes seront parfois tendus. « *Paradis c'est l'enfer* », déclarera un Gainsbourg, ne comptant pas les nuits blanches maculées de cafés noirs passées à écrire des paroles, parfois refusées par la chanteuse et son entourage professionnel. Mis à l'épreuve pour la première fois de sa carrière, Serge, parti à Montréal pour promouvoir *Stan The Flasher*, tiendra des propos vengeurs : « *Elle fait chier ! Ils m'ont fait boire... J'ai dû aller en désintox à cause d'eux. Jamais je n'ai eu autant de problèmes à faire un disque qu'avec cette bande de cons qui voulaient tout contrôler. C'est la dernière fois...* »[131]

| 131. *Le Journal de Montréal*, 29 octobre 1990.

1989 - 1991

Ayant attribué ses déclarations acerbes à un état d'ivresse avancé, notre chanteur s'excusera toutefois auprès de sa nouvelle égérie. « *J'ai trois B, j'en ai quatre, Bambou, Birkin, Bardot et Banessa Baradis.* »

Au final, Serge sera fier des onze textes, fruits d'un accouchement dans la douleur, figurant sur *Variations sur le même t'aime*, album déclinant le thème de l'amour et la haine illustré par l'usage de nombreuses rimes en « m » et « n ». Deux chansons s'en détacheront, « Tandem », et « Dis-lui toi que je t'aime », qui comportent quelques maladresses et autres anachronismes – par exemple, le terme « *Math-élém* », extrait du premier titre, désigne une section scientifique du baccalauréat qui n'existe plus depuis des lustres. De façon générale, cet opus laisse percevoir à travers un professionnalisme sans faille, les ficelles créatrices de l'artiste.

Cet album-événement est salué par une presse voyant là l'émergence d'un nouveau Gainsbourg, chaste, qui a rangé sa provocation licencieuse au vestiaire de la vieillesse : « *Gainsbourg (…), c'est ce sacré grand-père, dont Variations serait un retour sur soi aux portes du Paradis. Il ne faudrait pas pour autant sous-estimer le bougre : dans cet exercice (…), SG "assure"*». Outre telle trouvaille lyrique (l' "ardoisier sentinelle" du toit du monde), on retiendra une impression : si Gainsbourg est peintre, ce CD signe sa période "évanescente" (dominantes "blanche chaste" ou "glauque absinthe ophélien", avec touches (de "noir pire" et "sang larme"), cycle marqué par un passage à l'abstrait : géométrie du sentiment dans l'espace, marivaudage non figuratif, Klee de songes : "problème", "extrêmes", "questions", "raison", "diagonales", "infini", "zéro"… un avant-goût de Léthé, dont "Dis-lui toi que je t'aime" pourrait être le slow.* »[132]

[132]. *Libération*, 7 juin 1990.

« La chanson, c'est la faculté de l'oubli ! »

Ne lui parlez pas de ritournelle hexagonale, il ne juge que par Elvis, Lennon, Chuck Berry ou Ray Charles. Sur les magouilles du métier, les tripotages du Top 50, no comment.

« Paradis, c'est l'enfer. » Gainsbarre ne cesse de fulminer. Des jours et des jours de studio avec Vanessa lui ont scié les nerfs. On est bien loin du boulot avec certaines pointures ricaines. « *Les Blacks, qu'est-ce qu'il y a de mieux que les Blacks pour le boulot ? Ils sont plus cool, plus pros, ce sont mes amis à la vie, à la mort.* » Il a jeté quelques rimes pas dégueu pendant ses insomnies de l'hôtel Gabriel. « *Parfois, sur le clavier, j'ai les doigts en sang, mais sur les touches noires, ça ne se voit pas.* » Un jour il arrêtera tout ça pour reprendre la peinture, il le promet à chaque fois qu'il contemple un Turner ou un Bacon. Pour l'instant, il joue les homards dans le panier à crabes. La chanson française lui tombe des tympans. Michel Sardou ? « *No comment.* » Duteil : « *Hé, hé.* » Cabrel ? « *No comment.* » Souchon ? (silence élégant) : « *Identique.* » Jonasz ? « *Je me répète. Il ne reste pas un peu de champagne ?* » Jean-Claude Vannier ? « *Très grand musicien. Ce qui n'implique pas très grand mélodiste. Trop introverti.* » Un aphorisme, une blague juive pour faire diversion. Gainsbarre s'impatiente. « *Moi, j'achète Dylan, Lennon, Chuck Berry, Jerry Lee Lewis, Cochran, Buddy Holly, Elvis, Ray Charles, et c'est à peu près tout.* » Pas question de passer dans un lieu has-been comme l'Olympia ; avec l'homme à la tête de chou, la nostalgie n'a jamais été ce que l'on croyait qu'elle fut. « *J'aime pas le music-hall, j'aime les jeux du cirque. L'artiste balancé aux lions.* »

Le geste est pâteux, mais précis. Il sait quand la photo est bonne. Il sait quand le magnétoscope tourne. La compulsion de la gitane respecte scrupuleusement le tempo Gainsbarre. « *J'ai pas la notion de l'argent. Je suis un mercenaire qui se fait plaisir. J'ai balancé un texte pour une superbe Black qui représente la France au prix Eurovision de la chanson. C'est la première fois qu'une Noire porte notre drapeau. Vingt-cinq ans après* Poupée de cire, poupée de son *de France Gall, ça me marrer.* » Ce cryptocossard croit à une rythmique hypnotique avec un zeste de Mallarmé et d'Art Tatum. Vampire et Pygmalion, il se détruit en déflagrations intimes en même temps qu'il renaît de ses cendres en séquences usurpées de Chopin, Scarlatti ou Brahms. « *Jamais je ne quitterai la musique, c'est mon club privé. Je ne fonctionne qu'aux coups de cœur.* »

Dans le remake, le pathétique et le cynisme vont toujours de pair. « *Pas de temps à perdre. Il faut savoir tenir la distance. Derrière, on s'essouffle. J'ai encore beaucoup à dire.* » Si sa curiosité sur la production contemporaine demeure très flottante, il a le dégoût très sûr. « *Je sais ce qu'il faut ne pas faire. D'ailleurs, je ne me réécoute jamais. Mes chansons ont toujours été négatives. Je ne peux composer que dans un état de désastre émotionnel, tenaillé par l'angoisse du compte à rebours.* »

Oscillant entre athéisme et polythéisme, il sillonne fiévreusement le Littré, « *son nouveau cortex* », à la recherche du mot escarpé, de la rime sibylline.

« *Il s'agit de baiser l'absolu, alors je me mets dans la position du tireur à genoux et j'attends. Parfois, je ferre un gros morceau. Histoire de fulgurer. Puis tout passe. Les don Juans se font jeter. C'est ma destinée.* »

Dans une compilation, il y a des chansons qui sont de pures Lamborghini et d'autres des Juva 4 gonflées. Le temps fait le choix. Le temps est seul responsable. « *Les empreintes de mon œuvre resteront digitales. Bon, il faut que je mette les pouces, Charlotte m'attend pour dîner, elle n'est pas contente quand je suis en retard.* » Aucune femme n'aime ça. C'est là le drame.

P.D.

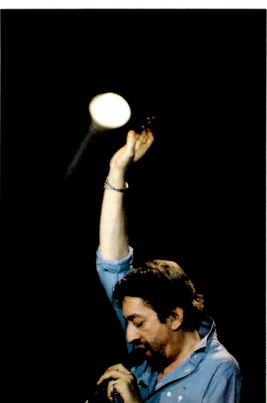

1989 - 1991

Avec Jane, son inspiratrice de prédilection,
pour qui il écrit "Amours des feintes",
l'ultime création de Gainsbourg éclatante
d'une inspiration paroxystique

Amours des feintes, album donné en offrande à Jane Birkin, son inspiratrice de prédilection, dont il a écrit paroles, musiques et conçu le dessin de la pochette, maculé de tâches d'encre subreptice, est l'ultime création de Gainsbourg éclatante d'une inspiration paroxystique.

Réalisé dans la souffrance d'un état d'extrême urgence – la plupart des textes jaillirent en studio –, cet opus, arrangé par Alan Parker, contient un bouquet de chansons, orchidées noires ou flamboyantes aux parfums endeuillés offertes à la chanteuse. Comme si, à travers ses dernières œuvres, Gainsbourg avait désiré sublimer sa relation complice avec Jane dans un trait de plume final.

Cet album, exprimant une rupture à jamais consommée : « *Parce que je sais/Qu'entre nous deux/C'est/Fini (...)* »[133], « *Il en reste des traces des tâches/De sang quand deux first class se détachent* »[134], est le fruit d'un échange de reflets si intime qu'on ne sait plus qui prend la parole. « *Lautréamont Les Chants de Maldoror/Tu n'aimes pas moi j'adore* »[135], chante une Jane, moins sensible au charme sulfureux de cet ouvrage poétique que Serge, dont on discerne sans ambiguïté le portrait dans « Litanie en Lituanie » :

De ton nihilisme
Teinté de dandysme
Je n'ai que fair' de ça[136]

Birkin, cette Alice échappée du roman de Lewis Carroll, est le miroir idéal de Gainsbourg sur lequel il projette des fantasmes saphiques issus de sa propre attirance pour les « lolycéennes » :

À la gamine j'ai cédé
Elle était mon Eurydice
J'étais Orphée[137]

---

133. « Des ils et des elles » (Serge Gainsbourg), 1990.
134. « Un amour peut en cacher un autre » (Serge Gainsbourg), 1990.
135. « Et quand bien même » (Serge Gainsbourg), 1990.
136. « Litanie en Lituanie » (Serge Gainsbourg), 1990.
137. « Love Fifteen » (Serge Gainsbourg), 1990.

1989 - 1991

« **D**essous chics » qui coule de soi sur un corps dénudé, Gainsbourg revêt ici son ancienne idylle d'un soyeux lyrisme poétique.

Fort inspiré dans « Asphalte », belle rêverie sensuelle : « *Ainsi je penche/Sur des pervenches/Sorties de l'asphalte* »[138].

Ou magnifié dans « Amours des feintes », ce sublime testament amoureux faisant écho à « Pavane pour une infante défunte » de Ravel, romance sans paroles issue de l'enfance de Serge bercée par la musique classique. Scintillants dans leur écrin mélodique, les mots-diamants, alternant rimes en « inte » et « an », dessinent les contours des délices de l'amour à jamais emportées par les éléments :

```
Cartes en quintes         Ille au vent (...)
S'édifiant                De ces empreintes
Le palais d'un prince     De nos vingt ans
Catalan (...)             Ne restent que les teintes
Seul un can-              D'antan139
Délabre scint-
```

Ultime « empreinte » de son encre sur le papier, « Unknown Producer », un hommage de Serge rendu à Philippe Lerichomme, son directeur artistique – depuis l'album *Aux armes et caetera* (1979) – qui a largement contribué à la renaissance de notre chanteur. Jane, accompagnée au piano par son Pygmalion, chantera cette chanson le 12 octobre 1990, lors de la dernière apparition télévisée de Gainsbourg : « *Je fais confiance/En sa clairvoyance/Son feeling et son sang-froid...* » La boucle est bouclée...

138. « Asphalte » (Serge Gainsbourg), 1990.
139. « Amours des feintes » (Serge Gainsbourg), 1990.

Notre cadeau de la semaine, un numéro signé Gainsbourg : cinéma, littérature, peinture, chanson, il dit tout. De paroles en musiques, d'aphorismes en proverbes, de souvenirs en conseils, voici le portrait d'un grand artiste en journaliste d'occasion. A tous nos lecteurs, Gainsbourg offre la tournée. Santé !

Tel qu'en lui-même la légende le fige, l'iris foreur sous deux persiennes plombées, la barbe buissonneuse du réveil-camping, habillé jean et chaînettes de pied en cap, celui qui, en 1980, lors d'un face-à-face historique à Strasbourg, fit mettre au garde-à-vous un régiment de parachutistes venus lui casser la gueule, est arrivé en taxi à *l'Edj*, relax mais volontaire, pour faire « son » journal, un mercredi, à 13 heures tapantes. « *Allez, les enfants, c'est top chrono, on boucle tout dans la journée.* » Cap'tain Gainsbarre à la barre !

Soixante-deux ans de brunes sans filtre mouillées aux « 102 » opalins, trente ans de chansons d'or depuis le jour où Boris Vian baptisa dans *le Canard enchaîné* le poinçonneur des Lilas, vingt ans de barouf et de défis avec *Je t'aime moi non plus* mis à l'index par le Vatican, *la Marseillaise* reggae vomie par Michel Droit, et le clip de *Lemon Incest* avec Charlotte dénoncé par les bigots, Gainsbourg n'a pas de temps à perdre. Il brûle sa vie comme un billet de 500 F à « 7 sur 7 », avec un briquet à essence et un sourire narquois aux commissures de ses lèvres pulpeuses de fatigue. Au « *Comment aimeriez-vous mourir ?* » du questionnaire de Proust, il répond « *vivant* ». Ce n'est pas un mot en l'air : on lui a récemment vidé le bedon de quelques viscères nases, nettoyé les boyaux à sec, on a bien cru qu'il était cette fois venu nous dire qu'il s'en allait fumer le havane chez Dieu le Père et que tous les sanglots longs n'y pourraient rien changer, mais c'était une fausse alerte. « *Rendre l'âme, d'accord,* concède-t-il, *mais à qui ?* »

Faute d'informations supplémentaires, le cœur percé de part en part, Gainsbourg rigole sur le Golgothar et met les bouchées triples : en quelques mois, il a réalisé un film – *Stan The Flasher*, salué par toute la presse, de *Libé* à *Positif* –, écrit les dix chansons du 33 tours de Vanessa Paradis, composé pour le Grand Prix de l'Eurovision 90 le *White and Black Blues* de Joëlle Ursull. Et dans son attaché-case de cuir noir, couchées sous un matelas multi-risques de paquets de gitanes azuréen, de grandes feuilles blanches striées de son écriture agacée s'agitent avec impatience : ce sont les textes du prochain album de Jane Birkin (*Amour des feintes*), les notes d'un scénario qu'il prépare pour son film inspiré du *Robinson Crusoé* de son cher Daniel DeFoe, et l'ébauche toujours différée d'un prochain livre, cousin germain d'*Evguénie Sokolov* : *De l'influence des gaz intestinaux sur l'échelle de Richter*.

On y ajoutera une liasse d'apophtegmes ricanants, une poignée de néologismes désabusés, un florilège de proverbes absurdes, un bouquet de vers de Nabokov, un quatrain malin (*Duchamp, Du brut, Des vampes, Des putes*), le tout arrosé de champagne rosé où flottent une armada de glaçons... « *A propos, qui a coulé le Titanic ?* lance-t-il à la cantonade. *Iceberg. Encore un Juif !* » Gainsbourre savoure son propre humour, qu'il distille de cette voix susurrée, de ce timbre nicotiné qui ont fait de lui le génie français du « *talk over* », harmonie intime, confidente, incestueuse, du texte-roi et de la musique-princesse. Après avoir été jazzy, rocky, reggae, funky, Gainsbourg pratique désormais le funny-building, cet humour anthracite et râpeux dont il a rassemblé, pour déjouer l'amnésie et piéger l'atrabile, les brèves histoires provo-scato-judéo-torrides dans un carnet noir qui ne le quitte pas et où il puise, à la fin d'un repas où il a chipoté des lamelles de carpaccio, son tord-boyaux quotidien : des blagues de potache rewritées par « *pipicabiabias* ».

Le plus titubant créateur de tubes s'active dans tous les sens mais reste fidèle à son image de génial cossard : chanteur par procuration, écrivain de l'improbable, cinéaste du métrage court, photographe de Polaroïd, peintre du souvenir, il ne se confesse plus que par aphorismes. Sa vie iconoclaste est une sentence. A l'âge où ses contemporains pissent de la copie nostalgique, Gainsbourg, lui, retient sa sève : l'esthète d'un XXe siècle agonisant finira comme Michaux dans une grande colère muette, dans un silence d'ophite, dans très longtemps...

Cet aquoibonniste qui tenait autrefois que le comble de la misère était de manquer de papier-cul, qui aurait bien aimé être le cheval de Caligula, et qui admire par-dessus tout Bacon, Poe, Miller et Joyce, a écrit un jour : « *Je ne veux pas qu'on m'aime, mais je veux quand même.* » Nous non plus, Serge. Bienvenue au club !

Jérôme GARCIN

À Saint-Père-sous-Vézelay (Yonne), Serge vient se ressourcer
à l'Hôtel de l'Espérance, tout en échafaudant un nouvel album...

Avec l'hôtelier Marc Meneau

En ce mois de décembre 1990, Serge, à bout de forces, éprouve le besoin de se ressourcer. Il fuit donc le strass et le stress de la vie citadine en s'installant à l'hôtel de l'Espérance, situé à Saint-Père-sous-Vézelay dans le Morvan, dont il avait déjà apprécié le calme bénéfique durant l'été dernier. Là, choyé par les hôteliers et logé dans un moulin situé à l'écart du bâtiment principal, il jouit d'une existence équilibrée propice à la création. Ainsi échafaude-t-il son prochain album, *Moi m'aime Bwana*, dont les séances d'enregistrement devraient débuter à La Nouvelle-Orléans, en mars 1991, avec des pointures en matière de musique louisianaise. Quant aux textes, considérant qu'il a épuisé sa source poétique rimique, il envisage de les écrire en prose…

À Saint-Père, où il se préserve des nuits blanches alcoolisées, Serge ne reçoit que ses proches : Charlotte, Bambou et bien sûr, Lulu, pour qui il organise un feu d'artifice à l'occasion du 31 décembre. Au début de l'année nouvelle, son havre de paix refermant ses portes, Serge doit se résoudre à rejoindre la capitale. Il assiste à la projection de *Merci la vie*, un film de Bertrand Blier dont Charlotte est l'héroïne, avant de s'envoler avec elle, à la mi-janvier, pour les Antilles. À la Barbade, les deux êtres scellés par une intense complicité, échangent leurs dernières confidences…

À son retour, de plus en plus affaibli par la maladie, Serge, ne s'accordant que quelques sorties furtives avec les siens, se terre dans son appartement de la rue de Verneuil et prend soin de renouer avec chacun de ses enfants.

Le samedi 2 mars 1991, Serge s'éteint à son domicile parisien à la suite d'un arrêt cardiaque. À 22 heures, Bambou, alertée par un mauvais présage, se précipite rue de Verneuil où elle appelle les secours mais il est déjà trop tard…

« La mort, ça ne me fait pas bander »

Serge Gainsbourg avait accordé au « Parisien » une de ses dernières interviews. Il parlait surtout de la mort...

Il y a tout juste un an, paraissait aux éditions Lattès un « Gainsbourg », signé Yves Salgues, dont la dédicace était la suivante : « A toutes celles et à tous ceux qui haïssent Gainsbourg pour qu'ils essaient de l'aimer. » C'est vrai, malgré ses innombrables succès et la reconnaissance quasi unanime de son talent, beaucoup détestaient ce génie « inconvenant »
Pourtant, jamais personne, à part peut-être Coluche et Desproges, n'aura autant, et à chaque fois, sidéré par la force, l'originalité, la sincérité et la profondeur de ses réponses. Celles d'un poète.
En juin dernier, quelque six mois après que « sa » Jane ait entamé les représentations de « Quelque part dans cette vie », tandis qu'il finissait de lui concocter son dernier album, ayant pour cela repris les pinceaux afin de peindre lui-même sa pochette, nous nous étions rencontrés une dernière fois, et, ému par ses efforts pour « arrêter les conneries (sic) », j'avais osé lui demander si son combat n'était pas trop tardif.

— Vous buvez du pastis sans alcool, vous pensez enfin à votre survie ?

Rien à voir. J'essaie seulement de tenir compte de la vie et donc de l'avis de ceux qui ont ou ont eu la force et la faiblesse de m'aimer. Jane bien sûr, que j'appelle toutes les nuits rien que pour lui prouver que j'existe encore et qu'elle existera toujours. Bambou, qui était une petite junkie paumée, m'a suffisamment piqué le cœur pour que je ne lui raconte pas l'overdose. Charlotte, rien que pour éviter son regard et éclairer les chemins de traverse de nos adolescences. Lulu, bien sûr, mon p'tit gars, ma torche, mon reliquat de futur.

— Vous m'avez dit un jour qu'il vous interdisait de partir ?

Il a quatre ans et demi. Il a droit à tout ce qu'il ne sait pas encore me demander. Plus tard, on aura chacun sa vie mais, aujourd'hui, il est encore un greffon. Et puis j'ai des choses capitales à lui apprendre.

— Lequelles ?

— D'abord à savoir éteindre un zypo (briquet américain) !

— Vous fumez pourtant encore beaucoup...

— Dieu est fumeur de havanes. Je me prépare à sa rencontre.

— Elle n'aura lieu que s'il existe...

Quel autre enculé pourrait assumer à sa place les injustices du monde ?

— La mort vous fait peur ?

Celle des autres, oui... J'ai chialé trois jours, enfermé dans ma bibliothèque, quand on a retrouvé Nana, ma chienne, morte comme un objet... dans une poubelle ! Je passe encore des heures à ma fenêtre en espérant y voir Fernandel me faire un signe de désespoir tentant de garer sa Cadillac dans la rue... Ma mort à moi, non. Je l'ai trop souvent frôlée pour qu'elle me fasse encore bander. Je sais que je suis en sursis, que je peux crever demain, que je suis mathématiquement bien attaqué, mais mon deal avec elle ne regarde personne. La seule chose que je souhaite éviter, c'est l'univers carcéral des hôpitaux.

— Comment accepteriez-vous de mourir ?

— Comme dans une chanson de Billie Holiday « Gloomy Sunday » (Sombre dimanche) où des joueurs perdent leur fortune à Monte-Carlo, font venir des tziganes pour leur jouer cet air-là, puis se foutent une balle dans la tête.

— Suicidaire ?

— Pas du tout. Plus du tout. Quand on a tout fait pour se foutre en l'air et que le temps a passé, on se rend compte que finalement on tient beaucoup à la vie. D'abord il y a eu de l'orage dans l'air. Ensuite, il y a simplement de l'horreur dans l'âge.

Propos recueillis par Alain Morel

« Si vous deviez mourir ? »

« L. P. ». — Si vous deviez mourir dans les vingt-quatre heures, que feriez-vous jusqu'à l'heure fatale ?
S. G. — Je me prends une call-girl et je me barre dans un des plus beaux palaces du monde, le Gritei, à Venise. Tant qu'à mourir dans un lit, autant mourir avec une gonzesse. J'aurais voulu être Sardanapale : c'était un souverain assyrien qui, se voyant cerné par les armées ennemies, a fait trucider son harem avant de se donner la mort.
J.-F. R.

1989 - 1991

Les proches accourent à son chevet : Jane Birkin, Kate Barry – la première fille de l'actrice que Gainsbourg a choyée –, Charlotte, les sœurs de l'artiste Jacqueline et Liliane… et Philippe Lerichomme. Le fidèle et complice producteur qui, étrange prémonition, avait achevé la veille le remix « dance » de « Requiem pour un con » – extrait de la BO du *Pacha* (1968). À une heure du matin, au moment où la sombre nouvelle est officiellement annoncée, les radios diffusent en boucle cette chanson permettant à Gainsbourg d'adresser, à sa façon cynique, un dernier adieu posthume à ses "fanatiques". Ses fanatiques qui déjà s'amoncellent dans la rue de Verneuil pour offrir un dernier bouquet de « pensées » à leur idole…

Après les différents hommages rendus par la presse et les éminents représentants de la culture et du pouvoir, de Charles Trenet à François Mitterrand, Serge Gainsbourg est inhumé, le jeudi 7 mars, au cimetière Montparnasse. Là, il rejoint ses parents, Joseph et Olia, mais aussi sa famille spirituelle : Charles Baudelaire, Tristan Tzara… et André Lhote, ce peintre et pédagogue qui, à l'académie Montmartre, lui transmit un si précieux enseignement.

Au cœur d'un aréopage de célébrités venues saluer le talent immortel de l'artiste, la voix de Catherine Deneuve s'élève pour, en guise d'oraison funèbre, dire avec émotion le texte de « Fuir le bonheur de peur qu'il ne se sauve ». Une chanson résumant toute une existence vouée à l'art et aux turbulences qu'il nécessite afin de capturer, fugace, l'éclair de l'esthétisme sous un ciel d'orage. Une chanson à l'image d'une vie semée de pleins et de déliés et présentant plus de précipices que de chemins conduisant vers le bonheur.

> *« Pour moi, la mort, c'est la fin du monde pour une personne. »*
> **S.G.**

Fuir le bonheur de peur qu'il ne se sauve
Que le ciel azuré ne vire au mauve
Penser ou passer à autre chose
Vaudrait mieux
Fuir le bonheur de peur qu'il ne se sauve
Se dire qu'il y a over the rainbow
Toujours plus haut le ciel above
Radieux
Croire aux cieux croire aux dieux
Même quand tout nous semble odieux
Que notre cœur est mis à sang et à feu
Fuir le bonheur de peur qu'il ne se sauve
Comme une petite souris dans un coin d'alcô
Apercevoir le bout de sa queue rose
Ses yeux fiévreux
Fuir le bonheur de peur qu'il ne se sauve
Se dire qu'il y a over the rainbow
Toujours plus haut le ciel above
Radieux
Croire aux cieux croire aux dieux
Même quand tout nous semble odieux
Que notre cœur est mis à sang et à feu
Fuir le bonheur de peur qu'il ne se sauve
Avoir parfois envie de crier sauve
Qui peut savoir jusqu'au fond des choses
Est malheureux
Fuir le bonheur de peur qu'il ne se sauve
Se dire qu'il y a over the rainbow
Toujours plus haut le ciel above
Radieux
Croire aux cieux croire aux dieux
Même quand tout nous semble odieux
Que notre cœur est mis à sang et à feu
Fuir le bonheur de peur qu'il ne se sauve
Dis-moi que tu m'aimes encore si tu l'oses
J'aimerais que tu trouves autre chose
De mieux
Fuir le bonheur de peur qu'il ne se sauve
Se dire qu'il y a over the rainbow
Toujours plus haut le ciel above
Radieux

Discographie originale

Filmogra

Bibliographie

Discographie

1958

Du chant à la une !...
Le poinçonneur des lilas – La recette de l'amour fou – Douze belles dans la peau – Ce mortel ennui – Ronsard 58 – La femme des uns sous le corps des autres – L'alcool – Du jazz dans le ravin – Le charleston des déménageurs de piano.
Avec Alain Goraguer et son orchestre, prix de l'académie Charles Cros.
33 tours/25cm Philips 76447

Éponyme
Le poinçonneur des lilas – Douze belles dans la peau – La femme des uns sous le corps des autres – Du jazz dans le ravin.
45 tours Philips 432307

1959

Éponyme
La jambe de bois (Friedland) – Le charleston des déménageurs de piano – La recette de l'amour fou – Ronsard 58.
45 tours Philips 432325

N° 2
Le claqueur de doigts – La nuit d'octobre – Adieu, créature ! – L'anthracite – Mambo miam miam – Indifférente – Jeunes femmes et vieux messieurs – L'amour à la papa.
Avec Alain Goraguer et son orchestre.
33 tours/25 cm Philips 76473

Éponyme
Le claqueur de doigts – Indifférente – Adieu, créature ! – L'amour à la papa.
45 tours Philips 432397

Éponyme
Mambo miam miam – L'anthracite – La nuit d'octobre – Jeunes femmes et vieux messieurs.
45 tours Philips 432398

1960

BO du film L'eau à la bouche
L'eau à la bouche – Black March – Judith *(instrumental)* – Angoisse.
45 tours Philips 432492

Romantique 60
Cha cha cha du loup – Sois belle et tais-toi – Judith – Laissez-moi tranquille.
Avec Alain Goraguer et son orchestre.
45 tours Philips 432437

1961

L'étonnant Serge Gainsbourg
La chanson de Prévert – En relisant ta lettre – Le rock de Nerval – Les oubliettes – Chanson de Maglia – Viva Villa – Les amours perdues – Les femmes c'est du chinois – Personne – Le sonnet d'Arvers.
Avec Alain Goraguer et son orchestre.
33 tours/25 cm Philips 76516

Éponyme
La chanson de Prévert – En relisant ta lettre – Viva Villa – Le rock de Nerval.
45 tours Philips 432533

Éponyme
Les amours perdues – Personne – Les femmes c'est du chinois – Les oubliettes.
45 tours Philips 432564

Discographie

1962

N° 4
Les goémons – Black trombone – Baudelaire – Intoxicated man – Quand tu t'y mets – Les cigarillos – Requiem pour un twisteur – Ce grand méchant vous.
Avec Alain Goraguer et son orchestre.
33 tours/25 cm Philips 76553

Éponyme
Les goémons – Black trombone – Quand tu t'y mets – Baudelaire.
45 tours Philips 432771

Éponyme
Requiem pour un twisteur – Ce grand méchant vous.
45 tours simple Philips

Éponyme
Requiem pour un twisteur – Intoxicated man.
45 tours simple Philips 6010255

1963

Éponyme
Vilaine fille, mauvais garçon – L'appareil à sous – La javanaise – Un violon un jambon.
Avec Harry Robinson et son orchestre.
45 tours Philips 432862

BO du film Strip-tease
Strip-tease orgue – Some Small Chance – Wake Me At Five – Safari.
45 tours Philips 432898

1964

Gainsbourg confidentiel
Chez les yéyés – Sait-on jamais où va une femme quand elle vous quitte – Le talkie-walkie – La fille au rasoir – La saison des pluies – Elaeudanla Teiteia – Scenic Railway – Le temps des yoyos – Amour sans amour – No No Thanks No – Maxim's – Negative blues.
Avec Elek Bacsik (guitare électrique) et Michel Gaudry (contrebasse).
33 tours Philips 77980

Éponyme
Chez les yéyés - Elaeudanla Teiteia – Scenic Railway – Le temps des yoyos.
45 tours Philips 434888

Gainsbourg Percussions
Joanna – Là-bas c'est naturel – Pauvre Lola – Quand mon 6.35 me fait les yeux doux – Machins choses – Les sambas-sadeurs – New York USA – Couleur café – Marabout – Ces petits riens – Tatoué Jérémie – Coco And Co.
Avec Alain Goraguer et son orchestre.
33 tours Philips 77842

Éponyme
Joanna – Tatoué Jérémie – Couleur café – New York USA.
45 tours Philips 434994

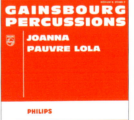

Éponyme
Joanna – Pauvre Lola.
45 tours simple Philips 373460

1965

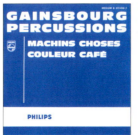

Éponyme
Machins choses – Couleur café.
45 tours simple Philips

Discographie

1966

Éponyme
Marilu – Docteur Jekyll et Monsieur Hyde – Qui est « in » qui est « out » – Shu ba du ba loo ba.
Orchestration et arrangements : Arthur Greenslade.
45 tours Philips 437165

1967

BO de la comédie musicale Anna
Sous le soleil exactement *(instrumental)* – Sous le soleil exactement *(interprétée par Anna Karina)* – C'est la cristallisation comme dit Stendhal *(interprétée par Jean-Claude Brialy, Hubert Deschamps, Anna Karina et Serge Gainsbourg)* – Pas mal pas mal du tout *(interprétée par Jean-Claude Brialy et Serge Gainsbourg)* – J'étais fait pour les sympathies *(interprétée par Jean-Claude Brialy)* – Photographies et religieuses – Rien, rien, j'disais ça comme ça *(interprétée par Anna Karina et Serge Gainsbourg)* – Un jour comme un autre *(interprétée par Anna Karina)* – Boomerang – *(interprétée par Jean-Claude Brialy)* – Un poison violent c'est ça l'amour *(interprétée par Jean-Claude Brialy et Serge Gainsbourg)* – De plus en plus, de moins en moins *(interprétée par Jean-Claude Brialy et Anna Karina)* – Roller Girl *(interprétée par Anna Karina)* – Ne dis rien *(interprétée par Jean-Claude Brialy et Anna Karina)* – Pistolet Jo *(interprétée par Anna Karina)* – GI Jo *(interprétée par Anna Karina)* – Je n'avais qu'un seul mot à lui dire *(interprétée par Jean-Claude Brialy et Anna Karina).*
33 tours Philips 70391

Extraits de la BO de la comédie musicale Anna
Sous le soleil exactement – Un poison violent c'est ça l'amour – Roller Girl – Ne dis rien.
45 tours Philips 437279

BO du feuilleton télévisé Vidocq
Chanson du forçat – Complainte de Vidocq – Vidocq flash-back – Chanson du forçat II.
45 tours Philips 437290

Éponyme
Comic Strip – Torrey Canyon – Chatterton – Hold-up.
Arrangement et direction musicale : David Whitaker.
45 tours Philips 437355

BO du film Toutes folles de lui
Wouaou – Goering connais pas – Le siffleur et son one two two – Woom woom woom – Caressante.
45 tours Barclay

BO du film L'Horizon
Elisa – Friedman, l'as de l'aviation – Les Américains – La brasserie du dimanche – Le village à l'aube – L'Horizon.
45 tours Riviera 231297

1968

Brigitte Bardot et Serge Gainsbourg
Bonnie And Clyde *(interprétée par Bardot et Gainsbourg)* – Bubble-gum *(interprétée par Bardot)* – Comic Strip *(interprétée par Gainsbourg)* – Un jour comme un autre *(interprétée par Bardot)* – Pauvre Lola *(interprétée par Gainsbourg)* – L'eau à la bouche *(interprétée par Gainsbourg)* – La javanaise *(interprétée par Gainsbourg)* – La Madrague *(interprétée par Bardot)* – Intoxicated Man *(interprétée par Gainsbourg)* – Everybody Loves My Body *(interprétée par Bardot)* – Baudelaire *(interprétée par Gainsbourg)* – Docteur Jekyll et Monsieur Hyde *(interprétée par Gainsbourg).*
Arrangements et direction musicale : Michel Colombier, Alain Goraguer et David Whitaker.
33 tours Fontana 885529

Discographie

Brigitte Bardot et Serge Gainsbourg
Bonnie And Clyde – Comic Strip – Bubble-gum.
45 tours Fontana 460247

Initials B.B.
Initials B.B.* – Comic Strip** – Bloody Jack * – Docteur Jekyll et Monsieur Hyde* – Torrey Canyon** – Shu ba du ba loo ba** – Ford Mustang* – Bonnie And Clyde*** – Black And White* – Qui est « in » qui est « out »* – Hold-up** – Marilu*.
Arrangements et direction musicale: Arthur Greenslade, David Whitaker** et Michel Colombier***.*
33 tours Philips 844784

Éponyme
Initials B.B. – Black And White – Ford Mustang – Bloody Jack.
45 tours Philips 437431

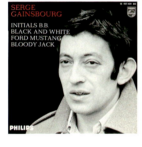

Éponyme
Initials B.B.
45 tours Parade Philips 370699

BO du film Ce sacré grand-père
L'herbe tendre – L'herbe tendre *(instrumental)* – Ce sacré grand-père.
45 tours Philips 370650

BO du film Manon 70
Manon – New Delire.
45 tours simple Philips 370604

BO du film Le Pacha
Requiem pour un c… – Psychasténie.
45 tours simple Philips 370 617

Éponyme
L'anamour – 69 année érotique.
45 tours simple Philips 370791

1969

BO du film Slogan
La chanson de Slogan *(en duo avec Jane Birkin)* – Evelyne.
45 tours Philips 336217

Éponyme
Je t'aime moi non plus – Jane B.
45 tours Fontana 260196

Jane Birkin Serge Gainsbourg
Je t'aime moi non plus – L'anamour – Orang-outan – Sous le soleil exactement – 18-39 – 69 année érotique – Jane B – Élisa – Le canari est sur le balcon – Les sucettes – Manon.
Arrangements et direction musicale: Arthur Greenslade.
33 tours Fontana 885545

Éponyme
Élisa – Les sucettes.
45 tours Série Parade Philips 370777

213

Discographie

1970

BO du film Cannabis
Cannabis (instrumental) – Le deuxième homme – Première blessure – Danger – Chanvre indien – Arabique – I Want To Feel Crazy – Cannabis – Jane dans la nuit – Avant de mourir – Dernière blessure – Piège – Cannabis-bis.
33 tours Philips 631060

Extraits de la BO du film Cannabis
Cannabis – Cannabis (instrumental).
45 tours Philips

Générique en français du film Un petit garçon nommé Charlie Brown
Charlie Brown « A Boy named Charlie Brown » – Charlie Brown (instrumental).
45 tours Philips Série Parade 6009104

1971

Histoire de Melody Nelson
Melody – Ballade de Melody Nelson – Valse de Melody – Ah! Melody ! – L'hôtel particulier – En Melody – Cargo culte.
Arrangements et direction musicale : Jean-Claude Vannier.
33 tours Philips 6325071

Éponyme
Ballade de Melody Nelson – Valse de Melody.
45 tours Philips 6118014

La décadanse
La décadanse – Les langues de chat.
Arrangements et direction musicale : Jean-Claude Vannier.
45 tours Fontana 6010054

1972

BO du film Sex-Shop
Sex-Shop – Quand le sexe te shope.
45 tours Fontana 6010071

BO du film Trop jolies pour être honnêtes
Moogy Woogy – Close Combat.
45 tours Fontana 6009286

1973

Vu de l'extérieur
Je suis venu te dire que je m'en vais – Vu de l'extérieur – Panpan cucul – Par hasard et pas rasé – Des vents des pets des poums – Titicaca – Pamela popo – La poupée qui fait – L'hippopodame – Sensuelle et sans suite.
Alan Hawkshaw (keyboard, piano, claviers), Judd Proctor (guitare acoustique), Alan Parker (guitare électrique et acoustique), Brian Odgers et Daveb Richmond (basse), Dougie Wright (drums), Chris Karan (percussions).
33 tours Philips 6499731

Éponyme
Je suis venu te dire que je m'en vais – Vu de l'extérieur.
45 tours Philips 6009459

Discographie

1975

Rock Around The Bunker
Nazi Rock – Tata teutonne – J'entends des voix off – Eva – Smoke Gets In Your Eyes – Zig-Zig avec toi – Est-ce que c'est si bon ? Yellow Star – Rock Around The Bunker – S.S. In Uruguay.
Enregistré à Londres.
Alan Hawkshaw (Keyboard, piano), Alan Parker (guitare électrique), Judd Proctor (guitare électrique), Brian Odgers (basse), Dougie Wright (drums), Jim Lawless (percussions), Claire Torry, Kay Garner, Jean Hawker (chœurs).
33 tours Philips 6325195

Éponyme
Rock Around The Bunker – Nazi Rock.
45 tours Philips 600963

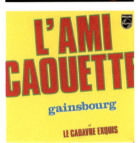

Éponyme
L'ami caouette – Le cadavre exquis.
45 tours Philips 6009678

1976

BO du film Je t'aime moi non plus
Ballade de Johnny Jane – Le camion jaune – Banjo au bord du Styx – Rock'n'roll autour de Johnny – L'abominable strip-tease – Joe Banjo – Je t'aime moi non plus – Je t'aime moi non plus au lac vert – Ballade de Johnny Jane (final).
33 tours Philips 9101030

Extraits de la BO du film Je t'aime moi non plus
Ballade de Johnny-Jane – Joe Banjo.
45 tours Philips 6042131

Extraits de la BO du film Je t'aime moi non plus
Ballade de Johnny-Jane – Joe Banjo.
45 tours Philips 6837314

L'homme à tête de chou
L'homme à tête de chou – Chez Max coiffeur pour hommes – Marilou reggae – Transit à Marilou – Flash-Forward – Aéroplanes – Premiers symptômes – Ma Lou Marilou – Variations sur Marilou – Meurtre à l'extincteur – Marilou sous la neige – Lunatic Asylum.
Enregistré dans les studios Phonogram de Londres.
Alan Hawkshaw (arrangements, keyboard, synthétiseurs), Alan Parker (guitares électrique et acoustique), Judd Proctor (guitare électrique et acoustique), Brian Odgers (basse), Dougie Wright (drums), Claire Torry, Kay Garner, Jean Hawker (chœurs).
33 tours Philips 9101097

Éponyme
Marilou sous la neige – Ma Lou Marilou.
45 tours Philips 6042272

1977

BO du film Madame Claude
Diapositivisme – Discothèque – Mi Corasong – Ketchup In The Night – Fish Eye Blues – Téléobjectivisme – Putain que ma joie demeure – Burnt Island – Yesterday Yes A Day (chantée par Jane Birkin) – Dusty Lane – Fisrt Class Ticket – Long Focal Rock – Arabysance – Passage à tabacco – Yesterday On Fender.
33 tours Philips 9101 144

BO du film Madame Claude
Yesterday yes a day – Dusty Lane.
45 tours simple Philips 6172009

Discographie

***Extraits de la BO du film* Goodbye Emmanuelle**
Goodbye Emmanuelle – Emmanuelle And The Sea.
45 tours Philips 6172067

Éponyme
My Lady Héroïne (d'après un thème de Kaetelby) – Trois millions de Joconde. Arrangements : Alan Hawkshaw.
45 tours Philips 6172026

***Extraits de la BO de* Vous n'aurez pas l'Alsace et la Lorraine**
Déesse – La chanson du chevalier blanc (paroles de Coluche).
45 tours Deesse DPX 727

1978

***BO du film* Les Bronzés**
Sea Sex and Sun – Mister Iceberg.
45 tours Philips 6172147

***BO du film* Les Bronzés**
Sea Sex and Sun – Mister Iceberg.
45 tours Philips 6172187

1979

Aux armes et caetera
Javanaise Remake – Aux armes et caetera – Les locataires – Des laids des laids – Brigade des stups – Vieille canaille (You Rascal You) – Lola Rastaquouère – Relax Baby Be Cool – Daisy Temple – Eau et gaz à tous les étages – Pas long feu – Marilou Reggae Dub.
Robbie Shakespeare (basse), Lowell « Sly » Dunbar (drums), Michael « Mao » Chung (guitare, piano), Ansel Collins (orgue), Robbie « Tithts » Lyn (piano), Radcliffe « Dougie » Bryan (guitare rythmique), Isiah « Sticky » Thompson (percussions), Marcia Griffiths, Rita Marley, Judy Mowatt (chœurs). Enregistré à Kingston.
33 tours Philips 9101218

Éponyme
Aux armes et caetera – Lola Rastaquouère.
45 tours promo Philips 6837549

Éponyme
Vieille Canaille – Daisy Temple.
45 tours Philips 6172287

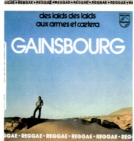

Éponyme
Des laids des laids – Aux armes et caetera.
45 tours Philips 6172250

1980

Éponyme (Enregistrement public au théâtre le Palace)
Drifter – Relax Baby Be cool – Marilou Reggae Dub – Daisy Temple – Brigade des stups – Elle est si – Aux armes et caetera – Pas long feu – Les locataires – Docteur Jekyll et Monsieur Hyde – Harley Davidson – Javanaise remake – Des laids des laids – Vieille canaille (You Rascal You) – (Présentation des musiciens) – Bonnie And Clyde – Lola Rastaquouère – Aux armes et caetera.
Robbie Shakespeare (basse), Lowell « Sly » Dunbar (batterie), Michael « Mao » Chung (guitare solo), Ansel Collins (orgue, piano), Radcliffe « Dougie » Bryan (guitare rythmique), Usiah « Sticky » Thompson (percussions).
33 tours Philips 6681013

Discographie

Éponyme (Enregistrement public au théâtre le Palace)
Harley Davidson – Docteur Jekyll et Monsieur Hyde (live).
45 tours Philips 6172316

BO du film Je vous aime
La fautive – Je vous salue Marie – La p'tite Agathe – Dieu fumeur de havanes (orchestral) – La fautive (pianos) – Dieu fumeur de havanes – Papa Nono – Je pense queue – La fautive (orchestral).
33 tours Philips 6313123

Extraits de la BO du film Je vous aime
Dieu fumeur de havanes – La fautive.
45 tours Philips 6010291

Extraits de la BO du film Je vous aime
Je vous salue Marie – La p'tite Agathe (G. Depardieu).
45 tours Philips 6837378

1981

BO du court métrage Le physique et le Figuré
Le physique et le figuré – Le physique et le figuré (fin).
45 tours WEA 751814

Mauvaises nouvelles des étoiles
Overseas Telegram – Ecce Homo – Mickey Maousse – Juif et Dieu – Shush Shush Charlotte – Toi mourir – La nostalgie camarade – Bana basadi balado – Evguénie Sokolov – Negusa nagast – Strike – Bad News From The Stars.
Sly (drums), Robbie (basse), Sticky (percussions), Mao (guitare solo), Ansel (orgue et piano), Dougie (guitare rythmique), Rita Marley, Marcia Griffiths, Judie Mowatt (chœurs).
Enregistré à New Providence Nassau, Bahamas. Compass Point Studio. Photo couverture : Lord Snowdon.
33 tours Philips 6313270

Éponyme
Ecce Homo – La nostalgie camarade.
45 tours Philips 6010448

Éponyme
Bana basadi balado – Negusa nagast.
45 tours Philips 6010557

1984

Love On The Beat
Love On The Beat – Sorry Angel – Hmm hmm hmm – Kiss Me Hardy – No Comment – I'm The Boy – Harley David Son Of A Bitch – Lemon Incest (en duo avec Charlotte Gainsbourg).
Billy Rush (basse et drums), Larry Fast (programmation, synthétiseurs), Serge Gainsbourg (synthétiseurs), Stan Harrison (saxe), Simms Brothers (chœurs).
Enregistré à New Jersey et mixé à New York. Photo de couverture : William Klein.
33 tours et CD Philips 822 849

Love On The Beat
Interview de Gainsbourg par Philippe Manœuvre avec des extraits de l'album.
33 tours Philips hors commerce

Éponyme
Love On The Beat (part 1) – Love On The Beat (part 2).
45 tours Philips 880538-7

Éponyme
Love On The Beat – Harley David Son Of A Bitch.
Maxi 45 tours Philips 880538-1

Éponyme
Sorry Angel – Love On The Beat.
45 tours Philips

Discographie

1985

Éponyme
No Comment – Kiss Me Hardy.
45 tours Philips 880620-7

Éponyme
No Comment (extended version) – Kiss Me Hardy.
Maxi 45 tours Philips 880620-1

Éponyme
Lemon Incest – Hmm hmm hmm.
45 tours Philips 8841297

1986

Gainsbourg Live
Love On The Beat – Initials B. B. – Harley Davidson – Sorry Angel – Nazi Rock – Ballade de Johnny Jane – Bonnie And Clyde – Vieille canaille – I'me The Boy – Dépression au-dessus du jardin – Lemon Incest *(extrait)* – Mickey Maousse – My Lady Héroïne – Je suis venu te dire que je m'en vais – L'eau à la bouche – Lola Rastaquouère – Marilou sous la neige – Harley David Son Of A Bitch – La javanaise – Love On The Beat.
Billy Rush (direction musicale et guitares), John K. (basse), Tony « Thunder » Smith (batterie), Gary Georgett (claviers), Stan Harrison (saxe), Simms Brothers (chœurs). Enregistrement en tournée, décembre 1985.
CD Philips 8267211

Serge Gainsbourg Live
Sorry Angel (live) – Bonnie And Clyde (live).
45 tours Philips 884444-7

Éponyme
My Lady Héroïne (live) – Je suis venu te dire que je m'en vais (live).
45 tours Philips hors commerce

Brigitte Bardot et Serge Gainsbourg Je t'aime moi non plus
Je t'aime moi non plus – Bonnie And Clyde (les deux titres sont remixés).
45 tours Philips 884840-7

BO du film Tenue de soirée
Travelling – Traviolta One – Traviolta Two – Traviolta Three – Travaux – Travelure – Entrave – Travers – Travelo – Traverse – Travelinge – Traveste – Trave – Travelling.
33 tours Apache/WEA

Putain de musique !
Extraits de la BO du film *Tenue de soirée*
Travelling – Entrave.
45 tours Apache/WEA Pro 297

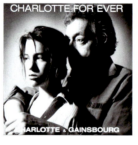

Éponyme
Charlotte for ever – Pour ce que tu n'étais pas.
45 tours Philips 8881657

Vieille canaille
Duo avec Eddy Mitchell – Lola Rastaquouère.
45 tours simple Philips 8845907

Discographie

1987

You're Under Arrest
You're Under Arrest – Five easy pisseuses – Suck Baby suck – Baîlle baîlle Samantha – Gloomy Sunday – Aux enfants de la chance – Shotgun – Glass Securit – Dispatch Box – Mon légionnaire.
Billy Rush (direction musicale et guitares), John K. (basse), Tony "Thunder" Smith (batterie), Gary Georgett (claviers), Stan Harrison (saxophone), Brenda White King et Curtis Jr (chœurs).
CD Philips 834034-1

Éponyme
You're Under Arrest – Baîlle baîlle Samantha.
45 tours Philips 870002-7

Éponyme
You're Under Arrest – Baîlle baîlle Samantha – Suck Baby suck.
Maxi 45 tours Philips

1988

Éponyme
Aux enfants de la chance – Shotgun.
45 tours Philips 870174-7

Éponyme
Aux enfants de la chance – Shotgun – Glass Securit.
Maxi 45 tours Philips 870174-1

Éponyme
Mon légionnaire – Dispatch Box.
45 tours Philips 870510-7

1989

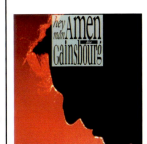

Le Zénith de Gainsbourg
You're Under Arrest – Qui est « in » qui est « out » - Five easy pisseuses – Hey man amen – L'homme à tête de chou – Manon – Valse de Melody – Dispatch Box – Harley David Son Of A Bitch – You You You But Not You – Seigneur et Saigneur – Bonnie And Clyde – Gloomy Sunday – Couleur café – Aux armes et caetera – Aux enfants de la chance – Les dessous chics – Mon légionnaire.
Stan Harrison (sax), Gary Georgett (claviers), John K. (basse), Tony "Thunder" Smith (batterie), Curtis King Jr et Denis Collins (chœurs), Billy Rush (direction musicale et guitare).
Enregistré en digital au Zénith les 23, 24 et 25 mars 1988, studio mobile Le Voyageur.
CD Philips 838162

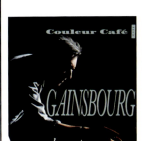

Live Gainsbourg
Hey man amen (live) – Bonnie And Clyde (live).
45 tours Philips 872256-7

Éponyme
Couleur café (live) – Les dessous chics (live).
45 tours Philips 874988-7

1991

Gainsbourg Remix 91
Requiem pour un con (Remix 91) – Requiem pour un con (BO du film *Le Pacha*).
45 tours Philips 878904-7

Requiem pour un con (Remix 91, version longue) – Requiem pour un con (BO du film *Le Pacha*).
Maxi 45 tours et CD Philips

Filmographie

Serge Gainsbourg, réalisateur

LONGS MÉTRAGES

◀ **Je t'aime moi non plus**
Réalisation, scénario et dialogues : Serge Gainsbourg.
Production : Président Film/Renn Productions.
Directeur de la photo : Willy Kurant. *Musique :* Serge Gainsbourg.
Durée : 90 mn. *Sortie :* 10 mars 1976.
Avec : Jane Birkin (Johnny), Joe Dallesandro (Krassky, alias Krass), Hugues Quester (Padovan)...

Sujet : Les amours d'un homosexuel et d'une jeune femme à l'allure d'un adolescent, troublées et détruites par la jalousie d'un autre homme.

Équateur ▶
Réalisation et scénario : Serge Gainsbourg, d'après *Le Coup de lune* de Georges Simenon.
Production : Corso, TF1, Gaumont. *Directeur de la photo :* Willy Kurant.
Musique : Serge Gainsbourg. *Durée :* 1 h 25. *Sortie :* 17 août 1983.
Avec : Barbara Sukowa (Adèle), Francis Huster (Timar), René Kolldehoff (Eugène)...

Sujet : Timar, jeune homme des années cinquante, pense faire fortune en Afrique. Séduit par la tenancière d'un hôtel de Libreville, il est vite embarqué dans des histoires de meurtre aussi suffocantes que la chaleur qui règne dans le pays.

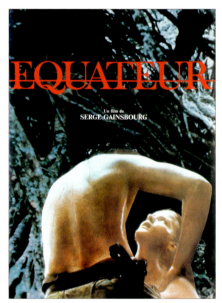

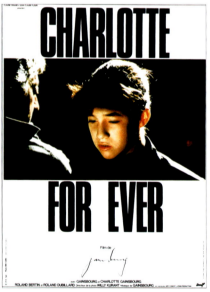

◀ **Charlotte For Ever**
Réalisation et scénario : Serge Gainsbourg.
Directeur de la photo : Willy Kurant. *Musique :* Serge Gainsbourg.
Durée : 1 h 32. *Sortie :* 10 décembre 1986.
Avec : Serge Gainsbourg (Stan), Charlotte Gainsbourg (Charlotte), Roland Dubillard...

Sujet : « Stan, scénariste à la dérive, ayant connu sa demi-heure de gloire dans quelque studio hollywoodien des années cinquante ou soixante, éthylique au dernier degré, suicidaire forcené, voit tout en black excepté dans le regard laser et azuré de la petite Charlotte. Vertiges de l'inceste et tendresse hallucinogènes. »

Stan The Flasher ▶
Réalisation, scénario, dialogues et musique : Serge Gainsbourg.
Production : R. Films/Canal +.
Directeur de la photo : Olivier Guéneau.
Durée : 1 h 05. *Sortie :* 7 mars 1990.
Avec : Claude Berri (Stan), Aurore Clément (Aurore), Richard Bohringer (David)...

Sujet : Les obsessions de Serge Gainsbourg en un mot d'auteur : « C'est Adam qui cherche sa Eve, mais qui n'a plus la sève. C'est un esthète qui souffre de l'ingratitude de sa morphologie. »

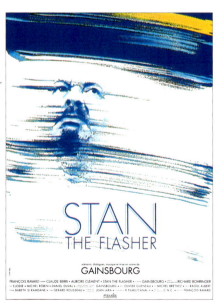

COURTS MÉTRAGES

- **Le Physique et le Figuré,** 1981
- **Scarface,** 1982
- **Total,** 1985
- **Bubble gum,** 1985
- **Springtime in Bourges,** 1987

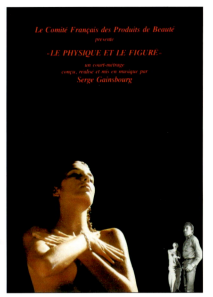

Unité de lieu, de temps, et d'action. Les images seront en couleur mais le décor est à traiter en noir et blanc. Baignoire circulaire de marbre noir, dalles de marbre blanc, murs noirs, miroir cerné d'ébène. La caméra surplombe la salle. Vénus sort du bain lentement tandis que la caméra descend vers elle en tournant.

Nudité à sublimer, cheveux ruisselants, caméra arrivée au sol, frôler les reins nus, et suivre les jambes qui sortent de l'eau. La fille vient s'agenouiller devant le miroir posé à terre. Ellipse sur le séchage des cheveux. Il est entendu que le sol sera jonché de centaines de flacons de cristal. Vénus commence par se brosser les cheveux lentement, puis vient le cérémonial des huiles, des onguents et des fards. Nous finirons par les poudres, le rimmel et le rouge à joues et à lèvres. Pour conclure avec les vernis à ongles aux mains et aux pieds.

La fille se regarde, lève les bras, porte les mains à sa chevelure qu'elle relève gracieusement. De la main droite qui se dégage, elle vient heurter une Vénus de Milo qui se brise en tombant. A filmer au ralenti.

Gros plan de la Vénus antique, puis gros plan de la fille qui sourit avec mystère.

Vénus quatre vingt un a tué la beauté païenne.

Le tout est à traiter comme un rituel sacré.

gainsbourg

CLIPS

- **Marianne Faithfull,** deux clips réalisés pour Antenne 2, 1982
- **Renaud,** *« Morgane de toi »,* 1984
- **Serge et Charlotte Gainsbourg,** *« Lemon Incest »,* 1985
- **Indochine,** *« Tes yeux noirs »,* 1986
- **Charlotte Gainsbourg,** *« Charlotte for Ever »,* 1987
- **Jane Birkin,** *« Amours des feintes »,* 1990

Filmographie

Serge Gainsbourg, acteur cinéma

◀ **Voulez-vous danser avec moi ?**
Michel Boisrond, 1959. *Scénario :* Annette Wademant. *Musique :* Henri Crolla et André Hodeir.
Avec : Brigitte Bardot (Virginie Dandieu), Henri Vidal (Hervé), Noël Roquevert (Albert),
Dawn Addams (Anita), Dario Moreno (Florès), Serge Gainsbourg (Léon)…

Sujet : *À la suite d'une dispute avec Virginie, Hervé entretient une liaison avec Anita, un séduisant professeur de danse. Lorsque celle-ci est retrouvée assassinée, Hervé est suspecté. Virginie décide de mener l'enquête...*

La Révolte des esclaves (La Rebelion de los esclavos) ▶
Nunzio Malasomma, 1961. *Scénario :* Tessari Duccio. *Musique :* Angelo Francesco Lavagnino.
Avec : Dario Moreno (Massimiano), Rhonda Fleming (Fabiola), Wansida Guida (Agnese), Gino Cervi (Fabio), Serge Gainsbourg (Corvino)
Sujet : *L'esclave Chrétien Vibio se révolte contre la cruauté de ses gardes et convertit la fille d'un patricien romain au Christianisme. L'Empereur Maximin persécute les Chrétiens...*

◀ **Hercule se déchaîne** (Furia di Ercole)
Gianfranco Parolini, 1962. *Scénario :* C. Madison, P. Parolini, G. Simonelli.
Avec : Brigitte Corey, Brad Harris, Serge Gainsbourg...

Sujet : *Hercule, mi-Dieu, mi-homme, parcourt le monde antique pour détruire le mal et faire régner la justice. Au royaume d'Arpad, il rencontre la Princesse Knydia, qui s'entoure d'un conseiller hideux voulant s'approprier le pouvoir et qui se nomme Mevisto.*

Filmographie

◀ **Samson contre Hercule** *(Sansone)*
Gianfranco Parolini, 1962. *Scénario :* Giovanni Simonelli.
Avec : Brad Harris (Samson), Brigitte Corey (Jasmine), Walter Reeves, Serge Gainsbourg...

Sujet : *Le perfide conseiller Warkalla, dont l'influence sur la reine de Sullan inquiète ses sujets, parvient à la faire remplacer par sa sœur Romilda. Samson et les rebelles fidèles à la reine parviendront-ils à stopper le traître dans ses sombres desseins ?*

Strip-tease ▶
Jacques Poitrenaud, 1963. *Scénario :* Jacques Poitrenaud, Alain Maury et Jacques Sigurd. *Musique :* Serge Gainsbourg.
Avec : Krista Nico, Dany Saval (Berthe), Darry Cowl (Paul), Jean Sobieski (Jean-Loup), Serge Gainsbourg (le pianiste)...

Sujet : *Les aventures d'une danseuse (Krista Nico) employée par dépit dans une boîte de strip-tease tenue par ses amis, Berthe et Paul.*

◀ **L'Inconnue de Hong Kong** *(La desconocida de Hong-Kong)*
Jacques Poitrenaud, 1963.
Avec : Dalida, Taina Beryl, Philippe Nicaud, Serge Gainsbourg...

Sujet : *Deux artistes de music-hall françaises sont engagées à Hong Kong. Là-bas, elles se retrouvent mêlées à une affaire de trafic de diamants.*

Le jardinier d'Argenteuil ▶
Jean-Paul Le Chanois, 1966. *Dialogues :* Alphonse Boudard. *Musique :* Serge Gainsbourg.
Avec : Jean Gabin (M. Tulipe), Curd Jurgens (le baron), Liselotte Pulver (Hilda), Pierre Vernier (Noël), Serge Gainsbourg...

Sujet : *Le père Tulipe, un retraité, peintre naïf à ses heures, cultive tranquillement son jardin tout en fabriquant de la fausse monnaie en petites coupures pour arrondir ses fins de mois. Son neveu, Noël, sous l'instigation de sa petite amie Hilda, le convainc de fabriquer des devises plus importantes.*

Filmographie

◀ Toutes folles de lui
Norbert Carbonnaux, 1967. *Musique :* Serge Gainsbourg.
Avec : Robert Hirsch, Sophie Desmarets, Serge Gainsbourg...

Sujet : *Johnny Walker est une star. Il a une charmante petite amie, c'est un étudiant très populaire et il est l'espoir numéro un du football américain. Bref, Johnny a tout pour être heureux. Jusqu'à ce qu'une prestigieuse université se mette en tête de le recruter.*

Estouffade à la Caraïbe ▶
Jacques Besnard, 1967. *Scénario :* Pierre Foucard et Marcel Lebrun
Avec : Jean Seberg (Colleen O'Hara), Frederick Stafford (Morgan), Maria-Rosa Rodriguez (Estella), Serge Gainsbourg (Clyde)...

Sujet : *Sam Morgan a du charme, le physique athlétique et un soupçon de mystère. Il organise dans le golfe du Mexique des « safaris » de pêche à l'espadon pour milliardaires blasés. Un soir, il met en fuite un homme qui brutalisait une jeune fille, Colleen. Elle lui offre le verre de l'amitié sur son bateau, il se réveille en haute mer, drogué, kidnappé...*

Anna
Pierre Koralnik, 1967. *Scénario :* Pierre Koralnik. *Musique :* Serge Gainsbourg. *Dialogues :* Jean-Loup Dabadie.
Avec : Anna Karina (Anna), Jean-Claude Brialy (Serge), Serge Gainsbourg (l'ami de Serge), Isabelle Felder, Barbara Somers (les tantes), Marianne Faithfull (la jeune fille), Eddy Mitchell (son propre rôle).

Sujet : *Un jeune photographe riche et célèbre mitraille des mannequins dans une gare parisienne. Il s'éprend d'une photo laissant apparaître les yeux et la bouche d'une jeune fille et, fou amoureux de ce visage, il la fait rechercher partout, à l'aide de ses collaborateurs...*

L'Inconnu de Shandigor
Jean-Louis Roy, 1968. *Scénario :* Jean-Louis Roy et Gabriel Arout.
Musique : Alphonse Roy et Serge Gainsbourg.
Avec : Jacques Dufilho (le Russe), Marie-France Boyer (Sylvaina), Ben Carruthers (Manual), Howard Vernon (Yank), Daniel Emilfork (von Krantz), Serge Gainsbourg.

Sujet : *Comédie satirique mêlant espionnage et fantastique.*

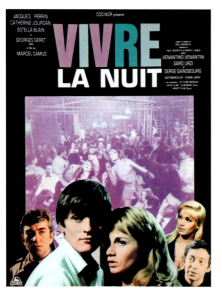

◀ Vivre la nuit
Marcel Camus, 1968. *Scénario :* Paul Andreota.
Avec : Jacques Perrin (Philippe), Catherine Jourdan (Nora), Estella Blain (Nicole), Georges Geret (Bourgoin), Serge Gainsbourg (Mathieu)...

Sujet : *Un touchant portrait d'un Paris nocturne...*

Filmographie

◀ Le Pacha
Georges Lautner, 1968. *Dialogues :* Michel Audiard. *Musique :* Serge Gainsbourg.
Avec : Jean Gabin (Joss), Dany Carrel (Nathalie), Jean Gaven (le sergent),
Serge Gainsbourg (son propre rôle), Robert Dalban (un ami), André Pousse (Quinquin)...

Sujet : Quand son collègue Gouvion est assassiné, le commissaire Joss, qui enquête sur le hold-up d'une bijouterie, décide de transgresser les règles. Avec l'aide d'une fille facile, il tend un piège à l'assassin qu'il soupçonne aussi d'être à l'origine de l'affaire du cambriolage.

Ce sacré grand-père ▶
Jacques Poitrenaud, 1968. *Scénario :* Jacques Poitrenaud, Maria Suire et Albert Cossery.
Dialogues : Albert Cossery. *Musique :* Serge Gainsbourg.
Avec : Michel Simon (Jéricho), Marie Dubois (Marie), Yves Lefebvre (Jacques),
Serge Gainsbourg (Rémy).

Sujet : Jacques passe ses vacances d'été chez son grand-père, Jéricho, en compagnie de sa femme Marie. Le malicieux aïeul prend vite conscience que le mariage de son petit-fils est au bord de la rupture. Il met tout en œuvre pour le sauver.

◀ Erotissimo
Gérard Pirès, 1969.
Scénario, adaptation et dialogues : Gérard Pirès et Nicole de Buron.
Musique : Michel Polnareff et William Sheller.
Avec : Annie Girardot (Annie), Jean Yanne (Philippe),
Francis Blanche, Dominique Maurin (Bernard), Jacques Higelin (Bob),
Robert Benayoun, Serge Gainsbourg, Rufus, Jacques Martin...

Sujet : La riche épouse d'un PDG apprend dans un magazine que la femme moderne doit être « érotique ». Elle décide donc de devenir comme toutes ces filles que l'on voit sur les affiches. Son mari, trop occupé par un contrôle fiscal, ne remarque pas le changement...

Slogan ▶
Pierre Grimblat, 1969. *Scénario et dialogues :* Pierre Grimblat, Melvin Van Peebles, Francis Girod.
Musique : Serge Gainsbourg.
Avec : Serge Gainsbourg (Serge), Jane Birkin (Evelyne), Andréa Parisy (Françoise),
Juliet Berto (l'assistante de Serge)...

Sujet : Les amours passionnées et tourmentées d'un réalisateur de films publicitaires, en vogue, avec une jeune Anglaise sentimentale.

Filmographie

Les chemins de Kathmandou ▶

André Cayatte, 1969. *Scénario et dialogues*: André Cayatte, René Barjavel. *Musique*: Serge Gainsbourg. *Avec*: Jane Birkin (Jane), Renaud Verley (Olivier), Elsa Martinelli (Martine), Serge Gainsbourg (Ted)...

Sujet: *Parti au Népal à recherche de son père, Olivier fait la connaissance de Jane, dont il tombe amoureux. Mais cette jolie hippie sombre dans la drogue. Olivier est prêt à tout pour la sauver de cet enfer.*

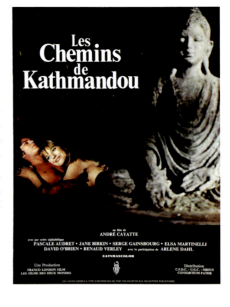

◀ Mister Freedom

William Klein, 1969. *Scénario*: William Klein.
Musique: Serge Gainsbourg, Michel Colombier, William Klein.
Avec: Delphine Seyrig (Marie-Madeleine), John Anney (Mister Freedom), Philippe Noiret (Moujik Man), Jean-Claude Drouot (Dick Sensas), Serge Gainsbourg (Mr. Drugstore)...

Sujet: *Mister Freedom est un superman américain, justicier et moralisateur, qui propose de gré ou de force les bienfaits de la liberté. La très puissante Freedom Organisation lui donne pour mission de libérer la France de la menace rouge et du péril jaune.*

Paris n'existe pas

Robert Benayoun, 1969.
Avec: Serge Gainsbourg (l'ami), Richard Leduc (l'artiste), Danièle Gaubert (la petite amie)...

Sujet: *Au cours d'une crise d'inspiration, un jeune peintre prend conscience de sa capacité à voyager dans les temps par la pensée. Inquiets des dangers qu'il court lors de ses étranges voyages, ses amis tentent de l'arracher de ses hallucinations.*

◀ Cannabis

Pierre Koralnik, 1970. *Scénario et dialogues*: Pierre Koralnik et Frantz André Burguet.
Musique: Serge Gainsbourg.
Avec: Jane Birkin (Jane), Serge Gainsbourg (Serge), Paul Nicholas (Paul, le tueur), Curd Jurgens (Emery), Gabriele Ferzetti (l'inspecteur)...

Sujet: *La rencontre, dans un avion, d'un gangster américain et de la fille d'un diplomate.*

Le Voleur de chevaux (Romance of a Horse Thief)

Abraham Polonsky, 1971. *Scénario*: David Opatoshu. *Musique*: Mort Shuman.
Avec: Yul Brynner (Stoloff), Eli Wallach (Kifke), Jane Birkin (Naomi), Serge Gainsbourg...

Sujet: *Une communauté juive, logée dans une petite ville polonaise, est traquée par des cosaques russes cherchant à la priver de leurs chevaux, dont l'élevage et le trafic constituent sa principale source de revenus.*

Le Traître ? (19 Djevojaka I Mornar)

Milutin Kosovac, 1971. *Scénario*: Luka Pavlovic et Sead Fetahagic. *Musique*: Serge Gainsbourg.
Avec: Jane Birkin (Milja), Serge Gainsbourg (Mornar), Spela Rozin...

Sujet: *Un groupe de maquisards est traqué par la Wehrmacht durant la seconde guerre mondiale.*

Filmographie

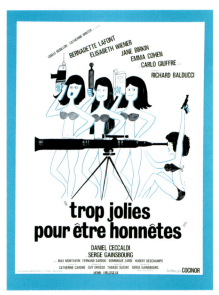

◀ Trop jolies pour être honnêtes
Richard Balducci, 1972. *Scénario :* Catherine Carone. *Dialogues :* Guy Grosso. *Musique :* Serge Gainsbourg.
Avec : Jane Birkin (Christine), Bernadette Lafont (Bernadette), Élisabeth Wiener (Frédérique), Daniel Ceccaldi, Serge Gainsbourg...

Sujet : *Comédie mettant en scène quatre filles commettant un hold-up.*

La Dernière violette
Court-métrage d'André Hardellet, 19721, inspiré de sa nouvelle *Le Tueur de vieilles.*
Avec : Serge Gainsbourg et M. Damien.

Sujet : *Un homme tue des vieilles dames...*

Les Diablesses (Corringa)
Anthony M. Dawson, 1974. *Scénario :* Antonio Margheriti. *Musique :* Riz Ortolani.
Avec : Jane Birkin (Corringa), Hiram Keller (James), Françoise Christophe (Lady Mary), Serge Gainsbourg...

Sujet : *Lady Mary est la propriétaire d'un vieux château en Écosse. Parmi ses invités se trouve James, un jeune homme violent. Une série de meurtres ne tarde pas à se produire et la police accuse James. Mais le vrai coupable est finalement démasqué…*

Sérieux comme le plaisir ▶
Robert Benayoun, 1975. *Scénario et dialogues :* Robert Benayoun et Jean-Claude Carrière.
Musique : Michel Berger.
Avec : Jane Birkin (Ariane Berg), Georges Mansart (Patrice), Michel Lonsdale (Fournier), Richard Leduc (Bruno), Roland Dubillard (Berg), Serge Gainsbourg (un inconnu)…

Sujet : *Ariane vit avec Patrice et Bruno. Ils décident de partir en vacances, allant au hasard sur les routes de France. Lasse de cet étrange triangle amoureux, Ariane quitte ces deux amants. Dix ans plus tard, ils se retrouvent. Mais la vie d'Ariane a changé, elle est maintenant mère de famille.*

◀ Je vous aime
Claude Berri, 1980. *Scénario :* Claude Berri, Michel Grisolia. *Musique :* Serge Gainsbourg.
Avec : Catherine Deneuve (Alice), Jean-Louis Trintignant (Julien), Gérard Depardieu (Patrick), Alain Souchon (Claude), Serge Gainsbourg (Simon)…

Sujet : *Alice, une femme de trente cinq ans, voudrait pouvoir n'aimer qu'un seul homme. Après avoir rompu avec Claude, elle revit, au cours de la soirée de Noël, les moments forts vécus avec ses anciens amants invités pour l'occasion...*

Filmographie

◀ **Le Grand pardon**
Alexandre Arcady, 1981.
Avec : Roger Hanin, Jean-Louis Trintignant, Bernard Giraudeau, Clio Goldsmith, Richard Berry...., Serge Gainsbourg (rôle de figuration)

Sujet : *Armé de ses jumelles, le commissaire Duche surveille de sa voiture la réception donnée à la villa de Raymond Bettoun. Ce dernier dirige le clan des juifs pieds-noirs, qui règne en maître dans le milieu du racket. Duche n'a jamais réussi à confondre la famille Bettoun. Mais dans l'ombre, Pascal Villars a juré la perte des Bettoun. Il va réussir à dresser le clan des Arabes contre celui des Juifs.*

Reporters ▶
Raymond Depardon, 1981.
Avec : Jacques Chirac, Catherine Deneuve, Richard Gere..., Serge Gainsbourg (rôle de figuration).

Sujet : *Ce documentaire retrace le cynique et difficile monde des photographes.*

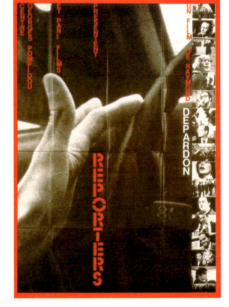

◀ **Jane B. par Agnès V.**
Agnès Varda, 1987.
Avec : Jane Birkin, Philippe Léotard, Jean-Pierre Léaud, Alain Souchon, Charlotte Gainsbourg, Mathieu Demy, Serge Gainsbourg, Laura Betti...

Sujet : *« Portrait collage » de Jane Birkin qui offre, tout en pudeur, à la caméra d'Agnès Varda et au travers de petites fictions, sa vie privée, ses souvenirs, ses rêves, ses filles : Kate, Charlotte et Lou, sa vie de comédienne et de chanteuse...*

Serge Gainsbourg, acteur TV

- **Des fleurs pour l'inspecteur** (épisode des *Cinq dernières minutes*), Claude Loursais, 1964
- **Noël à Vaugirard,** Jacques Espagne, 1966
- **Valmy** (seconde partie, série *Présence du passé*), Abel Gance, 1967
- **Vidocq à Bicêtre** (dans la série *Vidocq*), Claude Loursais, 1967
- **Le Prisonnier de Lagny** (dans la série *Les Dossiers de l'agence O*), Marc Simenon, 1968
- **Le Lever de rideau,** Jean-Pierre Marchand, 1968

Filmographie

Serge Gainsbourg, compositeur

L'eau à la bouche, Jacques Doniol-Valcroze, 1959
Les loups dans la bergerie, Hervé Bromberger, 1960
La lettre dans un taxi, Louise de Vilmorin, 1962 (téléfilm)
Week-end en mer, François Reichenbach, 1962
Strip-Tease, Jacques Poitrenaud, 1963
Comment trouvez-vous ma sœur?, Michel Boisrond, 1963
Dix grammes d'arc-en-ciel, Robert Ménégoz, 1963 (court métrage)
Les plus Belles Escoqueries du monde, collectif, 1964
Le Jardinier d'Argenteuil, Jean-Paul Le Chanois, 1966,
Vidocq, Claude Loursais et Marcel Bluwal, 1966
L'Espion, Raoul Lévy, 1966
Carré de dames pour un as, Jacques Poitrenaud, 1966
Anna, Pierre Koralnik, 1967
L'Horizon, Jacques Rouffio, 1967
Toutes folles de lui, Norbert Carbonnaux, 1967
Les Cœurs verts, Édouard Luntz, 1966
L'une et l'autre, René Allio, 1966
Anatomie d'un mouvement, François Moreuil, 1967 (court métrage)
Si j'étais un espion, Bertrand Blier, 1967
L'Inconnu de Shandigor, Jean-Louis Roy, 1967
Le Pacha, Georges Lautner, 1967
Ce sacré grand-père, Jacques Poitrenaud, 1968
Manon 70, Jean Aurel, 1968
Mini-Midi, Robert Freeman, 1968 (court métrage)
Mister Freedom, William Klein, 1969
Slogan, Pierre Grimblat, 1969
Les Chemins de Katmandou, André Cayatte, 1969
Une Veuve en or, Michel Audiard, 1969
Paris n'existe pas, Robert Benayoun, 1969
Cannabis, Pierre Koralnik, 1970
La Horse, Pierre Granier-Deferre, 1970
Piggies, Peter Zadek, 1970 (téléfilm)
Un petit garçon nommé Charlie Brown, 1971
Le Voleur de chevaux, Abraham Polonsky, 1971
Le Traître?, Milutin Kosovac, 1971
Sex-shop, Claude Berri, 1972
Trop jolies pour être honnêtes, Robert Balducci, 1972
Projection privée, François Leterrier, 1973
Je t'aime moi non plus, Serge Gainsbourg, 1976
Madame Claude, Just Jaeckin, 1977
Goodbye Emmanuelle, François Leterrier, 1978
Vous n'aurez pas l'Alsace et la Lorraine, Coluche, 1977
Aurais dû faire gaffe... Le choc est terrible, Jean-Henri Meunier, 1977
Melancholy Baby, Claris Gabus, 1979
Les Bronzés, Patrice leconte, 1978
Tapage nocturne, Catherine Breillat, 1979
Je vous aime, Claude Berri, 1980
Le Physique et le Figuré, Serge Gainsbourg, 1981
Équateur, Serge Gainsbourg, 1983
Mode in France, William Klein, 1985
Tenue de soirée, Bertrand Blier, 1986
Charlotte For Ever, Serge Gainsbourg, 1986
Stan The Flasher, Serge Gainsbourg, 1990

Bibliographie

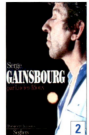

1. **Chansons cruelles,** *Serge Gainsbourg,* Tchou, 1968.

2. **Serge Gainsbourg,** *Lucien Rioux,* Seghers, 1969.
Ouvrage réédité dans une version réaménagée
aux éditions Le Club des Stars, en 1986, puis dans la collection
« Poésie et chansons » de Seghers, en 1991.

3. **Melody Nelson,** *Serge Gainsbourg,*
éditions Eric Losfeld, Paris, 1971.

4. **Evguénie Sokolov,** *Serge Gainsbourg,* Gallimard, 1980

5. **Gainsbourg,** *Micheline de Pierrefeu et Jean-Claude Maillard,*
Bréa Editions/Disque d'Or, Paris, 1980.

6. **Au pays des Malices,** *Serge Gainsbourg,*
Le Temps Singulier/Plasma, 1980.

7. **Bambou et les poupées,** *Serge Gainsbourg,*
éditions Filipacchi, 1981.

8. **Black Out,** *Serge Gainsbourg et Jacques Armand,*
Humanoïdes associés **(BD)**, 1983.

9. **Gainsbourg,** *Gilles Verlant,*
Albin Michel/Rock & Folk, 1985, 1992.

10. **Gainbourg,** *Franck Lhomeau et Alain Coelho,*
Denoël, 1986, 1992.

11. **Mon propre rôle** (2 tomes), *Serge Gainsbourg,*
Denoël, 1987, 1991.

12. **Où es-tu Melody,** *Serge Gainsbourg,* Lusse,
Vent d'Ouest, 1987.

13. **Au pays des malices,** *Serge Gainsbourg,* Tchou, 1988.

14. **Gainsbourg ou la provocation permanente,** *Yves Salgues,* J.-C. Lattès, 1989.

15. **Rostropovitch, Gainsbourg et Dieu,**
Jules Roy, Albin Michel, 1991.

16. **Mauvaises nouvelles des étoiles,**
Serge Gainsbourg, Le Seuil, 1991.

17. **Gainsbourg Je suis venu te dire...,** éditions NRJ, 1991.

18. **Gainsbourg Voyeur de première,** *Franck Maubert,*
Mentha, 1991.

19. **Gainsbourg, Le livre du souvenir,**
Bertrand Pascuito, Sand, 1991.

20. **Le mur de Gainsbourg,** *Samuel Tastet,*
éditions Est, Paris-Bucarest, 1992.

21. **Serge Gainsbourg mort ou vices,** *Bayon,* Grasset, 1992.

22. **Gainsbourg sans filtre,**
Marie-Dominique Lelièvre, Flammarion, 1994.

23. **Dernières nouvelles des étoiles,**
Serge Gainsbourg, Plon, 1994.

24. **Movies,** *Serge Gainsbourg,* éditions Joseph K., 1994.

25. **Gainsbourg et caetera,** *Gilles Verlant,*
Isabelle Salmont, Vade Retro, 1994.

Bibliographie

26. Alain Clayson, **Serge Gainsbourg View From the Exterior,** Sanctuary, Essex, 1994.

27. **« Dossier spécial Serge Gainsbourg »** in Chorus, N° 14, hiver 1995/96.

28. **Rue Gainsbourg,** Jean-Claude Maillard, éditions Alternative, 1998.

29. **Gainsbourg,** François Ducray, Librio Musique, 1999.

30. **Serge Gainsbourg, La scène du fantasme,** Michel David, Actes Sud Variétés, 1999.

31. **Le mythe de Serge Gainsbourg,** Paola Genone, éditions Gremese, 1999 (traduit de l'italien par Françoise Ghin)

32. **Gainsbourg,** Gilles Verlant, Albin Michel, 2001

33. **Gainsbourg 5 bis rue de Verneuil,** CD interview inédite, éditions PC, Paris, 2001.

34. **Le Gainsbourg illustré,** Albin Michel, 2001

35. **Gainsbourg raconte sa mort,** entretiens avec Bayon, Grasset, 2001

36. **Gainsbourg… sur parole,** Jacques Perciot, éditions Didier Carpentier, 2002.

37. **Chansons de Gainsbourg en bandes dessinées,** collectif, Petit à Petit, 2003

38. **Le Gainsbourg,** Serge Gainsbourg et Gérard Mathie, Mango Jeunesse, 2004

39. **Serge Gainsbourg, Pour une poignée de Gitanes,** Sylvie Simmons, éditions du Camion Blanc, 2004

40. **Serge Gainsbourg, Le maître chanteur,** Christian et Éric Cazalot, Prélude et Fugue, 2004

41. **Gainsbourg, tome 1, Polars polaires (BD),** Christophe Arleston, Soleil Productions, 2005

42. **Gainsbourg, Le génie sinon rien,** Christophe Marchand-Kiss, Textuel, 2005

43. **Gainsbourg for ever,** Franck Maubert, Scali, 2005

44. **Serge Gainsbourg, L'Intégrale et caetera,** Bartillat, 2005

45. **Serge Gainsbourg, Pensées, provocs et autres volutes,** Le Cherche-Midi, 2006

46. **Serge Gainsbourg,** Hubert Allin, City Éditions, 2006

47. **Les manuscrits de Serge Gainsbourg,** Laurent Balandras, Textuel, 2006

48. **Gainsbourg, tome 2, Melody & Marilou (BD),** Christophe Arleston, Soleil Productions, juillet 2006

49. **No comment,** Serge Gainsbourg, éditions Complexe, octobre 2006

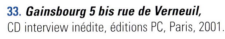

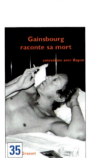

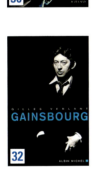

Être à la une des journaux, tel était le rêve de Gainsbourg.

Un rêve qu'il n'a pas fini de réaliser...

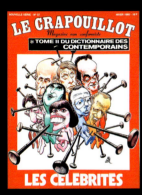

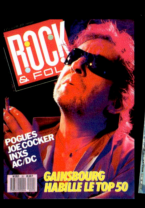

Biographie de l'auteur

« Je figure dans la mascarade / Qui va des roses aux chrysanthèmes / Oui, mais si Dieu tombe malade / Qui s'occupe de la mise en scène ? » [1]

1964. Environ 2 millions d'années après avoir créé le bipède, Dieu décida que je descendrais d'une lignée bohémienne – dont mon nom est issu – et que je naîtrais à Marseille. Marseille, bourdonnante abeille de miel et de venin dont on ne sort pas indemne. En 1964, je débarquai donc « ici-bas », haut lieu édénique où je me sentis tout de suite à mon aise : *« Ici/Devant un parterre d'iris noirs/Des chauves-souris viennent le soir/Écheveler mes cauchemars/Ici/Des hordes de chiens de Zanzibar/Des crinières de chevaux criards/Gardent les grilles du manoir/(...) Ici/Les politiques dans leur Jaguar/Pressés de gagner le pouvoir/Écrasent les enfants du boulevard... »* [2]. Et, tout au long de ma vie, je devais savourer avec délice la douceur de la prairie paradisiaque de l'existence : *« Douce est la vie/Comme une fête italienne/Des fesses felliniennes/ Comme une suite princière/Dévorée par les vers/Le sourire édenté/D'une créature rêvée... »* [3].

Enfance. La chanson ? J'ai marché dedans à 7 ans en achetant mon premier 45 tours, « ch'est la » face A qui retint tout de suite mon attention. Il y était vaguement question de trois aristocrates allumés, obsédés par l'étoile du Berger – comme d'autres le sont par « La Ferme Célébrités ». Par la suite, je devais sceller une réelle passion pour la chanson incarnée par des interprètes plus sérieux : Hugues Aufray et surtout Marie Laforêt, cette étoile de l'enfance : *« Sa voix écorchée, toile de bure froissée, dessinait un paysage "androgénial", allant puiser dans les notes graves un masque de masculinité qui brouillait son visage féminin »* [4]. Dans la maison, on écoute souvent les Beatles, très souvent. Et puis, à deux rues de là, il y a Charles Rostaing, un grand-père maternel philologue, écrivain (« Que sais-je ? », sur les noms de lieux), membre du félibrige et qui occupe, à la Sorbonne, une chaire spécialisée dans l'étude du provençal. Il ne veut pas qu'on se moque du bouc de Frédéric Mistral ! La littérature et la musique, ces deux seins auxquels j'ai su me vouer, entraîneront des études de lettres – soldées par un mémoire de maîtrise soutenu en 1992 à Paris XIII : Expression des mythes chez Claude Nougaro – et une vocation d'auteur.

Adolescence. 13 ans et demi, découverte passionnée des « chansons d'auteurs », celles de Georges Brassens, d'Anne Sylvestre, de Barbara, de Renaud... 14 ans, 15 ans : Suisse, solitude, l'uniforme du collège très privé, l'ennui absolu... Promenades dans la sapinière helvétique : sang et résine mêlés, confidences sur le cahier intime, composition d'une chanson par jour, ouf, sublimation ! « Quand je serai grand, j'userai de l'écriture, cette drogue dure, pour transfigurer mon vertige ». Entre un artiste et un autiste, il n'est qu'un « R » de différence car, dois-je le répéter, à cette époque, je n'adressais la parole qu'aux résineux helvétiques ! Contacts avec Anne Sylvestre, précieux conseils... 16/17 ans, découverte des « Fleurs du mal » de la poésie des « Maudits », vapeurs de pavots éclatés dont je m'enivrais... Et puis Claude Nougaro chante, m'enchante, m'apprend que la poésie contemporaine, morte et enterrée, a trouvé sa « voix » de salut dans la chanson rythmée. 17 ans/18 ans : Paris, premières scènes seul à la guitare. Les cabarets vivent leurs dernières heures : La Tanière, Le Tire-Bouchon, Le Port du Salut... Au lycée, état de « cancrétude » aiguë car, je m'en fous, quand je serai grand je veux « faire chanter ».

À 20 ans. Rencontre déterminante avec Barbara, diva divine, dont les conseils artistiques et psychologiques, doux à mes oreilles, ont marqué ma vie. De 1984 à 1992 : premières parties de Nazaré Pereira, Brenda Wooton, Karim Kacel, Gilbert Laffaille, Alex Métayer, Printemps de Bourges 1987, tournée d'été en Bretagne... Une voie/voix semble se frayer...

1993/1997. Je décide alors d'élargir mon « chant d'action ». Entouré de musiciens de talent et mélangeant poésie, musique et théâtre, je me produis avec succès, notamment au Théâtre du Tourtour (10 et 11 avril 1994), au Théâtre des Déchargeurs (19 janvier au 23 février 1996) et à La Colombière (Michel Valette, 8 juin 1996). Le 16 octobre 1996, naissance de ma fille, Marie.

1997/2006. Passionné par la chanson, aussi bien en tant qu'acteur que spectateur, je décide de mettre mon activité de chanteur entre parenthèses pour écrire une série d'ouvrages consacrés aux artistes que j'aime.

1. « Quand je suis sorcier », (Alain Wodrascka).
2. « Nénuphar », (Alain Wodrascka).
3. « Douce est la vie », (Alain Wodrascka).
4. Marie Laforêt, La Femme aux cent visages, Alain Wodrascka, 1999, Éd. l'Étoile du Sud.

- **Claude Nougaro**, *L'alchimiste des mythes,* Nizet, 9 septembre 1997 : « (...) ton livre que je reçois aujourd'hui me touche et m'impressionne comme un cadeau d'anniversaire inattendu. La forme du "bébé" est belle, le papier, les caractères, tout indique que de cette fauve boîte aux lettres un parfum d'esprit doit se dégager (...) », Claude Nougaro, 11 septembre 1997.
- **Marie Laforêt**, *La Femme aux cent visages,* l'Étoile du Sud, 15 décembre 1999 : « Voilà un livre qui nous ravit (...), le choix de Marie Laforêt met à l'honneur une interprète (et auteur) au talent méconnu. (...) Alain Wodrascka (...) témoigne (...) d'un souci constant de précision, d'analyse... », Chorus, printemps 2000.
- **Barbara**, *N'avoir que sa vérité,* Éd. Didier Carpentier, octobre 2001 : « Alain Wodrascka signe ici son meilleur livre (...). Un livre joli à l'œil et au cœur (...) le charme apparenté ici au sortilège agit dès les premières pages... », Chorus, n°38, hiver 2001/2002. « Nous devons à Alain Wodrascka l'ouvrage (...) le plus complet sur Barbara... », Juke Box Magazine, n°176, mars 2002.
- **Claude Nougaro**, *Souffleur de vers,* Éd. Didier Carpentier, octobre 2002 : « Quand Alain écrit, il réalise son autoportrait, et le produit de l'échange de reflets d'un poète qui lit un autre poète, est excellent ! », Claude Nougaro, Toulouse, Salle des Illustres, 12 décembre 2002, pour TLT.
- **Léo Ferré**, *Je parle pour dans dix siècles !* (avec Dominique Lacout), Éd. Didier Carpentier, octobre 2003. « Un des ouvrages des plus beaux et des mieux écrits sur Léo Ferré », Pierre Bénichou, On va se gêner, Europe 1, 3 novembre 2003.
- **Docteur Renaud**, Éd. Didier Carpentier, octobre 2004. « Ce livre est un chef-d'œuvre », Juke Box, novembre 2004. « La narration mélange adroitement le parcours professionnel et l'analyse de l'œuvre, de manière chrono, avec moult illustrations agréables à l'œil » Chorus, N° 50, hiver 2004. « Tout, absolument tout, sur le "chanteur énervant" est rassemblé dans cet ouvrage... » L'Express, N° 2789, 13/19 décembre 2004.
- **Alain Souchon/Laurent Voulzy**, *Destins et Mots croisés,* Éd. Didier Carpentier, octobre 2005. « (...) Alain Wodrascka poursuit son travail avec la même méticulosité. Après des ouvrages remarquables (...), il s'est plongé dans l'univers d'Alain Souchon et Laurent Voulzy (...) Au total, des portraits fouillés, fins et subtils. » Le Télégramme de Brest, 27 novembre 2005. « Alain Souchon et Laurent Voulzy sont décortiqués avec talent par un Alain Wodrascka très bien documenté ». La Provence, décembre 2005. « (...) La bonne idée est d'avoir associé Alain Souchon et Laurent Voulzy dans un même ouvrage. Idée si évidente, qu'elle n'avait pas encore été concrétisée. Dont acte ! » Chorus, N° 56, hiver 2005/2006.
- **Francis Cabrel**, *Une star à sa façon,* Éd. Didier Carpentier, octobre 2005. « Alain Wodrascka fait preuve d'un habituel souci de qualité pour (...) cette monographie sur Francis Cabrel. L'auteur explore sa vie avec une grande précision. » Guitar Part, décembre 2005. « Cet album permet de mieux cerner le poète d'Astaffort. (...) on apprécie la richesse de l'iconographie. » Nord Éclair, 10 décembre 2005.
- **Claude Nougaro**, *Dialogues sans cible* (dessins et interview sur CD audio), Éditions PC, juin 2006.
- **Marc Lavoine**, Éd. Didier Carpentier, octobre 2006.
- Publication de deux textes, dans la revue poétique dirigée par Georges Melis, éditions Melis, septembre 2006.

Dans le même temps :

- participation à l'élaboration de « **l'Intégrale des chansons de Claude Nougaro** » paru chez Universal (rédaction du texte biographique et travail de consultant artistique) ;
- écriture des chansons du film de Malik Chibane, « **Voisins, Voisines** », avec Anémone, Jacky Berroyer et Frédéric Diefenthal sorti le 20 juillet 2005 ;
- de nombreuses conférences données à travers la France au sujet de Claude Nougaro.

Contact :
alainwo@wanadoo.fr

Crédit photographique

BAGNAUD François (collection personnelle) : p.4
BENAROCH Jacques : p.173
CARPENTIER Max : p.2, 69, 82, 102, 146/147, 163, 165, 174, 196/197, 236/237
Centre de la Mémoire d'Oradour sur Glane : p.20 (bas gauche)
CORBIS : p.77, 99 (droite)
DAVY Patrick : p.134, 182, 190, 199
DELANOË Pierre (collection personnelle) : p.6
DUREAU Christian (collection personnelle) : p.46, 72, 134, 154, 157, 174, 175, 193
FRANK Tony : p.91 (bas)
GASSIAN Claude : p.200
GINSBURG J. (collection personnelle) : p.13, 16, 17, 18 (bas), 23, 26 (bas droit)
GRASSART André : p.90
HACHETTE Photos Presse : p.74, 76 (Botti/Stills)
INTERFOTO/Dalle : p.91 (haut)
KEYSTONE France : p.24 (milieu droit)
LECŒUVRE Phototèque : 1ʳᵉ de couverture, p. 3, 10, 63, 79, 80 (haut), 81, 82, 83 (bas gauche), 96 (bas), 100, 107, 115, 122, 126, 127, 129, 139, 163, 172, 202, 207
LERICHOMME Pierre (D.R.) : p.113
MENEAU Marc (collection personnelle) : p.204
Office de Tourisme de Noblat : p.21 (milieu haut)
Office de Tourisme de Trouville (Ian Aspey) : p.18 (haut)
PELTOT Cyrielle : p.18 (milieu)
PERRIN Jean-Éric : p.160 (bas gauche)
RANCUREL Photothèque
Rancurel J.-L. / Kasparian R. : p.8, 9, 19, 26 (bas gauche), 29, 30, 31, 39, 41, 44, 45, 49, 53, 57, 64 (haut droit), 65, 71, 96 (haut), 109, 114, 119, 120, 121, 125, 132, 138
Bertrand Patrick : p.59, 61, 85, 102
Dargent Y. : 73, 83 (haut et bas droits), 87
Rouget J.-M. : 135
TERRASSON Pierre : p.183 (haut), 203
VEUIGE/Dalle : p.111
VERNHET Francis : p. 7, 11, 88, 136, 143, 149, 159, 167, 169, 170, 171, 177, 179, 184, 185, 186, 187, 189, 201, 234
WODRASCKA Denis : p.24 (haut gauche)
WOLINSKI : p.144, 145

Photos X (D.R.) : p.14, 15, 20, 21 (bas), 25, 32, 33, 36, 37, 38, 40, 42, 46, 47, 50, 52, 55, 58, 60, 68, 69, 75, 80 (bas), 84, 89, 99 (gauche), 101, 116, 118, 123, 130, 131, 133, 141, 160 (haut droit), 180, 183 (bas)

4ᵉ de couverture : Rancurel Photothèque - Francis Vernhet - Patrick Davy - D.R.

Remerciements

L'AUTEUR TIENT À REMERCIER :

- Brigitte Bardot
- François Bagnaud
- Daniel Vandel
- Pierre Delanoë
- Alain Souchon
- Fabienne Nourbat
  (des productions Jacques Canetti)
- Françoise Canetti
- Geneviève Ansay et Barbara Berthiaux
  du Théâtre 140 de Bruxelles
- Marc Meneau et "Fanny" de l'hôtel de
  l'Espérance de Saint-Père-Sous-Vézelay
- Office du tourisme de Saint-Léonard-
  De-Noblat
- Michel Faure du lycée de Saint-Léonard-
  De-Noblat
- Olivier Gluzman des Visiteurs du Soir
- Cyrielle Peltot
- Christian Dureau
- Jean-Marc Natel
- Hélène Nougaro

Et toute l'équipe
des éditions Didier Carpentier

L'ÉDITEUR TIENT À REMERCIER :

- Christian Dureau
- André Grassart
- Pierre Joste
- Wolinski/Artadam, Nadine Ways

Vous venez d'acquérir cet ouvrage et nous vous en remercions vivement.
Pour obtenir notre catalogue général gratuit, demandez-le à votre libraire ou écrivez-nous :

Éditions Didier CARPENTIER
7 rue Saint-Lazare 75009 PARIS Fax: 01 42 82 91 99

© 2006 - Éditions Didier CARPENTIER - Dépôt légal : Octobre 2006
Imprimé en UE - ISSN 1776-6559 - ISBN 2-84167-444-4

La loi du 11 mars 1957 n'autorisant, aux termes des alinéas 2 et 3 de l'article 41, d'une part, que les « copies ou reproductions strictement réservées à l'usage privé du copiste et non destinées à une utilisation collective » et, d'autre part, que les analyses et les courtes citations dans un but d'exemple et d'illustration, « toute représentation ou reproduction intégrale, ou partielle, faite sans le consentement de l'auteur ou de ses ayants droit ou ayants cause est illicite » (alinéa 1ᵉʳ de l'article 40). Cette représentation ou reproduction, par quelque procédé que ce soit, constituerait donc une contrefaçon sanctionnée par les articles 425 et suivants du Code pénal.

DANS LA MÊME COLLECTION

LES GÉANTS DE LA CHANSON
AUTEURS, COMPOSITEURS, CHANTEURS, POÈTES ET INTERPRÈTES

E. ZIMMERMANN
J. STROOBANTS

E. ZIMMERMANN
M. THOMAS

E. ZIMMERMANN
J.-P. LELOIR

E. ZIMMERMANN

E. ZIMMERMANN

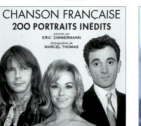
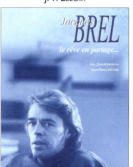

J.-P. SERMONTE

A. WODRASCKA

F. VALS

J.-M. POUZENC

C. NOUGARO - A. WODRASCKA

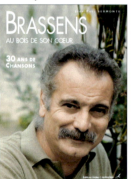

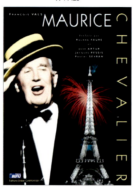
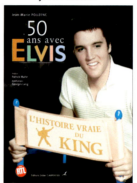
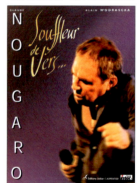

D. LACOUT - A. WODRASCKA

A. WODRASCKA

A. WODRASCKA

A. WODRASCKA

A. WODRASCKA

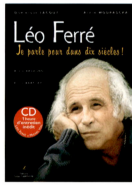
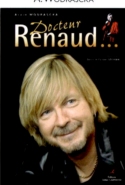
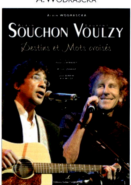
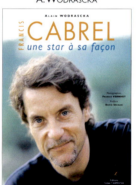
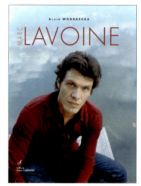

... sur parole par Jacques PERCIOT

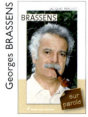

Testament typographique | Propos Rock and Roll | Sur la pointe du palpitant | Percussionniste du verbe | Passeur d'étoiles | Là-bas, sur la scène...